百倍獲利

百倍股選股法創始人，
教你買對股票，
讓資產淨值暴翻百倍的獨門訣竅

100 TO 1 IN THE STOCK MARKET
複利投資選股指南

A Distinguished Security Analyst Tells
How to Make More of
Your Investment Opportunities

Thomas William Phelps

湯馬斯・菲爾普斯──著 李伊婷──譯

出版者筆記

　　在我寫下這些文字時，《百倍獲利，複利投資選股指南》一書已絕版，新書在亞馬遜網站上以683美元的價格出售！即使是損壞的、有霉味並且少了封面的二手書也能賣到73美元。任何了解股市「知識」的人都會辨識到，在這些書頁中高價（伴隨著熱烈評論）的建議具有極大價值。如果你吸取並採納湯瑪士・費爾普斯的指導，即使價格是683美元，這本書也是非常划算的，因為它有可能會顯著地改善你長期財務的未來。對我們這些沒有卓越才能的人來說，例如擁有精準投出或擊中時速95英哩快速球的能力，沒有什麼比享用一個極為成功的企業之股票和利潤更能增加財富的方法了。

　　《百倍獲利，複利投資選股指南》一書令人印象深刻的地方是，它的良好指引在近半世紀以來一直維持得非常好，並且還持續下去。當然，自1970年代初以來，股票價格和其所引用的一些知名公司都有了改變，但這些內容中的建議和智慧都持續產生著共鳴。如果要說有什麼區別的話，其實現在比以往任何時候都更需要費爾普斯的建言，金融媒體的衝擊和更快速、更普遍的新聞週期令人難以招架，投資者現在發現，要穩定投資方向比以往更為困難，而投資方向是獲得巨額回報的關鍵，要獲得真正的財富，就必須投資在長期贏家身上，並堅持實現免稅的複合成長，

這就是投資界傑出的華倫·巴菲特如何成為地球上最富有的人的原因。

在《百倍獲利，複利投資選股指南》一書中有件需要注意的事是它的過時：那就是由於網路的崛起，在獲取投資資訊這方面產生了巨大轉變，所以現今讀者可以忽略本書中指引你獲取年度報告或任何其他文件的部分，透過雅虎股市和谷歌等網路搜尋引擎很容易查找到公司盈餘、收益結果和預測，更不用說有過多的小型新創網站了，這是個好消息，因為這個影響讓我們在應用費爾普斯先生與我們分享的智慧上變得更容易了，關鍵是了解如何處理這些數據，這就是《百倍獲利，複利投資選股指南》的重要幫助所在，費爾普斯的指導是沒有時間限制的。

身為一個在股市中投資了幾十年並管理他人數百萬美元的人，我真希望自己能在早年讀到《百倍獲利，複利投資選股指南》這本書，要意識到計劃和耐心的價值需要花一段時間——仔細、深思熟慮地選擇你投資的東西，然後，只要你最重要的指標達到預期，就有能力堅定你的見解，這種清晰和辨別力不僅在股市中很重要，對於我們所做的一切也很重要，它會帶來更大的回饋和更少的壓力。

願你享受接下來書頁中所提供的智慧、知識和收益。

馬修·葛克曼

前股票經紀人，《金錢正念指南》作者

Ballantine Random House 和 Echo Point Book & Media, LLC 的出版者

2014/11

目錄

前言

　　這是個真實、非虛構的故事：藉由投資 10,000 美元只購買並持有一檔股票，可以在股市中賺取 100 萬美元的數百個機會。

　　不需要選擇一檔正確的股票，或在一個正確的時間點進行投資。從 1932 年開始，在三十二個不同年份中，每年都可以購買不同的股票，到了 1971 年，所投資的每 1 美元都會增加至 100 美元或更多。

　　最新的百萬股證券是在 1967 年以 1971 年市值的 1％ 上市的。這本書列出了 1971 年超過 365 檔不同證券的價值，其價格是四到四十年前可購買價格的 100 多倍。書中講述了它們在大漲之前的樣子，並建議如何提前識別下一個潛在大贏家。

　　《百倍獲利，複利投資選股指南》試圖展望未來並提供一個方向來幫助每位投資者，無論年紀大小，無論是新手還是專業人士，提升取得成功的機會。

　　作者特別感謝提供書中所引用資料的每個人的協助。他特別感謝 Scudder、Stevens 和 Clark 在本書中轉載的圖表，並感謝他們傳遞公司龐大的研究資源，若沒有這些，這本書不可能完成。

　　獻給作者的妻子 Christine Reed Phelps，這本書獻給她對書名的貢獻，以及她在作者進行研究和費心寫出文本時所給予的耐心和靈感。

—— T.W.P.

第一章

你們祈求，就給你們

　　五個貧窮的阿拉伯人睡在沙灘上，一道亮光將他們驚醒，從光裡出現一位天使。

　　「你們每個人都可以擁有一個願望。」天使說。

　　「讚美歸於真主，」第一位阿拉伯人興奮地屏住呼吸。「給我一隻驢子。」

　　一隻驢子立刻出現在他身邊。

　　「笨蛋，」第二位阿拉伯人心想，「他應該要求更多的。」

　　「給我十隻驢子，」第二位阿拉伯人懇求。

　　話一說完隨即實現，他擁有了十隻驢子。

　　第三位阿拉伯人聽著並看到前二個人的遭遇。

　　「對真主而言，一切皆可能，」他說。「給我一個商旅隊，裡頭有一百隻駱駝、一百隻驢子、帳篷、地毯、食物、酒和僕人。」

　　他們出現得太快了，以至於第三位阿拉伯人因自己在這樣一大群隨行人員面前穿著破爛衣服而感到羞愧不已，但他的羞愧並沒有持續太久，他的僕人已靈巧地為他穿上適合他新身份的長袍。

輪到第四位阿拉伯人的時候，他早已經準備好了。

「讓我成為國王。」他命令道。

皇冠出現在他頭上的速度如此之快，以至於他抓傷了他的指關節，在那一瞬間除了癢，什麼都還來不及感覺。宮殿花園出現他面前，放眼望去幾乎是一望無際，宮殿塔樓直衝天際之高，塔頂的三角旗都消失於沙漠的薄霧之中。

看到他的同伴們在窮困苦難中要求得如此之少，第五位阿拉伯人決心不犯這樣的錯誤。

「讓我成為真主！」他下了指示。

一瞬間，他發現自己全身赤裸躺在沙灘上，身上長滿了麻瘋瘡。

當然，在寓意上是我們這些對生活要求少的人得到的少，要求多的人得到的多，要求太多的人則是一無所獲。

但這看起來似乎很怪，人類的貪婪是什麼呢，我們大多數人都犯了只要求一隻驢子的錯誤，很少有人要求太多。

沒有什麼比投資更真實的了。大多數人試圖在他們的股票投資買賣上迅速獲取一些成績，或者滿足於4%或5%儲蓄，只有極少數的人認真計劃和執行並得以致富，大多數的人不相信他們會有這種機會，當他們看到別人成功做到時，會藉著大喊「貪污」、「內線消息」或「生對家庭」等等來寬慰自己的自負，而不是試圖找出是如何辦到的，即使命運把獎品放在他們手中，他們也會一次又一次地把它丟掉。有些人無法抗拒將贏來的兌換成現金的衝動，即使是小額；其他人會賣出好的股票以得到看起來似乎是更好的東西，也許是因為股價正在移動。他們就是《伊索

寓言》中那隻狗的命運，你還記得嗎，那隻狗咬住了水中倒映出的那一塊看似更大塊的肉，而把嘴裡的那塊肉給弄丟了。

很少有企業比華爾街更受到半真半假、似是而非的準則詛咒了，但即使在這類事務競爭最激烈的地方，也很難找到比「你永遠不會因獲利而破產」更糟糕的口號。

財富是透過買對並持有而獲得的。既然華爾街因業務量超出其所能負荷所苦，就算是經紀人也可能會鼓吹這一福音，這對他們的客戶大有裨益，且不會損害到他們自己長程的最大利益。但是，很少人會這麼做。

自1932年以來，有超過360檔不同的股票在美國的市值成長了百倍——不只達到某個臨時價格峰值，而是達到了1971年的價值。許多股票在前幾年的價格要高得多。

若說機會只敲一次門根本是無稽之談，超過四分之一世紀以來，那位美麗的財富女神一直不停地敲著普羅大眾的門。

從1932年開始，在三十二個不同年份中，任何人都可以用10,000美元的投資，在不同的股票上賺取到100萬美元，其中1967年是最近的一年。要做到這點，既不需要運氣，也不需要擁有在正確時間點賣出的技能，在過去四十年裡的三十二年中，以10,000美元購入的360多檔不同股票，每一檔股票在1971年都價值100萬美元或甚至更多，一切所需要做的，就是從數百檔股票中挑選出正確的一檔並且**持有**。

蘇利文＆克倫威爾律師事務所（Sullivan & Cromwell）的資深合夥人、著名的美國法學院院長諾里斯・達瑞爾（Norris Darrell）告訴我這個真實的故事，以下只更改了名字：

「一位年長的客戶找我尋求建議，關於他是否應該賣出或贈予家人有價財產一事，這涉及了遺產規劃，包括交替賦稅結果的計算，為了妥善處理，我必須知道這位老先生的淨資產，當我向他詢問這方面資訊時，他堅持只給我一個籠統的數字，讓我可以進行工作。

「這位客戶對於他交辦給我的第一件事的處理結果感到滿意，後來又再來找我尋求協助，規劃他的遺囑以及給孩子們的生前贈予。我告訴他，我非常樂意為他服務，但我強調了我需要知道關於他淨資產確切資訊的重要性，他仍然不願意透露這些資訊，他需要時間考慮一下。

「幾週後，他帶著他中年的兒子來到我的辦公室，在簡單寒喧後，我等著聽老先生的決定。經過一陣長時間的停頓，他轉向他兒子：『我應該這麼做嗎？』『是的，父親』兒子回應，『我認為你應該這麼做。』於是老先生把手伸進口袋，掏出一張紙條遞給我。

「我曾懷疑在先前交辦事項中所提供的數字過低了，但是，當我看到遞給我的紙條上那個龐大數字時，其中主要是他的證券投資組合價值，我不禁吹了聲口哨並驚呼：『布蘭克先生，你是怎麼做到的？』

「他回答：『我從不賣任何東西。』」

布蘭克先生或許還有補充說，他有很好的判斷力或運氣，沒有買到應該要賣出的東西。

如同布蘭克先生，保羅・加勒特是個絕不會只要求一隻騾子的人。作為前《紐約晚報》的財經編輯，他被小艾爾弗雷

德・P・史隆（Alfred P. Sloan Jr.）挖角，成為通用汽車（General Motors）的副總裁，負責公共關係。加勒特先生是第一位在大型競爭激烈產業中獲得該頭銜的人，他在那裡的開創性成就值得單獨寫成一本書，但我們在此討論的是投資。1956年，六十四歲的加勒特先生面臨年底的強制退休，他決定讓自己的最後年歲成為最好的時光，而不是像許多領養老金度過餘生的人那樣生活。

　　他的第一個目標是增加他的資本，以增加能夠幫助他人的能力。他沒有小孩，不太關心繼承的問題，他決定，若要以夠快的速度增加儲蓄，便是投資一家快速發展的公司。他開始尋找符合以下四個標準的標的物：

1. 一定要小。龐大的規模會阻礙巨大的成長。
2. 一定要較鮮為人知的。那些受歡迎的成長型股票或許會繼續成長，但人們往往必需提早很多年為這些預期中的成長買單。為了符合這樣的標準，他想要的股票將得在櫃買市場（over-the-counter）而不是在任何證券交易所交易。
3. 必須擁有一個獨特的產品，在完成必要工作時能夠比以前更優秀、更廉價和／或更快速，或者提供具有強大和長期持續銷售成長潛力的新型服務。
4. 必須有強大的、革新的、研究型的管理。

　　這樣說來，聽起來這個任務可能很簡單，但即使在當天，也有超過5萬檔股票可供選擇，若可以用磁鐵尋找，那機率大致就像是在大海裡撈針。

　　加勒特先生沒有磁鐵，但他在華爾街和商界中有朋友，他們之中的一些人為養老基金提供諮詢或管理，在沒有探求任何機密訊息的情況下，加勒特先生詢問比一般規模再更小的機構資金投資的名稱，他在尋找那些專業買家喜歡但尚不確定的股票。在他仔細查看之前，他有50檔股票可供選擇，由於他的目標是賺大錢，所以他沒有犯下在50檔股票中每檔都各買一點的常見錯誤。在賽馬中押注所有馬匹的人總是會贏，但從不賺錢。

　　加勒特先生透過研究財務報表及分析後，篩選出最後三家，接著，他對這三家公司進行了安全分析師所謂的「實地考察」，拜訪了他們的執行長。最後，他選擇了哈羅（Haloid），即現今的全錄（Xerox），並於1955年至1959年間投資買進了133,000美元的股票，他擁有63,000多股，每股成本為1美元，1971年以每股高於125美元的價格賣出。

　　聽起來很容易，但加勒特先生首先必須要找到他想要的股票，然後他得在面臨諸多反對意見下買下它，那些要嘛是對其一無所知，要嘛是有其他更喜歡的偏好，或是無論如何都相信多角化策略的人們的建議，最後，他必須堅持下去，並且買進更多，不理會那些甚至在股價翻倍之前就開始反覆收到的「賣出」建議。

　　不過，若我留下加勒特先生的財富全然歸功於一次幸運選股的印象，將會誤導其他投資者，而且對加勒特先生來說也是不公平的。他還擁有提詞機媒體公司（TelePrompTer）50,800股的股票，平均每股成本為75分美元（去年的股價超過30美元），並擁有大量麥克洛科石油（McCulloch Oil）的股票。他財富的真

正基礎在於「買對並持有」，這是他多年來忠實遵循的準則。這有效嗎？即使自1969年以來進行了大規模的機構捐贈贊助後，他在1971年底持有的證券市值仍超過14,000,000美元。你很難跟14,000,000美元爭辯。

一個八十歲的男人要那麼多錢幹什麼？難道他不知道自己什麼都帶不走嗎？

對於這些問題，加勒特先生也有答案。他的妻子死於癌症，100萬美元已撥入癌症研究基金，其中包含一項罕見條款，若信託人認為出現了似乎足以加速該計劃的「突破性進展」，則本金得以虧損。

第二筆100萬美元給了位於華盛頓的瓦拉瓦拉，他的母校惠特曼學院，出於對他年輕時在此獲取教育的感謝，並希望能給其他人更好的機會。

第三筆100萬美元已經捐給哥倫比亞大學的商學院，給「商業的公共問題與責任」科系。加勒特先生的目的和希望，是讓商學院的學生做好成為企業首席執行長的準備，儘管之中大多數人永遠做不到，在全面執行上的眼界還不夠寬廣，但重要的是那些能夠達到此目標的人能全盤了解這份工作，並且有能力處理應對。加勒特先生強烈地意識到，大多數成功的執行者在走向高層的過程中所接受到的金融、行銷、製造甚至研究方面的專業培訓並無法讓他們在成為執行長後，妥善面對來自社會和政治上的挑戰。正如現今美孚石油公司（Mobil Oil Corporation）的退休董事長喬治・V・霍頓（George V. Holton）所說，「除非一家在外國營運的公司，其管理經營能夠讓那個國家的人民在實現利潤後

的淨收入，勝過他們將公司國有化並自己經營的成果，否則那個公司只是在苟延殘喘。」霍頓先生補充說，這樣的公司不僅必須使該國受益，而且一定要讓那個國家的人民知道它正在這麼做。即使如此，霍頓先生最後說道，一家在國外經營的公司很可能會陷入困境，除非其代表可以為自己贏得工作所在地人民的尊重和友誼。」

加勒特先生甚至想得更遠。他認為，在我們這個瞬息萬變的世界裡，霍頓先生的話也適用於國內公司。

在危難關頭，人們對於任何財產的所有權（他的房子、他的汽車、他的股票和債券），都比不上他的同胞捍衛它的能力和意願來得有價值。加勒特先生希望，在危急時刻來臨**之前**，有更多新一代的企業高層能學習認知到這一點。

即使在八十歲的時候，加勒特先生仍在尋找新的金融世界來征服，並不是他可能會死得更富有，而是他在造福人類這部分可以活得更富足。他是個迷人謙虛的人，我們第一次見面時，他承認自己賺了 5,000,000 美元，在我們第二次會議上，他說 10,000,000 美元比較接近事實，直到我們第三次聚會，他才說出了 14,000,000 美元這個數字。

很少有人比我的老朋友卡爾‧德拉沃‧派提特（Karl Dravo Pettit）更能在企業中留下自己的印記，他是個企業家、發明家、金融家和投資顧問。八十二歲的他仍然每天從紐澤西州普林斯頓附近的櫻桃山農場通勤到紐約市。他不受必要性所驅使，他也從來沒有這樣。他是卡爾‧德拉沃‧派提特投資顧問公司的資深合夥人，這是他在大約四十年前創立的。他被譽為普林斯頓地

區最大的地主，他以高於成本百倍的價格出售了一些土地。然而，在金融史上，可能沒有人比他更有資格說出「買對並持有」這項建議了。

有一天，當我們一起吃午餐時，帶出了這個故事。他當時對我說了一些過譽的讚美，於是我說，「卡爾，你都不知道我有多愚蠢，為了獲得資金進入經紀業務，我在1938年以4,500美元價格出售的道瓊股票，現在價值已超過100萬美元。」

「除了從經驗中學習之外，永遠不要浪費時間回首過往，」派提特先生這麼回答。「1925年，我個人擁有CTR計算列表記錄公司（現在的IBM）的6,500股股票，當時只有120,000股的流通股票，我以超過100萬美元的價格賣掉我手上的股票，那個時候是很大一筆錢。在今天，它們的價格應該有20億美元。」

他從那次經歷中學到了什麼？兩件事：

1. 只要公司的盈餘持續在增加，就繼續留住你手上最成功的股票投資。
2. 永遠不要忘記，那些個人利益與你的利益截然相反的人每天都在試圖說服你採取行動。**誰**在說話，往往比說了**什麼**來得更重要。試著找出與你興趣相符的人。

喬治・謝（George Shea）和我在1930年代中期是《華爾街日報》的新聞編輯。直到今日，喬治仍持有他大部分的道瓊股票，他現在所持有的9,520股股票，價值超過他最初投資的4,200美元的百倍，那還是在給了他兩個孩子每人各820股之後，他每

年收到的股利是總成本的2倍多。

　　有些人對於這類故事會有點反感，看到像這樣優秀的人會傷到我們的自尊心，因此，我們會訴諸於：「他有內線消息。他有10,000美元的本金可以投資。他不用付資本利得稅。他沒有生病的家人，也沒有要受教育的孩子。」之類的自我安慰，任何足以證明那些做得比我們更好的人，擁有我們並不具備的優勢。此外，我們對自己說，那些成功的故事都是古老的歷史了，現在沒有人能做到。

　　可惜這只是為了讓我們感到寬慰，但如果我們努力進取，紀錄不僅顯示過去有著不斷重複出現的機會，而且有強烈跡象指出它們仍一直在發生。許多股票在過去十五年中以這樣的速度成長，如果繼續下去，將會在未來十五年或二十年產生百倍的升值。假如這看起來要等太久時間，請記住已故的喬治·費舍·貝克（George F. Baker）的名言：要在股票上賺錢，你必須要有「看見它們的遠見，購買它們的勇氣以及持有它們的耐心。」耐心是三者中最難得的。

　　也許你沒有10,000美元，很多人都沒有，但是，自1932年以來，在那360多檔股票中，用1,000美元投資任何一檔股票，現在都價值至少10萬美元。

　　你連1,000元都沒有？那抱歉，你沒有希望了。我在此引用安德魯·卡內基（Andrew Carnegie）的話。

　　「你想知道你是否會變富有，」他說，「答案是，『你存的到錢嗎？』」

第二章

辛巴達的鑽石谷

1932 年初夏，華爾街的一位老前輩對我說：「任何能把手中的 10,000 美元，以這樣的價格投資在股票市場中的人都是有錢人。」當時我把他的意見視為一種諷刺，我們可以吃火腿和雞蛋，假如我們有一些火腿，也有一些雞蛋的話。正是因為我們沒有 10,000 美元或諸如此類的東西，事實上，市場就是這樣，因為確實很少人有 10,000 美元可以投資。

現在大家都知道，1932 年的股票市場，實際上到處都充斥著，當時投資 10,000 美元，到了今日價值會超過 100 萬美元的股票，甚至只看道瓊工業平均指數就能找到它們，伊士曼・柯達（Eastman Kodak）就是其中之一。1932 年 7 月，144,000 股股票以 35-1/4 至 45-5/8 的價格轉手，即使在當月的高點，10,000 美元也可以購買到 219 股的伊士曼・柯達股票。今日，這 219 股的買家在無需另外投資任何 1 美元或為其收益繳納任何 1 分錢的稅款下，就擁有了 14,191 股，這在 1971 年的價值超過了 1,400,000 美元。

大多數在 1932 年 7 月購買伊士曼・柯達股票的人現在可能已經不在了，但他們的繼承人還活著，1932 年市場上的大多數機

構也是如此。我想知道是否還有人，無論是個人還是機構，仍然以當前市值的1%買入伊士曼‧柯達的股票，我對此表示懷疑，但若能證明我想錯了我會很高興。然而，據我所知，自1932年以來，沒有任何一家機構在不增加資本、不支付任何經紀人佣金或資本利得稅的情況下，將其投資組合的價值增加至百倍。

你甚至沒有必要非在1932年用你的資金購買伊士曼‧柯達股票才能賺到百倍的獲利。1933年，伊士曼‧柯達的股票仍然可以在紐約證券交易所以不到1971年市值的1%價格購買。

但這是後見之明了。伊士曼‧柯達在1932年和1933年的表現究竟如何？

1932年的每股盈餘為2.52美元，低於1929年的9.57美元，但該股票的價格在1932年低點時為35-1/4，1933年低點時為46，而1929年的高點為264-3/4。每股盈餘從高點下降了74%，而股票在1932年和1933年比1929年的最高點各下降了87%和83%，本益比從創紀錄的28倍下降到蕭條時期的14倍。（28×9.57美元＝267美元。14×2.52美元＝35美元。）

與道瓊工業平均指數相比，1929至32年伊士曼‧柯達股票在熊市中表現非常出色，正如相對價格圖表*所示，從1929到32年，伊士曼‧柯達股票的價格與道瓊平均指數相比是大幅上漲，該公司在攝影業幾乎沒有競爭對手。

如果出於某些原因，人們在1932年不喜歡伊士曼‧柯達，他應該會去買輪胎和橡膠公司龍頭——固特異（Goodyear）的股票。該股票在5月以5-1/2的低點賣出，6月以6-1/8的低點賣出，1932年7月以6-1/4的低點賣出。即使每股在9美元，10,000

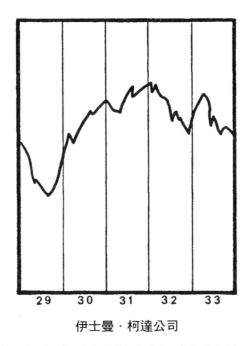

伊士曼・柯達公司

＊有關相對價格圖表的解釋，請參閱第七章〈樹不會長到天上〉

美元也可買到 1,111 股的固特異股票。今日，這 1,111 股的買家同樣無需再投入任何 1 美元，將擁有 32,441 股。在 1971 年，這些股票的價值也超過了 100 萬美元。與伊士曼・柯達一樣，固特異也在道瓊工業平均指數中。西爾斯・羅巴克（Sears Roebuck）也是，在 1932 年的低點，用 10,000 美元可以購買 1,000 股，現在則是 24,000 股，它們在 1971 年的價值接近 2,500,000 美元。

　　不同於伊士曼・柯達的是，固特異公布 1932 年有 850,000 美元的虧損，雖然固特異在那一年賺取了 1.06 倍的固定費用，在少數股東權益之前，卻尚未能支付第一筆特別股股利。

　　同樣，不同於伊士曼‧柯達的是，與1929至32年的道瓊工業平均指數相比，固特異的股票大幅下跌，如附圖所示。然而，伊士曼和固特異自1932年以來都上漲了百倍，事實上固特異在1971年的股價是1942年低點的100多倍。

　　西爾斯‧羅巴克也公布了1932年的赤字，但其相對價格沒有低於1930年。

　　事後看來，在1933年銀行假期之前買到百倍獲利股贏家幾乎和1932年一樣容易。隨便舉幾個例子：1933年用以10,000美元投資在梅爾維爾製鞋公司（Melville Shoe）、紐曼礦業公司（Newmont Mining）、菲利浦‧摩里斯國際公司（Philip Morris）或必能寶公司（Pitney Bowes），在1971年的價值都超過100萬美元。在1933年的前三個月，大約有2,000股梅爾維爾製鞋公司股票在紐約證券交易所轉手，價格從8-3/4到10-7/8不等，以大約9-7/8的平均價格計算，10,000美元將可購買1,000股。今日，在沒有再投入任何資金的情況下，買家在1971年將擁有18,800股，總價值超過100萬美元的股票。

　　紐曼礦業公司的情況大同小異，只除了，這10,000美元的投資，在1932年低點投資的股票買家將有超過300萬美元的獲利，而在1933年低點投資的買家只有1,223,000美元。1933年的低點是11-1/2，以這個價格，10,000美元可購買868股，到了1971年，這868股的股票買家在沒有再付出任何一分錢的情況下，將擁有31,248股的紐曼股票。

　　梅爾維爾製鞋公司和紐曼礦業公司在1932和33年的表現如何？

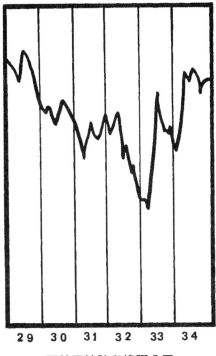

固特異輪胎與橡膠公司

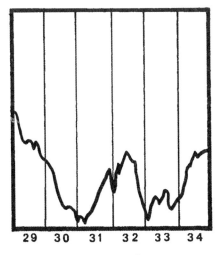

西爾斯·羅巴克公司

梅爾維爾製鞋公司

　　1932年，梅爾維爾製鞋公司的每股盈餘為1.51美元。在當年的股價低點7-7/8時，本益比為5.2倍；而紐曼礦業公司1932年的每股盈餘為22美分，在1932年的低點4-5/8時，本益比為21倍。

　　相對於道瓊工業平均指數，1932年梅爾維爾製鞋公司的股價與1929年初的價格差不多，紐曼礦業公司在1932年的價格相對於1929年則是急劇下降。

　　當你比較這五家公司1932年和1933年的相對價格圖表時，請記住，根據股票股利和股票分割調整，五家公司中的每一家（伊士曼‧柯達、固特異輪胎、梅爾維爾製鞋、紐曼礦業和西

紐曼礦業公司

爾斯·羅巴克）都已升至1932年和1933年低點的100多倍。然而，五家公司中的其中兩家：伊士曼·柯達和梅爾維爾製鞋，在1932年之前處於明顯的相對價格上漲趨勢；另外兩家：固特異和紐曼，到1932年中期看起來似乎不會再更糟；而西爾斯·羅巴克雖然從1929年的高點大幅下跌，但在1930年的相對價格低點找到了支撐。

　　他們的本益比是根據1932年的低點計算的，隨後公布的1932年收益如下：

	本益比
固特異輪胎	無法估量
西爾斯・羅巴克	無法估量
紐曼礦業	21倍
伊士曼・柯達	14倍
梅爾維爾製鞋	5.2倍

如果相對價格走勢和本益比的這些差異暗示著，可能沒有一種必定成功、簡單的經驗法則可以讓一個小學生戰勝市場，那這結論是你的。我所要做的就是全面充分及公平地報告，價值數百萬美元的股票交易是憑藉這些數據的基礎而來，而不是藉由模糊未來毫無計算的評估。我是誰啊，哪有資格說聖誕老人並不存在，還把維吉尼亞財報跟《紐約太陽報》（New York Sun）的幽靈扣在自己頭上？

1933年，很少有人會想到菲利浦・摩里斯註定會是一支讓投資成長至百倍的股票，然而，1933年的前三個月，菲利浦・摩里斯的股票交易落在低點8和高點9之間，在高點9時，10,000美元可買超過1,100股，不再投入更多資金的情況下，今日，那1,100股的買家將擁有20,790股，它們在1971年的市值接近150萬美元，即使在1934年，菲利浦・摩里斯的股票仍然可以用不到1971年1%的價格購買。

在整個1929至32年的熊市，菲利浦・摩里斯的表現比道瓊工業平均指數強得多。

在1932年每股7美元的低點，菲利浦・摩里斯股票當年的本

益比不到6倍。

必能寶（Pitney Bowes）是我提到的最後一檔在1933年以不到1971年市值1%可供購買的股票。（在第77至111頁的表格1中，還有很多其他股票。）1933年的前三個月，整整8,500股的股票以2到3-3/8的價格轉手，在低點時，10,000美元的價格可以買到近5,000股。在撰寫本文的此時，這5,000股將變成32,000股。在1971年，它們的價格是1933年調整後低點的100多倍。

列舉出這些大贏家變得煩人，不僅是因為我們大多數人都沒有從中佔到便宜，還因為這些都已是古老歷史。如果彼得‧米努伊特（Peter Minuit）只花了價值24美元的飾品和珠子就買下整座曼哈頓島，我們還要在乎什麼呢？你我都只能在現今的房地產市場中打滾。

預料到會有第一個異議，我在表格1（第77頁）中已列出，在過去四十年裡的三十二年中，存在著投資10,000美元獲得百倍升值的機會。（而最近的一年是1967年！）而表格3（見附錄）中所列出的證券與表格1中的相同，只是按字母順序列出，而不是按「購買」年份分組。

過去四十年間，除了我表單上的股票外，還有許多股票的價格都上漲了百倍以上。為了盡量減少事後諸葛，我省略了那些當時沒有在出版品中被引述、但也在1971年升值百倍價值的證券，我列出的每一筆，當它以1971年市場價值的1%或更低的價格出售時，《華爾街日報》（*Wall Street Journal*）、《穆迪手冊》（*Moody's manuals*）、《商業與金融紀事報》（*the Commercial and Financial Chronicle*）或《銀行和報價記錄》（*the Bank and*

Quotation Record）中皆有提及。

　　因為1932和33年已年代久遠，我們也很難再遇到類似的情況，花再多時間深究在這段時間能用10,000美元做到的事情也是無益，而且可能會很煩。我所提到的股票只是當時比比皆是的機會例證，正如你在表格1中看到的，還有非常多。同時還要記住，即使是符合我標準的標的物，表格1也不是包羅萬象的，我只是記下了我想到的，你也可能會想到很多我漏掉的部分，但是你所增加的每一項都強化了我的基本論點，即致富之道是**買對並持有**。

　　在1934年，將10,000美元的投資變成100萬美元的機會仍有很多，我所想到的股票包括了Ex-Cell-O機械公司和德州太平洋煤炭＆石油公司（Texas Pacific Coal & Oil）。

　　有時候，人們可以從清算中致富。1934年7月，德州太平洋煤炭＆石油公司在紐約證券交易所大量賣出，價格從2-1/2的低點至4的高點不等，到了1934年12月，它以2-7/8的低點賣出。1948年，該股票支付了100%股票股利，而在1955年，第二次支付了100%的股票股利。結果是，在1934年以2-1/2入手的買家發現自己擁有的股票變成原先的4倍；在2-1/2時，以10,000美元可購買4,000股，這4000股乘以4變成了16,000股。1953年和1964年，德州太平洋煤炭＆石油公司的清算分配總額為每股68.53美元，同樣，獲利超過了百倍。在不考慮自1964年以來清算分配的任何報酬率下，以每年5%的複利增加利息，在減去利息稅之後，將使總報酬率從每股68.53美元提高至96.42美元。

　　請別挑剔我沒有算到購買時的經紀佣金。1971年，基於該

股票的價值與超過100萬美元的獲利，似乎沒有必要考慮分擔佣金的財務費用了。

繼1933年2月24日1-1/4的低點後，Ex-Cell-O於1934年1月11日以3-3/4的低點賣出，以1934年的價格計算，10,000美元可購買2,660股，今日，買家擁有的股份幾乎是原先的16倍，也就是超過42,300股。1971年，其市值超越了百萬美元大關。當然，於1933年購買Ex-Cell-O股票的獲利機會是它的3倍。

來到1935年，斯凱利石油（Skelly Oil）仍然可以在紐約證券交易所以不到1971年市值1%的價格購買。1934年和1933年的斯凱利股票甚至擁有更大的投資機會。該股在1935年的低點落在1月份的6-1/2，以這個價格，10,000美元可購買超過1,530股。今日，買家將擁有22,400股的股票，在1971年其價值超過100萬美元。

現在人們知道的夏繽家電（Sunbeam Corporation）在1935年被稱為芝加哥軟軸公司（Chicago Flexible Shaft Company）。當時該股票的最佳市場是芝加哥證券交易所，它在1935年1月的交易價格從13-1/2的低點至15的高點之間。在當月高點15時，10,000美元可購買666股。如果買家一直持有，在無需支付任何一分錢的資本利得稅或進行額外投資的情況下，1971年時會擁有34,299股的股票，同樣的，其價值超過100萬美元。

除非是事後看來，否則很難發現這些股市百倍股的機會，尤其當它們是透過合併而來時，又更加困難了。

例如，另一檔本來可以在1935年以10,000美元購買而在1971年價值百萬美元的股票是威爾科斯石油公司（Wilcox Oil

Company），在1935年3月，當時稱為威爾科斯石油天然氣（Wilcox Oil & Gas）的公司以每股1美元的低價出售，當月的最高價為2美元。隨後的股利以及1964年與田納西天然氣管線公司（Tennessee Gas Transmission Company，現今的天納克Tenneco）的合併，讓那些在1935年購買威爾科斯的買家，在1971年每1股獲得了超過3.8股的天納克股票，其1971年的市值超過了1935年購買價格的百倍。那些買了田納西天然氣管線公司的人同樣也賺了錢，但遠不如1935年購買威爾科斯的幸運買家賺得多。

　　到了1936年，道瓊工業平均指數已經上漲到1932年低點的4倍多。我們當中的許多人都覺得自己太晚意識到在股市中發財的機會了。但是，當我們在1932年哀嘆著自己無法或未能買入更多股票時，1936年出現其他將在1971年把10,000美元變成超過百萬美元的股票，其中之一是Loft糖果公司，也就是現在的百事公司（Pepsico）。1936年4月23日，Loft在紐約證券交易所以2的低點出售，全年都在這個低點和3-5/8的高點之間波動。若以中間平均值2-7/8的價格來算，用10,000美元可以買到3,475股Loft股票，這些股票中的每一股如今都變成百事可樂的6.06股，因此，若在1936年以10,000美元投資Loft的投資者，在無需多投資任何一分錢的情況下，將可以在1971年擁有21,050股百事可樂股票，其價值接近150萬美元。

　　為了我們這些在1935和36年沉睡之人的利益，Loft在1937年以1的低點和3-7/8的高點出售，然後，幾乎就像是命運密謀般地看到沒有人會錯過這個機會似的，Loft在1938年以每股75美分的低價出售。事實上，從1932年至1938年，投資者在這連

續七年間必須要忽視Loft，才能避開將10,000美元變成超過百萬美元的機會。這種固執你只有親眼看到才會相信，而正是這種固執，我們凡人有時會拒絕掉幸運女神的誘惑。稍後我們將研究更多這些持續堅持的機會股。

股市在1937年秋天急劇下跌，當時的下跌歸因於政府對其通貨膨漲踩剎車的測試；黃金進口採取沖銷政策，即阻止增加貨幣供應量；美國聯準會（Federal Reserve）提高了成員銀行的準備金要求；羅斯福總統「咬緊牙關」對抗物價上漲。

在股市中，對於嚴重下跌通常有兩種解釋：第一個（我剛所引用的）是表面上的，只解釋了一半；第二個才是真正的原因，可悲的是，意識到時已經為時已晚，無法為我們大多數人帶來任何好處。在這裡的情況，真正的原因是，1938年夏末第二次世界大戰爆發了。

1937年的熊市並沒有讓我感到驚訝。1937年9月8日《華爾街日報》頭版發表的「價格變動研究」中，我報導著：「毫無疑問，市場的主要趨勢是向下的。」隔日，道瓊工業平均指數收在166點。到了1945年5月，超過七年半的時間，市場才又再次以如此高價售出。然而，如果我不去正確預測熊市，而是在整個下跌過程中，將注意力集中在尋找可以將10,000美元變成100萬美元的股票上，我將比現在更加富有。這樣的機會出現在1937年、1938年、1939年、1940年、1941年、1942年、1943年和1944年，正如表格1和表格2顯示的那樣，對我來說，實在是痛苦的明瞭。

除了那些使用全權委託帳戶的投資者之外，專業投資者應該不再強調市場時機還有另一個原因，那是因為即使市場預測者是

對的,他也很少能夠說服別人按照他的意見行事。沒有人會打算在股市高點買入,或在低點賣出。恰恰相反,當價格走高的潛力最具說服力時,就會出現牛市高點;反過來說,當價格下跌的可能性似乎壓倒了理性、消息靈通的有錢人的優勢時,就會出現熊市低點。由於牛市和熊市在很大程度上是大眾心理變化的表現,因此若有人認為自己可以說服具有代表性的投資者在大眾心理看漲時賣出股票,或在市場看跌時買進股票,這是愚蠢的想法。明白這點的睿智專業人士會專注於選股,相較於決定市場是上漲還是下跌,大多數投資者在決定買入或賣出哪一檔股票時不會那麼地情緒化。要鞏固此一論點,其實很容易證明,好的股票選擇比好的股市時機更可以賺到更多的錢。

　　但,讓我們回到1937年的百倍股機會。那年,夏普多姆公司(Sharp & Dohme)在紐約證券交易所積極交易,9月低點6-3/4,10月3-3/4,11月4-7/8,12月4,因此,以每股6美元的價格向夏普多姆公司投資10,000美元應該很容易。買家將擁有1,666股,作為交換,買家將在1953年獲得默克藥廠(Merck & Company)大約3,748股的股票,這些股票在1964年以1拆成3的比例做股票分割,使目前的默克股份總數達到11,245股,在1971年價值近150萬美元。直到1943年,夏普多姆公司仍可以用低於1971年默克股票價值1%的價格收購。事實上,從1932到1943年,我們可以在連續12年的每一年中,以不到其1971年峰值價值的1%價格購買夏普多姆公司股票。就算我們在這十二年中的六年高點時買入,依然能在投資中得到百倍的機會。股票選擇又再次勝過股市時機!

在1938年，我本可以在比奇飛機（Beech Aircraft）、布倫瑞克─巴爾克─柯林德公司（Brunswick-Balke-Collender）或康乃馨煉乳公司（Carnation）上投資10,000美元，並在1971年擁有遠超過100萬美元的股票。1938年時Loft股價在該年最低點為每股75美分，若投資10,000美元，1971年的市值將超過550萬美元。

1939年，哥倫比亞河捕撈協會（Columbia River Packers）或克拉克設備公司（Clark Equipment）應該也可以做到。1940年，假如我們買下默克公司股票並將其持有到現在，默克公司本身就是個百萬股機會。（實際上，1971年默克公司的股價高點是1940年低點的164倍。）在1941年（或1943年），人們本可以將他的百萬美元財富建構於以10,000美元投資在吉列公司（Gillette）或路易斯安那地產公司（Louisiana Land）上。在1942年，或直到1945年，葆雅（現在的先靈葆雅Schering-Plough）應該也可以做到這件事。1943年，人們可能會選擇美泰克（Maytag）或輝瑞（Pfizer）。1944年，百得家用（Black & Decker）和諾西瑪化工（Noxzema Chemical）的股價都不到1971年市價的1%。1945年，明尼蘇達礦業（Minnesota Mining）和全國營造（National Homes）也提供了類似的百倍股機會。在1946年市場頂點，以及直到1948年，高爾文製造（Galvin，現在的摩托羅拉〔Motorola〕）提供了一個工具，可以讓小額股份獲得大筆財富。

正如你在第77至111頁的表格1中看到的，這些絕不是那些年裡僅有的百萬股票，只是在展示任何人都能夠擁有的好東西。人們所要做的就是認出它們，並與它們同在。

第三章

跟大象學習

　　就像建築工人會在樓梯之間建一個平台，以避免攀登者過度疲累一樣，讓我們在此先停下來問問為什麼，即使是專業投資者，在面對這麼多百倍股的機會時，也很少在同一時期有辦法讓資本增加10倍。答案可以從心理學和統計學方面來說明，讓我們先處理這個問題的心理層面，統計學的部分就留待在下一個樓梯平台休息時再說。

　　四十六年前，當我自食其力遊遍非洲赤道，想要射殺大象得到象牙時，我學到了這個簡單的原則：在尋找最大的獵物時，不要試圖射擊任何小的獵物，大象的耳朵非常敏銳。那天，在我對一隻珍珠雞、黑白疣猴還是羚羊開了一槍之後，我再也沒有看到任何一頭大象。

　　某種程度上，我在伊圖里森林中學到的這一課，是那個五個貧窮的阿拉伯人故事的變化版。當我要求一隻珍珠雞時，就只會得到一隻珍珠雞，不會再更多了。

　　無論是個人還是專業投資者，很少人會尋求大局，他們往往專注於在這裡得5點或在那裡得到10點的這些機會。他們得知下一季的收益顯示會有良好成長就急著買入，或是因為聽說利潤成

長已經放緩而賣出，經紀人就是利用這類行動肥了油水。最終這類活動會變得龐大，因此，當價格和他們能用以賣出的商品需求都來到空前高點時，這就是許多公司會屈從的時機點。如果股市經紀人在交易中獲利，然後在交易量超出其處理能力時屈從，這似乎是自相矛盾的，現在你已經注意到商業史上的一大悖論。我不記得在工業或金融領域中，有任何一家公司會因為成功榮景而噎死的。這說明了他們過於著重在取得業務（銷售）而不看重持續追縱（簿記）。短線操作的進出交易會讓非常多的經紀人先變得富有，然後再變得貧窮，無論是聯邦或是州，這對徵稅官來說都是好事，在許多情況下，對市也是，但這對投資者來說又是另外一回事了。

對於真正想在股票市場上發財的個人或機構來說，每次的賣出都是在承認錯誤。我寫這本書時充分意識到犯錯是人之常情，我並不是要批評任何人犯了一些我四十五年來一直在犯的錯誤，只是這個明確的問題只解決了一半，就像我把珍珠雞視為大象並沒有讓我獲得象牙一樣，就算我把失去的機會視為交易利潤，也不會讓我在股票市場中獲得財富。股票在賣出前持有的時間越短，購買它的錯誤就越明顯——儘管積極的基金經理人恰恰相反。

不要把這件事理解為好像一切都是無可奈何，唯一比犯下投資錯誤更糟糕的事情，就是拒絕承認並且予以修正。通常，修正錯誤的速度越快，成本就越低，但是，與買對並持有相比，這依然是一個錯誤，一個失去的機會。

在牛市中，修正錯誤通常意味著以獲利作收，但是，當我們

這麼做時，別自欺欺人的以為我們這是在賺錢，事實上，我們得承認錯過了更大的機會，還產生了資本利得稅的稅務。

修正股票市場錯誤的最大風險是，對許多人來說，當股票價格最高時，股票看起來最好；價格最低時，股票看起來最差。我們幾乎無法抗拒地看到兔子就想開槍，現在就去做吧，做那些事後證明早該在昨天、去年、甚至是五年或十年前就應該做的正確事情。

預知未來的能力是罕見的，而將現在合理化的能力卻很常見，因此，當我們仔細研究後購買的股票價格下跌時，我們通常會發現它不如之前那麼有吸引力了。

假如一個菜藍族會在特價時買三塊烤牛肉放進冰箱裡，同樣的道理，當股票下跌到她當初買進價格的半價時，她也會賣掉手中所持有的股票。

專業投資者有時候也會做同樣的事，他們推想（通常是正確的），有人會比他們消息更靈通，他們不會等到「壞消息」公開，就會賣出，進而加速股票價格的下跌，並且盡可能地讓其他投資者感到不安。

讓我們面對現實吧，絕大多數的投資跟魚一口咬住不能吃的假餌的本能是一樣的，因為它正在移動。

魚想著：「我吃到的最後一個東西在移動，很好！那個東西在動，一定是個好東西。」

投資者想著：「我買的最後一檔股票正在上漲，很好！這支股票正在上漲，一定是個好投資。」

好的股票確實會上漲、上漲、持續上漲。正如我們在表格

1和表格2中看到的那樣，有夠多的股票來維持這個概念：即任何會上漲的股票一定是個好東西。然而，週期性地，就像到了1969至70年，我們重新發現那些看似閃閃發亮的，未必都是好東西。

　　有個微妙的謬論同樣也阻礙了投資者在致富之路上前進，有一種觀念認為：所有的投資或多或少一定有風險，現金是最安全的。然而，自1820年以來的每一個連續100年期間，也就是，1820至1920年、1821至1921年、1822至1922年、1870至1970年，我們的美元已經失去了大約50%至70%的購買力。在連續的100年間，通貨膨脹率一直都保持穩定。關於這部分，我將在通貨膨脹的章節進行更多的說明（見203頁）。

　　另一個經常被忽視的投資謬誤是：規避風險比抓住機會更重要。首先請考慮算術，假如你在表格1所示的任何一年中，在100檔股票上投入等量的資金，**而萬一你的100檔股票中有99檔變得一文不值**；就算那一年購買的100檔股票只有一檔留下來，你仍然可以保有你的本金。不可否認地，要提前挑到一檔百倍股股票並不容易，但是，在一年內要挑到99檔日後都將變得一文不值的股票也很困難，任何能夠做到這一點的人，一定會成為華爾街操縱賣空獲利的傑出人才。*

　　從第二個謬誤中可以看出，投資者往往過分強調投資股票的

---

* 賣空：指的是一個人賣出自己沒有持有的股票，希望日後以更低的價格再補回的人，已在進行著賣空。在他購買之前，一直在「賣空」股票。希望透過價格下跌而獲利的賣空，與希望透過價格上漲而獲利的買入是相反的。

風險，而低估了沒有買入或過早賣出的成本。華爾街最老套的引用之一，是那位笑容滿面、滿臉鬍鬚、洋洋得意的老紳士，他的臉被印在這句文字上。「我太快賣出了。」（I sold too soon）我想知道這個老騙子造就了幾百萬股毫無必要的經紀業務。

　　過早賣出可能會造成極為昂貴的代價。1921年7月，一些可憐人以21,700美元的價格賣出700股計算列表紀錄公司（Computing-Tabulating-Recording）的股票，1971年，這些股票以IBM的名義賣出，價值超過1.5億美元。

　　要在二十五年內從1升至100倍，股票價格必須以超過20%的年複合成長率成長，其中不包括股利。20年後，這類股票的賣家在稅前和扣掉經紀佣金之前的獲利不到40倍。如果價格上

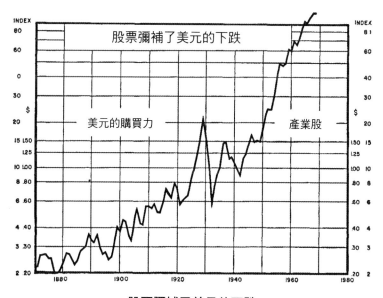

股票彌補了美元的下跌

漲速度持續不變的話，剩下的60倍會在最後5年中出現。

當然，沒有理由僅僅只因為其利潤很高，甚至是100倍的利潤就隨便賣出。事實上，投資的基本規則之一就是：

如果不是情非得已，**絕對不要**為了一個非投資因素而採取投資行動。

造就成千上萬的投資者投資出錯的非投資理由是什麼？

我在此列舉幾項：

一、我的股票價格「太高了」。

二、由於稅務原因，我需要已實現資本利得來抵消已實現資本損失。

三、我的股票都沒在上漲，其他股票卻都上漲了。

四、我無法也不會再投入更多資金，來補足我的追加保證金。

五、明年的稅會更高。

六、新的管理。

七、新的競爭。

當然，應該要仔細衡量這些理由中可能需要賣出或轉換的可能性。但可能性與現實之間的區別，大致上就像是清湯和駝鹿肉排的區別，清湯是獵人空手而歸時的晚餐。

喬許·畢林斯（Josh Billings）曾經非常含蓄地談到他很欽佩的一個人：「他的問題不是無知，而是他知道的太多，但事實並非如此。」

自1932年以來，要讓投資者充分了解的各種情況，我已經說很多了。我有時候會想，如果我們沒有知道那麼多，是不是對我們更有好處。假如波音747上的每位乘客都能清楚看到飛行員面前的每個儀器，他的擔憂反而會拖累飛行員採取修正措施。這就是股東和稱職的企業管理人員之間的關係。

投資者應該要小心不要把憤世嫉俗和精明老練混為一談。有時，股市業務員提供給你的，會與你自己所能找到的同樣好或甚至更好。以1952年先靈公司（Schering Corporation）發行的股票為例，投資者以30,800,000美元購買了1,760,000股，如果他們仍然持有，那麼截至1971年高點，他們的未實現**收益**將超過1,200,000,000美元。雖然先靈公司的股票尚未使其持有者得到百倍的獲利，但那些在不到20年前購買初始股票的人，已經看到他們的持股增加到原本購買價格的41倍。（那些在1945年以13-1/4元購買葆雅「Plough」公司股票〔現在是先靈葆雅公司「Schering-Plough」的一部分〕的人，則獲得百倍的收益。見表格1和表格2。）

二戰時期，先靈作為敵方在美資產遭沒收。它於1952年由美國司法部長以競標方式出售，由美林（Merrill Lynch）、皮爾斯（Pierce）、芬納和比恩（Fenner & Beane）組成的團體競標成功，得標金額為29,131,960美元；另外還有基德・皮巴迪證券公司（Kidder Peabody & Company）和德雷塞爾公司（Drexel & Company）。第二高的出價是26,845,544美元，最低出價為14,080,000美元。

自己做功課的投資者可能會對以下的事情感興趣：先靈股票

的得標價格為每股66.20美元，其帳面價值為每股32.55美元。

得標者立刻以1拆成4的比例分割股票，然後以每股17.50美元的價格賣出新股。以該價格計算，他們的總收益為30,800,000美元，而買入價格為29,131,960美元，獲利1,668,040美元。因此，在過去十九年中，先靈股票的發行，買家的每1,000美元，其毛利約為1.40美元——當然，前提是買家一直持有。

他們當中的一些人可能已經換成其他「更好的」，我自己也經常這麼做。

順道一提，你不需要有證券經紀商的朋友才能讓你參與到這個先靈「搶手證券」。1952年3月11日，先靈以17.50美元的價格公開發行，在該年剩下的時間，股價範圍從13-1/4的低點到17-7/8的高點。如果你很幸運地在低點買入，並且有足夠的耐心持有至今，那麼你在1971年高點的股票價值，將是你買入價格的54倍以上。

你甚至可以等個一年半，然後在1953年9月和10月以每股11美元的價格買入股票，以這個數字，到了1971年，你的投資將增加到成本的65倍以上。

這並不是建議你要等到八分之一低。＊如果你真的認為某檔股票具有潛力，請直接買入，然後，當它的價格又變得更低，如果可以的話，請再買進更多。在投資中獲利40倍和獲利60倍之間的區別，遠不及完全錯失機會那麼嚴重。華爾街有個非常睿智

＊　這是華爾街術語，指的是股票在討論的任何期間內賣出的最低價格。由於價格變化以美元的八分之一表示，因此八分之一低必定是很低的價格。

的說法：「在股市中，牛賺錢，熊賺錢，豬什麼都沒有。」

　　我又想到另一個絕佳承銷。1941年5月20日，高盛公司（Goldman Sach & Company）和雷曼兄弟（Lehman Brothers）以每股28.75美元的價格發行了默克公司（Merck & Company）202,372股的股票。該股票在1949年以1拆成2的比例分割，在1951年以1拆成3分割，在1964年以1拆成3分割，因此，1941年5月20發行的每股股票現在變成了18股，以2,875美元的價格購買高盛—雷曼兄弟發行的100股股票並持有至今的人們都各擁有1,800股，在1971年的最高市值超過236,000美元，依目前每季55美分的股利率，投資者全部原有投資，每年都會得到1.37倍的報酬。可惜的是，這些股利是應稅的，獲利則不是。

　　順道一提，整個承銷共籌集了5,818,000美元，去年的最高市值超過4.78億美元。

　　幾乎就像命運想給每個人第二次機會一樣，同樣的承銷商在1941年12月17日以每股30美元的價格額外發行了30,000股相同的股票。沒有人會喜歡以30美元的價格，買入這些在7個月前本來可以用28.75美元就買到的股票，但是這些價格30美元的股票，在1971年的最高市值是當時價格的78倍。

　　事實是，那些等待高盛和雷曼兄弟業務員指示的投資者，還沒能看到他們的默克（Merck）股票上漲到百倍的獲利，要想在1971年獲得如此令人滿意的結果，投資者必須在1940年靠自己購買默克製藥股票。

　　為了避免有人懷疑我是因為沒有更好的例子，所以才以先靈公司和默克公司的承銷為例，現在讓我們來看看輝瑞

（Pfizer）。1942年6月23日，由紐約費迪南德‧埃伯斯塔德投資公司（F. Eberstadt & co.,）領導的一家財團，以每股24.75美元的價格發行了240,000股股票，如果你當初有被埃伯斯塔德的業務員說服以2,475美元的價格買入100股的股票，並持有至今的話，你將會持有8,100股。在1971年的高點，這些股票的市值為349,312美元，也就是你購買價格的141倍。請謹記在心，你無需以智取勝任何人就可以購買該股票，公司企業希望能有更多的資金來營運。要在輝瑞上賺錢發大財，你所要做的就是配合公司，讓承銷團的業務員感到開心就可以了。

我可以並且將會舉出其他承銷致富的例子。重點是，沒有必要在黑暗中購買名不見經傳的股票，才能抓住一個創造財富的機會。我們大多數人在一生中的某個時候都擁有過一個或數個機會，我們的失敗之處在於沒有堅持下去。

對於市場走向想太多可能會讓你付出昂貴代價，即使其中有一個是正確的。

就在《華爾街日報》頭版兩欄刊出我對於1937年熊市分析的專題報導的三週前，紐約的羅素馬奎爾公司（Russell Maguire & Company, Inc.,）以每股6.50美元的價格出售了美國德州通用石油公司（General American Oil company of Texas）的83,333股股票。假設我沒有敏銳地看到1937年熊市的到來，相反地，像一般倒楣的民眾一樣，我被說服在大熊市前將我畢生積蓄10,000美元投入美國通用石油公司的股票，我會怎麼樣？

用那10,000美元，我會買到1,538股的股票，然後身上只剩下幾分錢，如果我將這些股票放一邊並忘了它們，現在我將會擁

有24,930股股票，而且無需再投資任何一分錢或支付任何一分的資本利得稅，到了1971年，這24,930股的股票在紐約證券交易所的價值超過1,200,000美元。我的現金紅利將會略少於15,000美元，或者以我最初投資的150%年利率計算。

我懷疑是否真有人在1937年8月18日以每股6.5美元的價格購買了美國德州通用石油公司83,333股中的任何一股並持有至今；我也同樣懷疑，那些的確在1937年買了股票，但隨後又賣出以轉投資在其他更好的東西的人，他們今天的狀況是否會跟僅僅只是耐心等候三十四年的結果一樣好。如果有人至今仍然持有在1937年發行時購買的美國通用石油股票，那個人應該要上電視接受訪問。

再一次，許多人會說這些都是事後諸葛，但如果仔細看了表格中360多檔股票明細，這些股票在三十二年中的任何一年裡，都可以以低於1971年市價的1%或甚至更低的價格購買，必須承認，很多人都掌握著數百萬美元的財富，卻因為試圖得到那些一直在上漲的東西而失去了它們。

美國德州通用石油公司
相對於道瓊工業平均指數的每月價格

看此圖表（以及任何其他相對價格圖表）時，只需記住，從任何時間點開始，道瓊工業平均指數都是一條水平直線。如果美國通用石油相對價格線低於該水平直線，則代表無論你從哪一點開始，美國通用石油股票的價格都未能跟上道瓊指數。圖表上標

示了三個說明性的虛線，代表從所示起點開始的道瓊工業平均指數。如果你在1957年6月購買了美國通用石油股票（圖表上的第1點），與道瓊工業平均指數相比，你的投資將嚴重下跌。如果你在1960年5月購買了美國通用石油股票（圖表上的第2點），你賺錢的速度會比道瓊指數快得多。如果你在1965年5月購買，情況也會如此（第3點）。

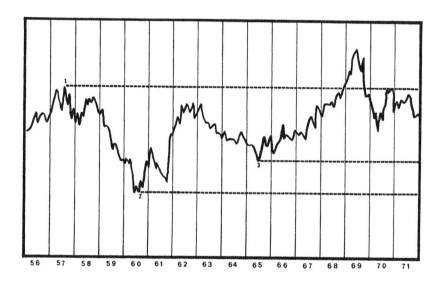

還要謹記在心的是，美國德州通用石油公司的股票不是一個「熱門股票」。我從沒看過有人在提及寶麗萊（Polaroid）、辛泰製藥（Syntex）和全錄（Xerox）公司時連帶提及它。但是，就像在賽跑時，速度快很多的兔子在小路中探索，而烏龜以堅持不懈贏得比賽一樣，這位耐心、固執和處變不驚的買家，以10,000美元價格購買1937年羅素‧馬奎爾（Russell Maguire）發行的股

票，如果他從未動過，他在1971年就成為了百萬富翁。

　　正如附圖中的美國通用石油相對於道瓊工業平均指數的價格圖表＊中可清楚看到，沒有人會逐季甚至逐年地要求，而美國通用石油的「績效」就一直持續下去，直到它讓這些人發了大財。從1952至68年這十六年間，該股票從未能跟上道瓊工業平均指數。在這樣一段期間內，很少有客戶會繼續跟著投資顧問，但我猜想，自1937年以來，鮮少有人在投資方面的成就能夠勝過美國通用石油的百倍升值。

　　有朝一日，「績效是最要緊的事」將在1960年代的歷史中佔據獨特的位置，作為當時泡沫經濟的指標。投資者有權期待專業顧問的成果，但是，如果投資者夠睿智，他們會支持或至少允許他們的投資組合經理不管市場波動，透過增加銷售額、收益和股利的方式來獲得成果，而不是透過投機取巧的交易。

　　活在劍上，終必死於劍下。當經驗豐富的投資者不為股市價格波動而動心時，並不是因為他們不喜歡金錢，而是因為經驗和歷史都在在讓他們確信，恆久的生財之道不是這麼建立的。

　　另一個出色的承銷例子是1946年5月6日紐約雷諾公司

＊　此圖表顯示出美國通用石油股票每月價格佔道瓊工業平均指數價格的百分比。例如：如果美國通用石油股票的股價為40，而道瓊工業平均指數為800，則圖表顯示將為40除以800 = 0.05或5%。如果道瓊工業平均指數上漲至900，而美國通用石油股票以81元的價格出售，則顯示結果將為81除以900 = 0.09或9%。在1952年至1960年間，美國通用石油股票的價格未能跟上道瓊工業平均指數的價格，因此如你所見，相對價格線是下降的。在那個時期，如果美國通用石油公司股東持有的股票擁有道瓊工業平均指數的水準，那麼狀況會更好。1960年後，美國通用石油股票再次超越道瓊指數。

（Reynolds & Company of New York）對三福氣體公司（Air Products）股票的承銷。此次發行包括：100,000股A股和100,000股普通股，以每股11美元／股的價格為單位；150,000股的普通股，每股1美元；40,000股普通股，每股為1美元，專給某些高階主管和員工。

在今日，這些普通股中的每一股都剛好超過2-1/2股，1971年高點價值144美元。如果那些高階主管和員工還持有他們二十五年前以40,000美元購買的股票，那麼他們現在擁有100,445股，1971年的市值超過5,800,000美元。

至於你和我，10,000美元我們可以買到10,000股，在今日，這10,000股將是25,111股，1971年的價值為1,450,000美元。

我什麼都沒買。雷諾公司發行的四天後，我在1946年5月10日那天寫了一封被廣為引用的市場情報信函，下的結論是：「在這種情況下，保留對普通股的完全投資部位，將被視為，就像第二次結婚一樣，『希望戰勝了經驗。』」

我對市場的分析幾乎不能比這個說法更精確了。道瓊工業平均指數在該月底前達到1946年的高點212.50，然後下跌了24%。近四年來，道瓊斯工業平均指數從未回到我警告過的水準。但到了那時候，三福氣體公司（Air Products）的股價已經上漲了2倍，而另一個以1美元投資賺到100美元的機會又再次離我而去。

想當然爾，我在這邊想說明的是，就算你**了解**股票市場的走向，有時忘掉它然後只專注在尋找對的股票來入手，或許更有利可圖。

有些人會爭辯，就像我多年來一直在爭論的就是，好的時機

加上好的選擇一定比只有單一方式來得有用吧。但是，如果人們
過於關注在市場時機，熊市的煙霧就會遮擋住他的眼睛，使他錯
失購買的機會。一個人在市場時機中越成功，就越依賴此等誘
惑，進而錯過那些更好的買對並持有的機會。

　　就像探險家乘坐獨木舟在沒有地圖標示的河流順流而下一
樣，投資者必須對於尚未發現的尼加拉瓜大瀑布出現的徵兆和聲
響保持警覺。但在過去的一百年裡，大多數投資者在其生涯遇到
過這種全面清算的情況不超過一至二次。

　　至於其他的，如果你相當理智和熟練，歷史表明你可能會在
遇到好股票時快速出手，而不是用現金在它們之間轉來換去。但
是你必須要對自己有足夠的了解，以確保自己不會在中途更改策
略，像是：許多無益的事後猜測、看到兔子就大量射擊、假裝成
採取新策略以適應變化的狀況。

　　大多騙人的把戲都是不好的，但自欺會更糟，因為被騙的是
個好人。

第四章

盲從的旅鼠

　　要在最短的時間內賺到大錢，你需要在還沒有人注意到的時候買到一檔好股票。困難之處在於，好股票很少會沒朋友。好股票從何而來？問到這個問題時，大多數人會想到收益，在某種程度上，他們是對的。但好的股票也可以是因為資產而造就，即使這些資產目前還沒有任何收益。好的資產具有潛在的獲利能力，由於大多數人都專注於賺錢，你偶爾可以用便宜的價格收購資產，因為擁有這些資產的公司正處於虧損狀態，而且沒有好轉的跡象。

　　這就是1930年代煤炭工業的情況。石油供應充足，現在看來那價格低得驚人。原油價格低至每桶10美分，與煤炭相比，這種便利的燃料具有許多優勢，讓很多人相信煤炭沒有任何未來可言。從煤炭經營者的角度來看，勞工的狀況很糟，在約翰‧盧埃林‧路易斯（John L Lewis）領導聯合煤礦工人工會（United Mine Workers）的情況下，其承諾每況愈下。

　　正如人們所料，煤炭公司的證券根本不值錢。老班煤炭公司（Old Ben Coal Corporation）1944年到期的面額1,000美元首期6%黃金債券，本可以在1932年以60美元的價格購買，其1934

年到期的無擔保7-1/2%黃金債券，價格則是低至30美元。

　　1935年的資本重整方案提供了14股新普通股加上1股1,000美元的首期收益6%利率的債券。當時，新債券的買價為17美元，新普通債券的買價為5美分。

　　十一年後，新債券以每股1,010美元的價格贖回。十二年後，新股票以1拆成5的比例分割，這樣每個舊債券持有人除了已經獲得1,010美元的可贖回債券之外，現在還擁有了70股的新普通股。1968年，這些新股以股份換股份的方式成為了俄亥俄州標準石油（Standard Oil company of Ohio）的普通股。1971年，這70股股票的股價高達6,440美元。

　　如果1946年老班煤炭公司債券贖回的持有人，有人在當年高點時將收益再投資於老班煤炭公司的普通股，每張債券將獲得20-2/10股。1947年，這些股份以1拆成5的比例分割，他將獲得101股，隨後將股份換成了俄亥俄州標準石油公司的股份，這些股票在1971年以9,292美元的價格出售。

　　於是，如果有一家免稅機構在1932年投資老班媒炭公司60美元的首期6%黃金債券，並抓住每一次機會轉成老班媒炭公司的股票，那麼它在去年的持股總價將達到15,732美元，是原始投資的262倍。即使是1946年所得稅稅率為50%的個人投資者，也能夠獲得價值其原始價格189倍的俄亥俄州標準石油公司股票。1934年的老班煤炭公司7-1/2%債券的獲利機會甚至更大，該債券在1932年本可以用30美元的價格購買每張面額1,000美元的債券。「下次」要記住的重點是：

1. 1932年，媒炭業不受投資者青睞。
2. 老班煤炭公司擁有煤田5.43萬畝，其中未開採的占4.1萬畝。它擁有並營運10座年產700萬噸煙煤的礦山，有數以千計的額外土地租賃出去。換句話說，那些都是資產，問題在於他們是否能得到更高的市場評價。
3. 美國對能源的需求大幅增加。

　　華爾街有一種說法，環境和形勢都比統計數據更有價值。當然，在這種情況下，依賴成長趨勢、獲利率、投入資本報酬率和本益比的投資者只會留在原地無法成功。在1932年購買老班媒炭公司需要非凡的遠見，以及對美國未來的堅定信念。統計分析只有助於說明，如果這樣的願景和信念證實是正確的，其投機成功的可能性有多大。

　　未來十年、二十年、三十年或四十年的一些絕佳機會，注定只有具有相似願景和信念的投資者才能實現。

　　有些跟我一樣資深的人說1932年沒有人有機會，這有一點安慰到我，但事實是，老班媒炭首期6%債券，在1933年，面額1,000美元的債券可以低至用140美元買到，1934年低至150美元，1935年低至137.50美元。對於免稅基金而言，這些價格中**最高**的利潤潛力超過百倍。

　　對於完完全全的投機者來說，購買1935年重整方案中發行的老班煤炭公司的新普通股，本來可以真正大賺一筆的。截至1935年9月19日，該新普通股的報價為5美分。假設一個人可以用**2倍**的價格投資10,000美元，他將擁有100,000股的新股。

1947年，這些股份以1拆成5的比例分割，這會讓他持有的股份達到50萬股。1968年，這些股份被交換為俄亥俄州標準石油公司的股份，於是，以1935年報價的2倍在老班媒炭新普通股上賭了10,000美元的人，在今日將擁有50萬股俄亥俄州標準石油公司的股票。1971年，其價值為4,600萬美元。我們假設性的投機者，本可以在無需繳納任何一分資本利得稅的情況下賺到這筆錢。

實際上，這樣大賺一筆的情況大概不太可能發生，因為老班媒炭公司的新普通股只有194,037股流通在外。但是，一個中產階級的人可能會用5,000美元以每股50美分的價格購買10,000股，在1971年，其價值為4,600,000美元。

重點是，人們不需要擁有數百萬才能賺到數百萬。事實上，做出這種相對較小的投入，通常比投資1百萬美元更容易。在華爾街狩獵大象時，小人物比大人物多的優勢在於，小人物的槍發出的聲音要小得多。不幸的是，若小人物的目標是好的，他很快就會因為變成一個大人物而失去這個優勢了。

要這麼大賺一筆，正如我想起老班煤炭公司的債券或股票那樣，需要有洞察機會的遠見，在幾乎沒有人這麼做的時候，其購買的方向性和獨立性，而且最重要的是，在經歷過30年代後期的經濟不景氣、第二次世界大戰，以及從那時起種種無情的命運矢石弓箭折磨，還能保有耐心堅定持有。

俗話說：「耐心是一種美德，如果可以的話，要有耐心。在女人中很少見，男人則是完全沒有。」

也有普遍中的例外。保羅‧加勒特是個值得注意的例外，但

他並不是唯一的例子。

　　我在1940年代從事經紀業務時，從小道消息得知，查爾斯‧斯蒂爾曼（Charles Stillman）為時代公司（Time, Incorporated）在休斯頓石油公司（Houston Oil）擔任了重要職位。

　　在休士頓石油公司擔任該職位時，斯蒂爾曼先生避免了兩個最常見的投資錯誤，其中一個錯誤，也是我自己經常犯的，是投入大量精力和研究來做出投資決策，然後謹慎地執行這個決定，這麼一來，如果你錯了也不會太痛心；當然，相反的情況是，如果你是對的，也不會帶來任何顯著的好處。當一個人擁有一家大公司10%以上的股份，如果這間公司出現問題，他可能會受到非常嚴重的影響。但是，當其股票價格上漲超過百倍時，即使是對於像時代公司這麼大規模的組織來說，報酬也是很值得重視的。

　　截至1955年2月1日，時代公司擁有144,540股休士頓石油公司股票，占所有流通股的10.73%。在最終清算中，時代公司所持有的每股價值166.50美元，價值超過2400萬美元。

　　斯蒂爾曼先生避免的第二個常見投資錯誤，是小額利潤。

　　「賺小錢，賠錢時放手一搏。」是在救濟券上贏得一席之地最可靠的公式之一。

　　或許，以投資報酬來衡量，最成功的致富機會是香港波特公司（H.K.Porter Co.）1946年違約的首期6%黃金債券這個例子。《1933年穆迪工業手冊》（*Moody's 1933 Industrial manual*）報告指出，1932年債券價格出價為5，指的是每1,000美元債券為50美元。債券持有人委員會要求每個存款債券持有人在存入債券

時，每1,000美元債券需支付5美元，因此，任何在1932年購買債券的人都可以假設每張債券的成本至少為55美元。此外，由於穆迪僅報了一個出價，讓我們假設要購買超過一至二張以上債券的買方，將必須支付2倍的出價，這代表他每存入1,000美元債券的總成本為105美元。

流通在外債券的面額僅為840,000美元，如果以每1,000美元債券105美元的價格購買，將花費88,200美元。

根據法院於1939年確認的重組方案，1946年每1,000美元的首期6%黃金債券會收到：假設轉換為特別股的話，10股4%特別股可轉換為120股普通股，另外加上5股普通股，總共為125股普通股。

1945年，普通股以1拆成30的比例分割，將125股變成了3,750股。1954年，普通股以1拆成4的比例分割，將3,750股變成了15,000股。1958、59和65年的三筆2%股票紅利，使1946年每張違約的6%債券所獲得的普通股增加到15,918股。1966年，普通股被分割為5拆成6，每張債券收到的股份總數增加到19,101股。

1971年，香港波特公司股票價格落在23-1/2高點時，這19,101股股票市值為448,873美元。

對於有幸於1932年以50美元出價買下這些債券的人來說，意味著每投資1美元即獲得8,977美元。

對於在1932年以50美元的2倍價買下這些債券，並另外向債券持有人委員會支付5美元的人來說，1971年的市場價值是當初總投資的4,274倍。

　　《1943年穆迪工業手冊》指出：「工廠設備有很大一部分已轉換為戰爭物資。」伊凡斯先生（T. M. Evans）被列為總裁。

　　《1959年穆迪工業手冊》指出：「1958年11月13日，伊凡斯先生擁有創紀錄的815,436股（77％）。」主管名單顯示為伊凡斯先生擔任主席，當時其持股市值為42,402,000美元，如果持有到1971年，這815,436股將變成1,018,053股，最高市值為23,924,000美元，雖然衰退，但迅速顯示出復甦的跡象。

第五章

遠見 vs. 堅持

　　很少有股票能比奧格登公司（Ogden Corp）更具故事性及寓意了。30年前，《1941年穆迪公共設施手冊》指出：截至1940年底，阿特拉斯公司（Atlas Corp.）及其子公司擁有2,584,160股的奧格登公司股票，占總數的75.91%，該股票當年的高點為3-1/2，十三年後，同一消息來源報告稱，紐約的艾倫公司（Allen & Company of New York）擁有約80%的奧格登公司已發行股份，在這段期間，奧格登公司股票的市場價格在1950年並於1951年再次跌至每股43-3/4美分的低點。1950年，共有97,900股的奧格登公司股票在美國證券交易所轉手，價格從1.25美元的高點至43-3/4美分的低點不等。1951年，共有235,900股的奧格登公司股票轉手，交易價格從1.75美元的高點到43-3/4美分的低點不等。

　　如果你我在1950年買下所有奧格登公司交易的股票，而每一股支付了當年的最高價，我們的總成本將會是122,375美元。如果我們在1951年以當年的最高價買下所有股票，我們的總成本將會是412,825美元。到了1958年，我們本應是奧格登公司333,800股的股票所有人，我們將獲得以每股2美元的價格購

買辛泰製藥（Syntex）83,450股的權利。如果我們行使這些權利，我們的投資將增加166,900美元，總計702,100美元。到了1971年，我們持有的股份市值將超過5600萬美元。如果我們在1950和51年的低價與高價之間買入，而不是每一股都支付當年的高價的話，我們的總投資（包括辛泰製藥權利的成本）將是506,634美元，在1971年，我們持有的股票市值達到了110倍。

如果艾倫公司保留了《穆迪手冊》在十七年前所稱的奧格登公司股票，並行使對辛泰製藥股票的所有權利，那麼他們去年持有的股票價值將超過3億美元。然而，根據《1959穆迪工業手冊》，在那時候，艾倫公司已不再擁有奧格登公司80%的股份，只有大約61%的股份。即使持有股份數量大幅減少，假設行使所有辛泰製藥權利，1959年艾倫公司持有的股份在1971年的價值也將超過2.25億美元。

從奧格登公司的故事中可以得到什麼寓意呢？

一是沒有人能夠確切地預知未來會如何。阿特拉斯公司作為擁有超過四分之三的奧格登公司股票所有人，想必應該很全面充分了解這間公司。但誰能在1940年代預知到，在1953年12月29日，奧格登公司將取得電訊登錄公司（Teleregister Corp.）的控股權（多數股權）？誰能預知到1956年奧格登公司將取得在墨西哥城的辛泰製藥（Syntex, S.A.）類固醇的製藥生產商和批發商，以及加勒比化工公司（Caribbean Chemicals, S.A.）的控制權？而就算有人預知了這些收購，誰能預知避孕藥以及其強烈的市場需求？

即使事後看來，投資者能夠以1美元的奧格登公司股票賺到

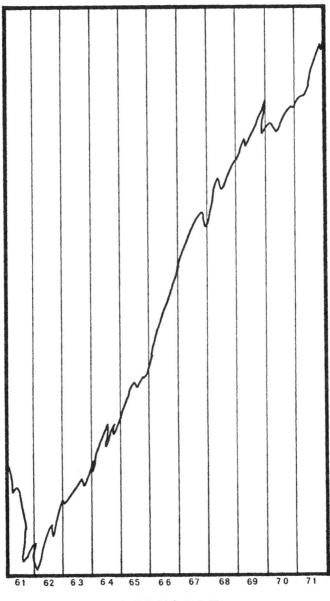

自動資料處理公司

100美元的唯一方法似乎就是購買它，因為相信有了艾倫公司的奧格登公司一定會有光明的未來。這麼做了之後，新的奧格登股東將必須咬緊牙關，在接下來的二十年裡，無論聽到或看到什麼，都一定要堅定持有。

也許一些傑出的交易者在過去的二十年裡將他們資本增加了100倍，但一定沒有人是以公開上市基金完成這件事的。然而，任何以1950或51年的平均價格買入奧格登的人，除了在1958年行使其辛泰製藥的權利之外，什麼都不用做，就可以達到這份成就。

這項對於股市大贏家的研究一而再、再而三的強調，正確的選擇比迅速更為重要。以自動資料處理公司（Automatic Data Processing）為例，在不到七年的時間，自1965年初以來，其股票已經上漲了百倍，然而，從1961年4月開始，到1962年6月結束，連續十五個月，都能夠以不到1971年市場價值1%的價格買進。

那些在1961年9月，當股票在銀行和報價記錄中首次以4-1/8買價及4-1/2賣價時購買股票的人，到了1962年10月底，該股票跌至7/8買價及1-3/8賣價時，他們的信心受到嚴重考驗。然而，即使是那些在1961年9月的高點付出4-1/2買進的人，他們的投資市場價值到了1971年仍是成本的156倍。

這檔股票在交易記錄的前十三個月內市值下跌了70%，但1965年至1971年間翻轉，從1美元的投資中賺到了100美元的鈔票。你很難再找到比這更好的例子來說明，僅僅依靠價格變動作為投資決策指南的風險了。

　　你可能還記得，耐心是已故的喬治・費舍・貝克（George F. Baker）引用的三個人格特質之一，作為在股市中致富的先決條件。可能沒有任何股票要比西方石油公司（Occidental Petroleum）的股票更需要耐心了。如果有人能夠在1932年以每股25美分的低點時，投資10,000美元並持有，他的西方石油公司股票1971年的市值將達到3,367,000美元。然而，在這段期間，他的10,000美元投資，在1941年的低點時，縮水至僅剩1,600美元，直到1956年1月3日，在其投資沒有分紅的情況下等待了接近25年後，他持有的股票市值僅為18,000美元，漲幅為80%。同時，道瓊工業平均指數已升至1932年低點的10多倍。

　　在1932到55年期間，西方石油公司的股票本可以用二十四年中之二十二年達到的最高價格購買，而每股收益在1971年會超過百倍。

　　深入了解，會發現有些什麼正在萌發。在1956年之前的十二年中，超過1,200,000股的西方石油公司股票在洛杉磯和舊金山證券交易所轉手，當時該股票開始迅速上漲。

　　與許多其他的百倍股股票一樣，西方石油公司在1971年也顯示出這樣的漲幅，雖然在高點時與1968年創下的歷史高點相比，下跌了近60%。

　　在股市中，「財富」有很多偽裝，這些偽裝與人類無法預見未來的能力相結合，使得「買對並持有」能夠在最終獲勝。

　　財富女神從沒有裝扮過比這次更難以看透的偽裝了，竟然讓這麼多的投資者看不到丹碧絲（Tampax）的利潤潛力。

　　正如百倍股的百萬股票表格中所示，丹碧絲可以在1949年

末以不到其1971年價值的1%的價格購買，但在1949年，該股的低點為每股16.50美元。丹碧絲公司股票本可以在1941和1940年以1-7/8的價格購買，以這個價格，10,000美元本可以讓你我成為5,000股的所有人，無需再投入任何一分錢，那5,000股現在將變成45,000股，在1971年的價值超過1,400萬美元。

那些嘲笑在低點買入股票「可能曾經」獲利的人，因為畢竟在現實生活中沒有人能夠做到這一點，為了他們的利益，讓我們來看看，丹碧絲1941年的高點為每股4美元，1942年的高點為每股3.72美元，如果我們在這兩年的高點買入我們的股票，將獲得2,500股。到了1971年，這些股票將增加到22,500股，市值超過7,000,000美元。請謹記在心，如果最初的託付是在連續兩年的高點做出的，那麼這筆10,000美元的投資將增長至7,000,000美元。結論似乎是必然的，人們在股票市場上**買什麼**比什麼時候**買**重要得多。對你我而言，這件事本來是不可能的：從1938到48年間的任何時間點，去投資10,000美元在丹碧絲上，而沒有在1971年時獲得百倍以上的利潤，**假設**我們光僅是持有而已。

三十年前，投資者是怎麼看待丹碧絲公司的呢？

《1943年穆迪工業手冊》報告說：「經營面：生產和銷售丹碧絲，一種針對女性衛生用途的月經工具。」

對丹碧絲產品的刻板印象是時代的徵兆。頑固的投資者低估了公司的未來性，因為「他們根本無從推銷它。」只有最有想像力和遠見的人，才能夠預見到1971年丹碧絲將在電視上打廣告宣傳。

史上最大的投機機會之一，莫過於1941和42年的三洲投

資管理公司（Tri-Continental）認股權證，這些認股權證分別於1941年12月，並於1942年4月以1/32美元的價格出售，即每張3-1/8美分，1971年的高點為72.50美元。三十年後的增長不是100倍，甚至不是1000倍，而是2,320倍。換句話說，對於在1941至42年低點時投資在三洲認股權證上的每一元，30年後投機者持有的市值為2,320美元。

跟丹碧絲和Loft一樣，以三洲認股權證賺大錢並不需要對日常的市場波動隨時保持警覺，即使從其低點開始上漲，仍然可以在1943和44年以不到1971年價值1%的價格買進。三洲認股權證在1944年低點為64-3/4美分，到了1971年，其股價是1944年價格的105倍。

實際上，從1937到44年，連續八年時間，三洲權證以不到1971年市值1%的價格大量轉手。在這些年中的任何一年，只要冒著投資10,000美元的風險，你和我都會賺到百萬美元。除了為「機會」錦上添花之外，「時機點」並不重要，在這些年份中的任何一年，買家都可以賺到百萬美元。完美的時機點只在於這10,000美元的投資是賺到100萬美元，還是2300萬美元的差異而已。

如果我們買的是三洲投資公司的普通股，難道不能在沒有投機風險的情況下，賺到同樣多的錢嗎？

很遺憾地，答案就是「不能」。若是三洲公司的普通股，以1美元的價格賺100美元，我們必須在1941年以每股62-1/2美分的低點買入，到了1971年，我們在1941年購買的每一張股票將變成兩股，而這兩股在去年的價格高達64.50美元，相較於當初

低點增加了103倍。

　　華爾街和巴黎一樣有著時尚和潮流，一檔不流行的股票可能為其擁有者帶來好成績，但不會引起太多投機關注。適貴第（Square D）就是其中一個例子，當然並非完全不為人知，只是跟許多長期記錄處於低檔的受歡迎股票相比，適貴第沒有受到太多市場分析的關注。

　　雖然適貴第能把1935年10,000美元的投資在1971年高點時變成超過400萬美元市值的價值，但真正發大財的機會是在1932和33年，在這兩年中，這支股票的價格範圍落在每股1/2的低點到每股2美元的高點之間，這兩年內該股票在底特律證券交易所的交易量總計為3,529股。如果你和我在這兩年的**高點**時買入這些股票，我們的總成本將是7,058美元，無需再投入任何一分錢，我們在1971年所持有的股票將是375,450股，高點時價值遠遠超過1100萬美元（如果我們一直持有的話！）。

　　或許每個有買過股票的人都會知道全錄（Xerox），正如加勒特先生的經驗所告訴我們的那樣，很難再找到比這更好的例子來說明買對並持有的價值。但加勒特先生是一位在金融領域中擁有豐富經驗之人，他也有許多高層的朋友，不是每個人都能像他那樣找到全錄這種機會。

　　但有許多人在它轟動市場之前都曾擁有該股票，這些人都很有錢嗎？還是他們當中有一些人剛開始上漲10點時就脫手獲利了呢？據我所知有幾個人這麼做了，你還知道任何其他嗎？大多數的人都不想去思考，於是他們一次又一次地犯了同樣的錯誤。

　　你甚至不需要去找尋全錄的機會，你唯一要做的就只是對證

券銷售業務說「好」。回溯到1928年，位於紐約羅徹斯特的鋼岩公司（Steel & Stone）發行了哈羅公司（Haloid，全錄的舊名）5,000股7%的特別股，以及5,000股的普通股。以一股特別股和一股普通普為單位，價格為110美元。八年後，所有的特別股都以105美元的價格贖回。但，1928年哈羅普通股中的每一股現在都相當於全錄540股的普通股，在1971年的市場估價過65,000美元。如果有人被鋼岩公司的證券銷售業務說服，將10,000美元投資在這個組合上，他將會獲得90-9/10特別股和90-9/10普通股，在1936年贖回特別股時，他本可以收回他10,000美元投資中的9,445美元，如果他繼續以餘留下來的555美元投資在哈羅普通股上，他在1971年將擁有49,086股的全錄股票，市值超過600萬美元。

　　當然，在1928年，哈羅還沒有神奇的全錄影印機，甚至沒有人想像過。直到《1933年穆迪工業手冊》在針對哈羅的報告中指出：「它專門生產和銷售相片紙。位於紐約羅徹斯特的工廠每天能夠塗布超過10英里長、41英寸寬的紙張。」

　　我知道1971年在美國生活的人之中，有一半以上不是在1933年出生的，但他們可能會因為祖父在1928年對一名證券銷售業務做出的友善回應，進而讓整個家族獲益而感到高興。

　　請牢牢記住，他唯一能做的就是持有，遠見不會有任何建樹。直到1935年11月21日，哈羅收購了Rectigraph公司，該公司的主要產品為同名的投影式影印機。

　　機會就像郵差一樣，至少總按兩次鈴。1936年2月哈羅公司的股票以1拆成3的比例分割後，紐約的多諾霍＆摩爾公司

（Donoho, Moore & Company）和克里夫蘭的米契爾＆海瑞克公司（Mitchell, Herrick & Company）以每股20美元的價格發行55,000的新股。10,000美元可以購買500股，1971年，這500股將變成全錄的90,000股，市值超過1,100萬美元。某些人確實買了那55,000股的股票，但只有那些像達瑞爾先生的客戶一樣「我從不賣任何東西」的人，才能採收到命運交付在他們手中的的美妙豐獲。

遲直1950年7月，紐約的波士頓第一銀行（First Boston Corporation）才以每股29.25美元的價格發行了10,911股哈羅公司股票，10,000美元可以購買341股，如果有人一直持有，他現在將會擁有61,300股全錄股票，1971年的價值超過7,500,000美元。

你我可能都不在全錄證券銷售業務的名單上，算我們倒霉，沒能被邀請參加那個派對。但我們本可以在1958年不請自來，而且，我們在全錄上所投資的每1美元，仍然可以賺到100多美元。

正如隨附的全錄相對於道瓊工業平均指數的價格圖表中清楚顯示，1958年，全錄展開了股市歷史上最陡峭的價格上漲紀錄。九年後，相對於道瓊工業平均指數的上漲被中斷長達十二個月。請謹記在心，當你在看這個相對價格圖表時，同時道瓊工業平均指數也在上漲。如果全錄的上漲速度與道瓊指數一樣快，但沒有更快的話，那麼這條相對價格線將是水平且完全筆直的。請記住，這些相對價格圖表顯示的是同一天的股票價格除以道瓊工業平均指數的價格。如果股票以90賣出，而道瓊工業平均指數

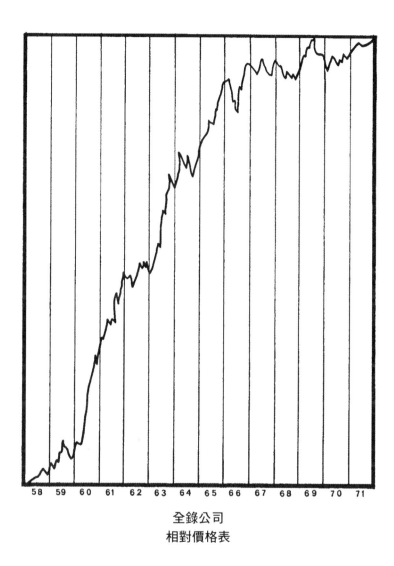

全錄公司
相對價格表

為900，則相對價格為0.10或10%。如果股票上漲至150，而道瓊指數上漲至1000，則相對價格將變為0.15或15%。因此，上升的相對價格線說明了，一檔股票的上漲速度快於道瓊指數，或

下跌速度慢於道瓊指數。

　　很多人會爭論說，沒有人能夠預見這台機器驚人的成功，它在十年內讓全錄成為影印機的同義詞，就像柯達長期以來一直是相機的同義詞一樣。這可能是真的，越接近真實，就越有理由堅持下去。正是以這種方式致富的我的老朋友兼同事德懷特・羅傑斯（Dwight Rogers）所謂的「昏睡的勝利。」同樣的脈絡，SSC資產管理公司（Scudder, Stevens & Clark）的迪凱特・希金斯（Decatur Higgins）傷感地引述一位前同事說的話：「我缺乏惰性。」

第六章

我們願意為親愛的
老全球與羅格斯而死

在數百種不同的證券中，我們看到了「買對並持有」的智慧。結論似乎是必然的，如果一個人能夠買到對的，那麼，相較於他僅僅只是持有所能獲得的結果，之後任何的交易或轉換都不可能產生同樣的成果。只要持有，他免了文書工作、經紀佣金和資本利得稅。他失去了交易的樂趣，丟失了將自己對明日市場走勢的預感，與其他交易者的預感相比較的樂趣，以及憑空迅速獲利的自我滿足。

比較不明顯的是，即使一個人不那麼精明或不那麼幸運能夠選擇對的股票，仍然繼續持有的智慧。一個典型的例子是全球與羅格斯產物保險公司（Globe & Rutgers Fire Insurance Company）的股票（現為美國國際集團American international Group）的市場歷史。

1933年銀行假期剛結束後的市場恐慌期，全球與羅格斯產物保險公司的普通股報價低至2-7/8，該股票在前一年，即1932年的高點，為每股257美元。《鮑爾街日報》（*The Bawl Street Journal*），此為紐約債券俱樂部針對《華爾街日報》的仿作，在

報紙廣告首頁的第一欄正上方，刊出一則引起人們對價格慘跌的關注，廣告上寫著：

銀行和保險股

我們願意為親愛的老全球與羅格斯（Globe & Rutgers）而死

J.K. Rice, Jr. & Co.

任何天真到在1933年讀到這則廣告並購買全球＆羅格斯公司股票的人，會支付每股介於60.50至70.50美元的價格。九年後，當全球＆羅格斯公司以每股5美元的低價出售時，那位天真的買家可能會真心認為《鮑爾街日報》當初確實是在開玩笑。但有趣的是，如果任何一個在1933年因為《鮑爾街日報》的廣告，以65.50美元的價格買下該股票並持續持有的人，到了1971年的證券價值將超過其購買價格的48倍。他在1933年投資的10,000美元將增長到488,000美元，即使當初的購買時機點糟透了。

三洲投資管理公司及其附屬中選企業（Selected Industiaies）在1943年共擁有全球與羅格斯公司45,200股的股票。在當年的高點，45,200股的市值為723,200美元，如果持有到1971年，該股票將成為1,484,368股的美國國際集團股票，價值超過1.44億美元。

最近的三洲公司報告中，「金融與保險」下只有四個名稱：美國再保險公司（American Re-Insurance）、C.I.T.金融（C.I.T. Financial）、第一國家城市銀行（First National City，未來的花

旗銀行）和海勒國際（Heller International），截至1971年6月30日，它們的總市值為23,630,750美元，佔三洲公司投資資產組合679,553,693美元的3.4%。

至1953年底，史帶財產保險股份有限公司（C.V. Starr & Co., Inc.）持有全球＆羅格斯公司151,584股的普通股，佔總數的53.37%。當時史帶大手筆交易的股票市值為5,608,000美元。18年後，透過股票分割和股票股利增加至1,659,541股，市值超過160,000,000美元。

說到無論如何艱困都堅持不懈的重要性，另一個例子是科林石油（Kerlyn Oil）的A股普通股，現為科麥奇（Kerr-McGee）。

1935年，芝加哥的W. Earl Phinney & Co.以每股5美元的價格發行了118,898股A股普通股，每張A股普通股均可轉換為B股普通股，只需10,000美元，任何人都可以成為2,000股的所有人。

五年後，這些股票的市值縮水成4,500美元。儘管該股確實有以每年35美分的比率支付股利，許多在1935年發行時購買的買家無疑都賣光了，因為這些股票的表現不理想。其他未能將A股股票轉換為B股股票的人，在1944年擁有每股7美元的買權，其實還算不錯。任何在1935年發行時投資10,000美元買入A股普通股並持有的人，不僅每年獲得7%的股利，而且到了1944年還獲得了40%的資本利得（其原始投資10,000美元變成14,000美元）。

那麼，購買2,000股A股股票並將其轉換為B股股票的人呢？

到1971年底，無需再投入任何一分錢或支付任何一毛資本利得稅之下，就擁有了35,180股科麥奇股票，其市值超過1,700,000美元。

與許多其他案例一樣，機會總敲兩次門。1936年10月，芝加哥的史特勞斯證券公司（Straus Securities Corp.）以每股6.50美元的價格發行了125,000股科林石油A股股票。任何一位投資10,000美元的投資者，在1940年股價下跌至每股2.25美元時還有足夠的堅持緊緊持有，並有足夠的勇氣將他的A股股票轉換為B股股票，他所擁有的27,053股科麥奇的股票，在1971年底達到最高點時，其股票市值超過1,300,000美元。

我不知道是否有人在這兩次發行購入了科林石油的股票並一直持有到現在。我對此表示懷疑。然而，有數百人掌握著財富，他們所要做的就只是持有。

當我說機會總敲兩次門時，其實對於那位財富女神是不公平的，事實上，她總共敲了三次。在1935和36年科林石油股票發行五年後，任何人都可以在櫃買市場以首次發行價格的半價購買科林石油A股普通股。在1940或41年的低點時投資10,000美元，如果買方選擇繼續擔任股東直到1971年，其獲利將超過3,000,000美元。

在股市的所有歷史中，很難再找到比里奇菲爾德石油公司（Richfield Oil）的債券更好的例子，來說明在逆境中堅持下去的價值了。

1925年12月，紐約的布萊爾公司（Blair & Company, Inc.）發行1500萬美元的加州泛美石油公司（Pan American Petroleum

Company of California）1940年到期的首期可轉換6%黃金債券，每張面額1,000美元債券價格990美元。泛美石油是由里奇菲爾德石油公司全資擁有。1929年5月，位在紐約的菲爾與諾耶公司（Hemphill Noyes & Company）、海登斯通公司（Hayden Stone & Company）、卡薩特公司（Cassatt & Company）和美國布萊爾銀行（Bank America-Blair Corp.），以位於舊金山的古德溫與塔克債券公司（Bond & Goodwin & Tucker, Inc.）以及位於洛杉磯的杭特杜林公司（Hunter, Dulin & Company）聯合發行了價值2500萬美元的里奇菲爾德石油公司的首期可轉換6%黃金債券，A股，到期日為1944年。同樣地，這些債券的發行價也是每張面額1,000美元債券價格990美元。

到了1932年，泛美石油公司和里奇菲爾德石油公司都處於破產接管狀態。1940年到期的泛美石油公司6%債券於1932年在紐約證券交易所的價格跌至每張1,000美元債券價格為75美元，而同債券的定期存單則低至40美元。1944年到期的里奇菲爾德石油公司6%債券，在1932年時每張1,000美元債券價格低至57.50美元，而定期存單則低至50美元。於是，這兩次債券發行的投資者在三到七年內「損失」了超過90%的投資價值。那些在1932年將債券全數賣出的人確實損失了他們原始投資金額的90%以上。

那麼，那些咬牙苦撐、堅定持有的人呢？

1937年，泛美石油公司和里奇菲爾德石油公司都進行了重組。持有里奇菲爾德石油公司每張1,000美元債券的人，會收到48-1/2股里奇菲爾德石油公司的新股。每張泛美石油債券可兌

換43.45股里奇菲爾德石油公司股票。到了今日，由於股票分割和併入大西洋石油公司（Atlantic Refining），在1925年每投資990美元而持有泛美石油債券的持有人，會擁有147.7股阿科石油（Atlantic-Richfield）股票，里奇菲爾德石油公司債券持有人在1929年每投資的990美元，會擁有164.9股阿科石油股票。到了1971年的高點，之前購買泛美石油1,000美元債券並在1932年市值跌至40美元期間都還是堅定持有的投資者，將擁有價值超過11,500美元的股票。同樣地，那些里奇菲爾德石油公司1,000美元債券的買家，在1932年市值跌至50美元時仍然持有的投資者，去年持有的股票價值接近13,000美元。我懷疑康尼島（Coney Island）上會有比這更刺激的遊戲了。

　　這兩張債券皆有列入價值上漲超過百倍的證券表格裡，因為很明顯地，任何在1932年有資金並且有幸買入並持有的人已經在投資上獲利百倍以上。然而，作為買對並持有的論點，或許更值得注意的是，那些在1925年和1929年購買債券的人，當時他們的時機點可說是糟到不能再更糟了，但仍然沒有放棄，同樣地，他們的資本增加了11-1/2到13倍。這樣的故事可能會幫助你理解達瑞爾先生那個客戶是如何藉由「從不賣任何東西」來累積財富的。

　　在我們結束這個例子之前，容我提醒一下，1932年的價格是真實的。這些債券是本來可以買入的。1932年4月22日至6月10日之間，有至少60張里奇菲爾德石油公司債券在紐約證券交易所以每張低於100美元的平均價格轉手。

表格1
365檔百萬股
何時你該買，在哪買，
它們的價格和1971年的價值

如果你在指定的年份，僅僅只對其中一檔股票投資10,000美元並持有直到1971年，那麼這些證券將會（也確實會）讓你變成百萬富翁。

以下列出的證券是當年可以在市場上以該價格購買的證券。如果隨後變更了名稱，則是1971年當前的名稱，會在下方以括號的方式列出。請注意，每檔股票在1971年的市值都至少是當初成本的100倍。

	交易地點	價格	1971年價值
1932			
安泰意外災害保險公司 AETNA CASUALTY & SURETY （安泰生命與意外災害保險公司） （Aetna Life& Casualty）	哈特佛金融服務集團	$15.00	$1,998
安泰人壽 AETNA LIFE （安泰生命與意外災害保險公司） （Aetna Life & Casualty）	櫃買市場	8.25	934
美國甜菜糖公司 AMERICAN BEET SUGAR （美國冰糖公司）（American Crystal Sugar）	紐約證券交易所	.25	80

1932（續）	交易地點	價格	1971年價值
美國產物保險 AMERICAN CONSTITUTION FIRE INSURANCE （美國國際集團AIG） （American International Group）	櫃買市場	6.00	1,105
美國氰氨公司 AMERICAN CYANAMID	證券交易所	1.63	303
裝甲食品公司 ARMOUR & CO.（伊利諾州）（灰狗巴士A股） CLASS A（Greyhound）	紐約證券交易所	.63	109
裝甲食品公司AMOUR & CO.（伊利諾州） （灰狗巴士特別股） （Greyhound, PREFERRED）	紐約證券交易所	3.50	660
布利茲 BLISS（E.W.） （海灣與西方公司）（Gulf & Western）	證券交易所	.63	80
博格華納公司 BORG-WARNER	紐約證券交易所	3.38	387
巴特勒兄弟 BUTLER BROTHERS （麥克羅伊公司）（McCrory Corp.）	證券交易所	.75	114
拜倫傑克森公司 BYRON JACKSON （博格華納公司）（Borg-Warner）	舊金山證券交易所	.50	70
開利公司 CARRIER CORP.	證券交易所	2.50	320
塞拉尼斯公司 CELANESE CORP.	紐約證券交易所	1.25	223
芝加哥機械公司 CHICAGO RIVET & MACHINE	證券交易所	3.00	337
COPPER RANGE	證券交易所	1.13	139

1932（續）	交易地點	價格	1971年 價值
皇冠製罐公司 CROWN CORK & SEAL	紐約證券交易所	7.88	935
CRUM & FORSTER INSURANCE SHARES （Crum & Forster）	櫃買市場	3.00	428
卡特勒漢默公司 CUTLER-HAMMER	紐約證券交易所	3.50	362
道格拉斯飛行器公司 DOUGLAS AIRCRAFT （麥克唐納—道格拉斯公司） （McDonnell Douglas）	紐約證券交易所	5.00	513
道氏化學 DOW CHEMICAL	證券交易所	21.13	2,854
登喜路國際 DUNHILL INTERNATIONAL （魁司特公司）（Questor）	紐約證券交易所	.63	72
航空製造 FANSTEEL	證券交易所	.25	67
檀香山石油 HONOLULU OIL	舊金山證券交易所	4.75	663
因斯派里申合併銅製公司 INSPIRATION CONSOLIDATED COPPER	紐約證券交易所	.75	102
強生機動 JOHNSON MOTOR （舷外機公司）（Outboard Marine）	證券交易所	.50	126
岩漿銅業 MAGMA COPPER （紐曼礦業公司）（Newmont Mining）	紐約證券交易所	4.25	467
馬里昂挖掘機公司 MARION STEAM SHOVEL 7% PFD. （梅里特—查普曼和斯科特） （Merritt-Chapman & Scott）	櫃買市場	5.25	581

1932（續）	交易地點	價格	1971年價值
門格爾公司 MENGEL （馬蔻爾公司）（Marcor）	紐約證券交易所	1.00	155
梅里特—查普曼和斯科特 MERRITT-CHAPMAN & SCOTT	證券交易所	.38	45
米蘭德鋼鐵產品 MIDLAND STEEL PRODUCTS （米德蘭—羅斯公司）（Midland-Ross）	紐約證券交易所	2.00	282
明尼蘇達與安大略紙業 MINNESOTA & ONTARIO PAPER 6s SERIES A 1931-45 （博伊斯凱斯凱德公司）（Boise Cascade）	櫃買市場	40.00	5,501
國家汽車纖維 NATIONAL AUTOMOTIVE FIBRES A （克里斯克拉夫特公司） （Chris-Craft Industries）	櫃買市場	.50	55
全國貝拉斯西斯公司 NATIONAL BELLAS HESS CO., INC. 7% PFD. （全國貝拉斯西斯公司普通股） （National Bellas Hess, Inc. common）	紐約證券交易所	.13	28
國家貨櫃 NATIONAL CONTAINER $2 CONV. PFD. （歐文斯伊利諾伊玻璃製造） （Owens-Illinois-Glass）	證券交易所	8.13	841
國家標準公司 NATIONAL STANDARD	芝加哥證券交易所	7.25	978
納托馬斯石油公司 NATOMAS CO.	舊金山證券交易所	9.00	1,013
北美航空 NORTH AMERICAN AVIATION （北美洛克威爾，史派理公司） （North American Rockwell, Sperry Rand）	紐約證券交易所	1.25	371

1932（續）	交易地點	價格	1971年價值
老班煤炭公司7.5%債券 OLD BEN COAL 7.5% DEBS. 1934 （俄亥俄州標準石油）（Standard Oil of Ohio）	櫃買市場	30.00	10,994
泛美石油公司 PAN AMERICAN PETROLEUM（OF CAL.） CONVERTIBLE 6s 1940（CERTIFICATES OF DEPOSIT） （阿科石油公司）（Atlantic Richfield）	紐約證券交易所	40.00	11,557
派客筆公司 PARKER PEN	芝加哥證券交易所	2.50	273
傑西潘尼百貨 J.C. PENNEY CO.	紐約證券交易所	13.00	1,395
菲利普斯石油公司 PHILLIPS PETROLEUM	紐約證券交易所	2.00	277
香港波特公司 PORTER（H.K.）1st 6s 1946	櫃買市場	50.00	448,873
共和國媒氣公司 REPUBLIC GAS （共和國天然氣公司）（Republic Natural Gas）	證券交易所	.13	26
里奇菲爾德石油公司 RICHFIELD OIL OF CALIFORNIA 1st CONVERTIBLE 6s 1944 （CERTIFICATES OF DEPOSIT）（阿科石油） （Atlantic Richfield）	紐約證券交易所	50.00	12,903
斯庫林鋼鐵公司 SCULLIN STEEL $3 PREFERENCE （馬里恩環球公司）（Universal Marion）	證券交易所	1.00	124
夏普多姆公司 SHARP & DOHME $3.50 CONVERTIBLE PFD.A （默克普通股）（Merck common）	紐約證券交易所	11.50	1,771
殼牌聯合石油 SHELL UNION OIL （殼牌石油）（Shell Oil）	紐約證券交易所	2.50	251

1932（續）	交易地點	價格	1971年價值
斯洛斯—謝菲爾德鋼鐵公司 SLOSS-SHEFFIELD STEEL & IRON （埃特莫斯能源公司）（A-T-O Inc.）	紐約證券交易所	3.75	411
史塔雷精密工具 STARRETT（L.S.）	紐約證券交易所	3.00	304
蘇利文製造公司 SULLIVAN MACHINERY （喬伊製造公司）（Joy Manufacturing）	證券交易所	3.25	329
辛明頓A股 SYMINGTON CLASS A （德萊賽工業公司）（Dresser Industries）	紐約證券交易所	.50	52
柴契爾玻璃製造 THATCHER MANUFACTURING （達特工業）（Dart Industries）	紐約證券交易所	2.00	252
TRUAX TRAER煤炭公司 TRUAX TRAER COAL （綜合煤炭公司）（Consolidation Coal）	紐約證券交易所	.25	61
圖比茲・查特爾公司 TUBIZE CHATILLON （塞拉尼斯公司）（Celanese）	證券交易所	1.00	523
東索爾電力公司 TUNG-SOL ELECTRIC （斯圖貝克沃辛頓汽車製造公司） （Studebaker-Worthington）	證券交易所	1.00	100
美國物流 U.S. FREIGHT	紐約證券交易所	3.50	375
美國橡膠公司 UNITED STATES RUBBER （美國橡膠）（Uniroyal）	紐約證券交易所	1.25	198
華爾公司 WAHL （舒適牌）（Schick）	芝加哥證券交易所	.13	15

1932（續）	交易地點	價格	1971年價值
西方汽車設備公司 WESTERN AUTO SUPPLY CLASS A （利益公司）（Beneficial Corp.）	證券交易所	5.13	935
維實偉克化學製造 WESTVACO CHEMICAL （富美實）（FMC）	紐約證券交易所	3.00	457
黃色卡車製造公司 YELLOW TRUCK & COACH （通用汽車）（General Motors）	紐約證券交易所	1.38	182
1933			
艾倫工業 ALLEN INDUSTRIES （岱高）（Dayco）	克里夫蘭證券交易所	1.00	358
阿美拉達石油天然氣集團公司 AMERADA CORP. （阿美拉達赫斯公司）（Amerada Hess）	紐約證券交易所	18.50	2,574
美國連鎖電纜公司 AMERICAN CHAIN & CABLE	紐約證券交易所	1.63	194
美國伊利諾州投資公司AMERICAN INVESTMENT CO. OF ILLINOIS	聖路易斯證券交易所	3.00	347
美國機械金屬公司 AMERICAN MACHINE & METALS （阿美特克公司）（Ametek, Inc.）	紐約證券交易所	.75	153
美國克萊梅克斯金屬公司AMERICAN METAL CLIMAX	紐約證券交易所	3.13	315
美國儀表 AMERICAN METER （勝家縫紉機）（Singer）	證券交易所	5.00	573
美國座椅 AMERICAN SEATING	紐約證券交易所	.88	138
阿姆斯壯軟木塞公司ARMSTRONG CORK	證券交易所	4.13	550

1933（續）	交易地點	價格	1971年價值
藝術金屬製品公司 ART METAL WORKS （朗森公司）（Ronson Corp.）	證券交易所	.63	149
聯合電話公用事業公司可轉換債 ASSOCIATED TELEPHONE UTILITIES SERIES C 5.5% （通用電話）（General Telephone）	證券交易所	50.00	5,087
柏特曼電器公司 BIRTMAN ELECTRIC （惠而浦公司）（Whirlpool）	櫃買市場	3.75	410
BRACH（E.J.）& SONS糖果公司 BRACH（E.J.）& SONS （美國家庭用品公司） （American Home Products）	芝加哥證券交易所	3.75	789
百力通公司 BRIGGS & STRATTON	紐約證券交易所	7.25	888
寶路華鐘錶 BULOVA WATCH	紐約證券交易所	.88	271
布特銅鋅 BUTTE COPPER & ZINC （強納森羅根金屬）（Jonathan Logan）	紐約證券交易所	.50	81
開拓重工 CATERPILLAR TRACTOR	紐約證券交易所	5.50	1,447
先路達電子 CELOTEX （吉姆華特公司）（Jim Walter）	紐約證券交易所	.50	97
芝加哥氣動工具公司CHICAGO ENUMATIC TOOL	紐約證券交易所	2.13	343
克里夫公司 CLIFFS CORP. （克里夫蘭克里夫公司）（Cleveland Cliffs）	克里夫蘭證券交易所	3.50	357

1933（續）	交易地點	價格	1971年價值
柯林斯＆艾克曼公司 COLLINS & AIKMAN	紐約證券交易所	3.00	372
團結飛機公司 CONSOLIDATED AIRCRAFT （通用動力公司）（General Dynamics）	證券交易所	1.00	107
大陸保險 CONTINENTAL CASUALTY （CNA金融公司）（CNA Financial）	櫃買市場	5.00	754
皇冠澤勒巴赫造紙集團 CROWN ZELLERBACH	紐約證券交易所	1.00	186
岱頓橡膠製造A股 DAYTON RUBBER MANUFACTURING CLASS A（岱高）（Dayco）	芝加哥證券交易所	1.00	119
迪爾公司B股 DEERE & COMPANY	紐約證券交易所	5.75	668
S. R. DRESSER MFG.CLASS B （德萊賽工業公司）（Dresser Industries）	紐約證券交易所	2.13	300
DUVAL TEXAS SULPHUR （潘佐聯合）（Pennzoil United）	證券交易所	.50	300
伊士曼科達 EASTMAN KODAK	紐約證券交易所	46.00	6,480
伊頓製造 EATON MANUFACTURING （伊頓耶魯＆湯恩）（Eaton Yale & Towne）	紐約證券交易所	3.13	358
電船公司 ELECTRIC BOAT （通用動力公司）（General Dynamics）	紐約證券交易所	1.00	100
伊凡斯汽車產品 EVANS PRODUCTS	紐約證券交易所	.88	367
聯盟百貨公司 FEDERATED DEPARTENT STORES	紐約證券交易所	7.50	1,027

1933（續）	交易地點	價格	1971年價值
格蘭登福 GARDNER-DENVER	芝加哥證券交易所	7.50	1,012
通用聯盟保險 GENERAL ALLIANCE （通用再保險公司）（General Reinsurance）	櫃買市場	5.00	656
通用電纜公司普通股 GENERAL CABLE common	紐約證券交易所	1.25	131
將軍輪胎 GENERAL TIRE	證券交易所	23.00	3,209
高德修糖業公司 GODCHAUX SUGARS （灣區土地＆工業公司） （Gulf States Land & Industries）	芝加哥證券交易所	.25	62
百路馳輪胎 GOODRICH（B.F.）COMPANY	紐約證券交易所	3.00	315
漢考克石油 HANCOCK OIL （信號公司）（Signal Cos.）	洛杉磯證券交易所	3.75	436
亞伯製造 HOBART MFG.	辛辛那堤證券交易所	10.00	1,651
霍代爾—赫希B股 HOUDAILLE-HERSHEY CLASS B （霍代爾工業）（Houdaille Industries）	紐約證券交易所	1.00	142
印度精煉公司 INDIAN REFINING （德士古）（Texaco）	紐約證券交易所	1.13	178
國際燃燒工程可轉換特別股權證 INTERNATIONAL COMBUSTION ENGINEERING CONVERTIBLE PREFERRED CERTIFICATES （燃燒工程公司） （Combustion Engineering Inc.）	紐約證券交易所	11.00	1,332

1933（續）	交易地點	價格	1971年價值
國際紙業&電子公司A股、普通股 INTERNATIONAL PAPER & POWER CLASS A COMMON （國際紙業公司）（International Paper）	紐約證券交易所	.50	170
英特泰排版公司 INTERTYPE 哈里斯英特泰公司（Harris-Intertype）	紐約證券交易所	1.88	450
勒納百貨 LERNER STORES	證券交易所	4.00	1,233
MARCHANT計算機公司 MARCHANT CALCULATING MACHINE （SCM）（SCM）	舊金山證券交易所	.50	100
美森特 MASONITE	證券交易所	8.25	1,214
麥克羅伊百貨 MC CRORY STORES （麥克羅伊公司）（McCrory Corp.）	紐約證券交易所	.38	63
麥克萊倫百貨 MC LELLAN STORES （麥克羅伊公司）（McCrory Corp.）	紐約證券交易所	.25	37
麥克萊倫百貨 MC LELLAN STORES PREF. （麥克羅伊公司普通股） （McCrory Corp. common）	紐約證券交易所	2.13	341
梅爾維爾製鞋公司 MELVILLE SHOE	紐約證券交易所	8.75	1,222
全國百貨公司 NATIONAL DEPARTMENT STORES 7% 1st PFD. （國際礦業）（International Mining）	紐約證券交易所	1.25	268
紐曼礦業公司 NEWMONT MINING	證券交易所	11.50	1,413

1933（續）	交易地點	價格	1971年價值
NOBLITT-SPARKS 電器工業 NOBLITT-SPARKS INDUSTRIES 阿爾文工業公司（Arvin Industries）	芝加哥證券交易所	9.50	955
太平洋紡織 PACIFIC MILLS （柏林頓工業）（Burlington Industries）	紐約證券交易所	6.00	721
必能寶公司 PITNEY-BOWES	證券交易所	2.00	215
可靠商店 RELIABLE STORES	證券交易所	.88	123
雷明頓蘭德公司 REMINGTON RAND （史派理蘭德公司）（Sperry Rand）	紐約證券交易所	2.50	263
薩維奇武器公司 SAVAGE ARMS （埃姆哈特公司）（Emhart）	紐約證券交易所	2.25	275
西爾斯・羅巴克公司 SEARS, ROEBUCK & CO.	紐約證券交易所	12.50	2,499
塞頓皮革公司 SETON LEATHER （塞頓公司）（Seton Co.）	證券交易所	1.50	155
霍華史密斯造紙 SMITH（HOWARD）PAPER（唐塔造紙） MILLS（Domtar）	加拿大	1.13	218
施奈德包裝食品 SNIDER PACKING FOODS （通用食品）（General Foods）	紐約證券交易所	.63	279
史派理公司 SPERRY （史派理蘭德公司）（Sperry Rand）	紐約證券交易所	2.13	278

1933（續）	交易地點	價格	1971年 價值
斯皮革爾─梅─施特恩公司 SPIEGEL, MAY, STERN （利益公司）（Beneficial Corp.）	紐約證券交易所	1.00	402
陽光石油公司 SUNRAY OIL （太陽石油公司）（Sun Oil）	證券交易所	.25	52
松德斯特蘭德機床公司 SUNSTRAND MACHINE TOOL （松德斯特蘭德航空工業公司） （Sunstrand Corp.）	櫃買市場	1.50	233
聯合紙袋公司 UNION BAG & PAPER （聯合紙漿造紙公司）（Union Camp）	紐約證券交易所	5.50	1,005
聯合卡爾扣件公司 UNITED CARR FASTENER （天合汽車集團）（TRW, Inc.）	紐約證券交易所	1.63	380
聯合紙板公司 UNITED PAPERBOARD （聯合紙板＆紙箱公司） （United Board & Carton）	紐約證券交易所	.50	57
美國海外證券 U.S. & FOREIGN SECURITIES （美國國際證券） （U.S. & International Securities）	證券交易所	.32	53
范拉爾特公司 VAN RAALTE CO. （克盧特皮博迪公司） （Cluett, Peabody & Co.）	紐約證券交易所	1.63	198
沃克（海勒姆）古德漢沃茲釀酒廠WALKER （HIRAM）GOODERHAM & WORTS	證券交易所	3.50	1,014
韋斯頓電器儀器中心 WESTON ELECTRICAL INSTRUMENT （斯倫貝謝有限公司）（Schlumberger）	紐約證券交易所	2.50	350

	交易地點	價格	1971年價值
1934			
亞培 ABBOTT LABORATORIES	芝加哥證券交易所	40.00	4,302
ALOE（A.S.）CO. （賓士域）（Brunswick）	聖路易斯證券交易所	9.00	1,073
美國皮革公司特別股 AMERICAN HIDE & LEATHER PREFERRED （坦迪皮革普通股）（Tandy common）	紐約證券交易所	17.75	1,912
巴布柯克─威爾科斯公司 BABCOCK & WILCOX	證券交易所	18.50	2,135
CONTAINER CORP. CLASS A（Marcor）	紐約證券交易所	6.13	777
愛迪生兄弟百貨 EDISON BRO. STORES	證券交易所	8.00	1,199
卡普威爾百貨 EMPORIUM CAPWELL （百老匯哈爾百貨）（Broadway-Hale Stores）	舊金山證券交易所	5.00	527
工程公眾服務公司 ENGINEERS PUBLIC SERVICE （維吉尼亞電力公司）（Virginia Elec. & Power）	紐約證券交易所	3.15	387
Ex-Cell-O機械公司 EX-CELL-O	證券交易所	3.75	389
美國輝門公司 FEDERAL-MOGUL	底特律證券交易所	3.00	377
食品機械公司 FOOD MACHINERY （富美實）（FMC）	紐約證券交易所	10.50	1,226
灰狗巴士 GREYHOUND CORP.	芝加哥證券交易所	5.25	777
胡佛機械軸承公司 HOOVER BALL & BEARING	底特律證券交易所	1.13	237

1934（續）	交易地點	價格	1971年價值
HUSSMAN-LIGONIER（Pet Inc.）	櫃買市場	1.00	177
洛克希德 LOCKHEED	洛杉磯證券交易所	.90	102
麥格羅電器 MC GRAW ELECTRIC （麥格羅愛迪生電器設備）（McGraw-Edison）	芝加哥證券交易所	3.75	692
全國服飾 NATIONAL SHIRT SHOPS （麥克羅伊公司普通股） （McCrory Corp. common）	櫃買市場	1.00	224
菲利浦‧摩里斯國際公司 PHILIP MORRIS	紐約證券交易所	11.50	1,323
里斯鈕扣機公司 REECE BUTTON HOLE MACHINE （里斯公司）（Reece Corp.）	波士頓證券交易所	10.00	1,140
田納西公司 TENNESSEE CORP. （城市服務公司）（Cities Service）	紐約證券交易所	3.13	372
德州太平洋煤炭＆石油公司 TEXAS PACIFIC COAL & OIL	紐約證券交易所	2.50	385
加拿大聯合瓦斯公司 UNION GAS OF CANADA	加拿大	2.00	241
環球紡織 UNIVERSAL WINDING （利森納公司）（Leesona）	櫃買市場	11.00	1,275
惠特曼＆邦森製造公司 WHITEMAN & BARNES （天合汽車集團）（TRW, Inc.）	底特律證券交易所	1.88	200

	交易地點	價格	1971年價值
1935			
美國製造公司 AMERICAN MANUFACTURING	證券交易所	3.50	712
美國電力公司 AMERICAN POWER & LIGHT $6 PFD.	紐約證券交易所	10.13	1,160
安海斯—布希啤酒釀造公司 ANHEUSER-BUSCH	櫃買市場	98.00	13,610
芝加哥軟軸公司 CHICAGO FLEXIBLE SHAFT （夏繽家電）（Sunbeam）	芝加哥證券交易所	13.50	1,622
大陸烘焙公司 CONTINENTAL BAKING （ITT公司）（International Telephone）	紐約證券交易所	4.50	491
胡椒博士集團 DR. PEPPER	聖路易斯證券交易所	16.00	1,938
電力照明公司 ELECTRIC POWER & LIGHT $6 PFD. （中南公用事業公司） （Middle South Utilities） （彭澤爾公司）（Pennzoil）	紐約證券交易所	2.50	966
電力照明公司 ELECTRIC POWER & LIGHT $7 PFD. （中南公用事業公司）（Middle South Utilities） （彭澤爾公司）（Pennzoil）	紐約證券交易所	3.00	1,062
通用電纜公司 GENERAL CABLE CLASS A （通用電纜公司普通股） （General Cable common）	紐約證券交易所	4.00	525
金伯爾兄弟公司 GIMBEL BROTHERS	紐約證券交易所	2.13	364

1935（續）	交易地點	價格	1971年價值
格拉尼特維爾紡織製造 GRANITEVILLE MANUFACTURING （格拉尼特維爾公司）（Graniteville）	櫃買市場	34.00	6,170
線材公司 LINE MATERIAL （麥格羅愛迪生電氣設備）（McGraw-Edison）	櫃買市場	3.63	536
獅子石油 LION OIL （孟山都）（Monsanto）	證券交易所	3.50	400
中州石油A股 MIDDLE STATES PETROLEUM CLASS A （天納克石油）（Tenneco）	證券交易所	.88	97
明尼亞波利斯漢威 MINNEAPOLIS HONEYWELL （漢威聯合）（Honeywell）	紐約證券交易所	58.00	6,660
摩爾公司 MOORE CORP. LTD.	加拿大	17.00	1,842
老班煤炭公司新普通股 OLD BEN COAL NEW COMMON （俄亥俄州標準石油）（Standard Oil of Ohio）	櫃買市場	.05	460
老班煤炭公司第一期黃金6s 1944 OLD BEN COAL FIRST GOLD 6s 1944* （俄亥俄州標準石油）（Standard Oil of Ohio）	紐約證券交易所	137.50	15,732
*對於免稅基金，假設1946年將債券贖回收益再投資於1946年高點50美元的老班煤炭。1971年投資人對債券收益繳納25%資本利得稅，將只有13,754美元。			
舷外機動B股 OUTBOARD MOTORS CLASS B （舷外機公司）（Outboard Marine）	證券交易所	.63	120
不鏽鋼鐵公司 RUSTLESS IRON & STEEL （AK鋼鐵控股）（Armco Steel）	櫃買市場	.75	111

1935（續）	交易地點	價格	1971年價值
三葉草石油＆天然氣公司 SHAMROCK OIL & GAS （鑽石三葉草煉油公司） （Diamond Shamrock）	匹茲堡證券交易所	.75	113
信號石油天然氣公司A股 SIGNAL OIL & GAS CLASS A （信號公司）（Signal Cos.）	洛杉磯證券交易所	5.50	728
斯凱利石油 SKELLY OIL	紐約證券交易所	6.50	770
適貴第B股、特別股 SQUARE D CLASS B-Common	證券交易所	17.00	3,361
石威STONE & WEBSTER （石威）（Stone & Webster） （灣區公用事業公司）（Gulf States Utilities） （阿爾帕索電力）（El Paso Electric） （塞拉太平洋電力公司）（Sierra Pacific Power）	紐約證券交易所	3.76	421
威爾科斯石油天然氣 WILCOX（H.F.）OIL & GAS （天納克）（Tenneco）	紐約證券交易所	1.00	112
1936			
HOLOPHANE燈具 HOLOPHANE （約翰曼菲爾公司）（Johns-Manville）	證券交易所	6.50	752
律師產權保險企業 LAWYERS TITLE INSURANCE （里奇蒙公司）（Richmond Corp.）	櫃買市場	50.00	5,830
尼希汽水 NEHI （皇家皇冠汽水）（Royal Crown Gola）	證券交易所	4.25	861
舷外機動A股 OUTBOARD MOTORS CLASS A （舷外機公司）（Outboard Marine）	證券交易所	11.00	1,269

	交易地點	價格	1971年價值
1937			
柏林頓紡織 BURLINGTON MILLS （柏林頓工業）（Burlington Industries）	紐約證券交易所	5.75	656
庫珀工業 COOPER INDUSTRIES	證券交易所	3.50	375
美國通用石油 GENERAL AMERICAN OIL	羅素馬奎爾公司（Russell Maguire & Co.）發行	6.50	825
普萊瑟開發 PLACER DEVELOPMENT	加拿大	2.00	231
1938			
美國航空 AMERICAN AIRLINES	證券交易所	8.00	877
美國家庭用品公司 AMERICAN HOME PRODUCTS	紐約證券交易所	30.75	3,384
比奇飛機公司 BEECH AIRCRAFT	證券交易所	1.25	231
布倫瑞克—巴爾克—柯林德公司 BRUNSWICK-BALKE-COLLENDER （賓士城集團）（Brunswick Corp.）	紐約證券交易所	5.50	751
康乃馨煉乳公司 CARNATION COMPANY	證券交易所	17.88	1,872
費爾柴德航空 FAIRCHILD AVIATION （費爾柴德相機儀器公司）（Fairchild Camera）	證券交易所	2.00	320
通用美國 GENERAL AMERICA （塞費柯保險）（Safeco）	櫃買市場	46.00	4,686

1938（續）	交易地點	價格	1971年價值
LOFT糖果公司 LOFT INC. （百事公司）（Pepsico）	紐約證券交易所	.75	427
雀巢—LE MUR NESTLE-LE MUR	證券交易所	.25	29
湯普森汽車製造 THOMPSON PRODUCTS （天合汽車集團）（TRW）	紐約證券交易所	8.13	1,003
1939			
鮑德溫鋼琴公司 BALDWIN（D.H.）CO.	辛辛那堤證券交易所	2.88	463
克拉克設備公司 CLARK EQUIPMENT	紐約證券交易所	15.00	1,637
哥倫比亞河捕撈協會 COLUMBIA RIVER PACKERS （卡庫公司）（Castle & Cooke）	舊金山證券交易所	4.00	429
哈特・沙夫納・馬克思 HART SCHAFFNER & MARX	櫃買市場	10.00	1,105
林賽化學 LINDSAY CHEMICAL （科麥奇）（Kerr-McGee）	芝加哥證券交易所	1.88	285
LINEN SERVICE CORP. OF TEXAS （國家服務產業公司） （National Service Industries）	公司提供	1.00	115
紐約碼頭公司 NEW YORK DOCK （魁司特公司）（Questor）	紐約證券交易所	1.75	220
聯合化學 UNITED CHEMICALS （富美實）（FMC）	證券交易所	3.25	436

	交易地點	價格	1971年 價值
1940			
阿比提比電力和造紙有限公司 ABITIBI POWER & PAPER CO., LTD. 6% PFD.（$100 PAR） （阿比提比造紙普通股） （Abitibi Paper common）	加拿大	2.00	355*
*假設1954年6月30日收到的100美元現金在隨後一周的高點再投資於Abitibi 　普通股。			
芝加哥、岩島和太平洋鐵路 CHICAGO, ROCK ISLAND & PACIFIC CONVERTIBLE 4⅛s, 1960 （聯合太平洋）（Union Pacific）	紐約證券交 易所	5.00	554
艾迪紙業公司 EDDY PAPER CORP. （惠好紙業公司）（Weyerhaeuser）	芝加哥證券 交易所	11.50	1,245
福爾肯布里奇鎳礦有限公司 FALCONBRIDGE NICKEL	加拿大	1.43*	153*
印地安納鋼鐵 INDIANA STEEL PRODUCTS （電子記憶磁鐵公司） （Electronic Memories & Magnetics）	芝加哥證券 交易所	1.50	166
利哈伊煤礦公司 LEHIGH VALLEY COAL CORP. 6% $50 PAR CONVERTIBLE PFD. （利哈伊工業）（Lehigh Valley Industries）	紐約證券交 易所	2.00	205**
默克藥廠 MERCK & CO.	櫃買市場	43.00	7,087
米勒藥品公司 MILLER WHOLESALE DRUG （美國家庭用品公司） （American Home Products）	克里夫蘭證 券交易所	4.38	695

1940（續）	交易地點	價格	1971年價值
潘漢德爾生產＆精煉公司 PANHANDLE PRODUCING & REFINING 8% PFD. （美國石油金融公司） （American Petrofina Class A）	櫃買市場	13.00	1,598
匹茲堡鐵路 PITTSBURGH RAILWAYS （公民牽引公司普通股） （CITIZENS TRACTION COMMON） （皮特威公司）（Pittway Corp.）	櫃買市場	1.00	161
庇利牛斯消防製造公司 PYRENE MANUFACTURING （貝克工業）（Baker Industries）	證券交易所	4.75	543
美國梭管公司 U.S. BOBBIN & SHUTTLE PREFERRED （貝克工業） （Baker Industries）	櫃買市場	20.00	2,073
創業投資公司 VENTURES （福爾肯布里奇鎳礦）（Falconbridge Nickel）	加拿大	1.57※	159※
＊美國基金 ＊＊包括1946年收到的7.50美元現金，複合利率為5% ※美國基金			
1941			
阿勒格尼控股公司 ALLEGHANY CORP. COMMON	紐約證券交易所	.13	18
艾沛斯電器製造 APEX ELECTRICAL MFG. （懷特綜合工業公司） （White Consolidated Industries）	證券交易所	6.25	646
百老匯百貨 BROADWAY DEPARTMENT STORE （百老匯哈爾百貨）（Broadway-Hale Stores）	洛杉磯證券交易所	3.63	489

1941（續）	交易地點	價格	1971年價值
西斯納航空 CESSNA AIRCRAFT	證券交易所	3.75	418
化學研究公司 CHEMICAL RESEARCH （通用開發）（General Development）	加拿大	.41	43
多貝克曼 DOBECKMAN （道氏化學）（Dow Chemical）	證券交易所	2.50	313
國際維他命 INTERNATIONAL VITAMIN （美國家庭用品公司） （American Home Products）	證券交易所	3.13	423
索斯製造 SOSS MANUFACTURING （SOS綜合）（SOS Consolidated）	證券交易所	1.13	133
南岸公司 SOUTH COAST （吉姆華特公司）（Jim Walter）	證券交易所	1.00	124
三洲投資管理公司 TRI-CONTINENTAL COMMON	紐約證券交易所	.63	64
美國梭心製造 U.S.BOBBIN & SHUTTLE （貝克工業）（Baker Industries）	櫃買市場	1.00	128
美國百貨公司首批特別股 U.S. STORES $7 FIRST PREFERRED （索羅法爾市場）（Thorofare Markets）	證券交易所	3.25	683
委內瑞拉石油公司 VENEZUELAN PETROLEUM （阿科石油公司）（Atlantic Richfield）	證券交易所	.75	83
委內瑞拉石油公司 VENEZUELAN PETROLEUM （辛克萊石油公司）（Sinclair Oil）	證券交易所	.75	90

1941（續）	交易地點	價格	1971年價值
華納兄弟影業 WARNER BROS. PICTURES, INC. （金尼國家公司）（Kinney National Service）	紐約證券交易所	2.75	278
華納兄弟娛樂公司 WARNER BROTHERS （亞士蘭德煉油公司）（Ashland Oil & Refining）	紐約證券交易所	.38	39
1942			
阿比提比電力和造紙有限公司 ABITIBI POWER & PAPER COMMON （阿比提比造紙普通股） （Abitibi Paper Common）	加拿大	.50	52
AIR INVESTOR （美國製造）（American Manufacturing）	證券交易所	.94	111
聯合百貨公司 ASSOCIATED DRY GOODS	紐約證券交易所	4.25	535
奧斯汀尼可斯酒業 AUSTIN NICHOLS & CO. （吉特＆梅爾菸草公司）（Liggett & Myers）	紐約證券交易所	1.25	138
AYRSHIRE PATOKA COLLIERIES （美國克萊梅克斯金屬公司） （American Metal Climax）	證券交易所	4.00	504
伯里餅乾公司 BURRY BISCUIT （桂格燕麥公司）（Quaker Oats）	證券交易所	.25	50
芝加哥和南方航空公司 CHICAGO & SOUTHERN AIR LINES （達美航空）（Delta Air Lines）	櫃買市場	2.00	575
城市服務公司 CITIES SERVICE	證券交易所	2.13	282
高樂氏 CLOROX	舊金山證券交易所	24.00	2,696

1942（續）	交易地點	價格	1971年價值
達美航空 DELTA AIR LINES	櫃買市場	8.00	1,443
道奇製造 DODGE MANUFACTURING （瑞恩電器）（Reliance Electric）	芝加哥證券交易所	9.13	953
伊森石油公司 EASON OIL COMPANY	櫃買市場	.38	100
電氣債券和股份公司 ELECTRIC BOND & SHARE （博伊斯凱斯凱德公司）（Boise Cascade）	證券交易所	.88	115
電器煤鏟公司特別股 ELECTRIC SHOVEL COAL PREFERRED （美國克萊梅克斯金屬公司） （American Metal Climax）	櫃買市場	6.00	1,012
常利 EVERSHARP （華納—蘭伯特公司）（Warner Lambert）	芝加哥證券交易所	2.25	262
通用控股公司 GENERAL SHAREHOLDINGS （三洲投資管理公司）（Tri-Continental）	證券交易所	.19	35
固特異輪胎與橡膠公司GOODYEAR TIRE & RUBBER	紐約證券交易所	10.25	1,029
雜貨店產品公司 GROCERY STORE PRODUCTS （高樂氏）（Clorox）	證券交易所	.88	152
HOUSTON OIL	紐約證券交易所	2.25	340
INDUSTRIAL ACCEPTANCE	加拿大	5.90*	644*
ITT公司 INTERNATIONAL TEL & TEL	紐約證券交易所	1.50	282
國際公用事業公司B股INTERNATIONAL UTILITIES CLASS B	證券交易所	.04	5.38

1942（續）	交易地點	價格	1971年價值
珍妮特玻璃公司 JEANETTE GLASS	證券交易所	.82	97
肯達爾公司 KENDALL CO.	櫃買市場	6.50	695
萊恩布萊恩特 LANE BRYANT	紐約證券交易所	8.38	970
NINETEEN HUNDRED （惠而浦公司）（Whirlpool）	證券交易所	5.00	799
北美汽車 NORTH AMERICAN CAR （飛虎航空）（Flying Tiger Line）	芝加哥證券交易所	3.88	409
帕爾梅利運輸公司 PARMELEE TRANSPORTATION （查克汽車公司）（Checker Motors）	紐約證券交易所	.32	81
菲利普瓊斯 PHILLIPS-JONES （PVH集團）（Phillips-Van Heusen）	紐約證券交易所	6.13	690
聖羅倫斯印刷公司 ST. LAWRENCE CORP. （唐塔公司）（Domtar）	證券交易所	.75	85
中選工業 SELECTED INDUSTRIES $1.50 CONVERTIBLE STOCK （三洲投資管理公司）（Tri-Continental）	券交易所	1.00	145
信諾封條機公司 SIGNODE STEEL STRAPPING （信諾公司）（Signode Corp.）	芝加哥證券交易所	9.75	995
美國糖國公司 SWEETS CO. OF AMERICA （寶貝捲糖業公司）（Tootsie Roll Industries）	紐約證券交易所	3.13	444
德州灣區生產 TEXAS GULF PRODUCTS	紐約證券交易所	2.00	239**

	交易地點	價格	1971年價值
維吉尼亞—卡洛萊納化學 VIRGINIA CAROLINA CHEMICAL （美孚石油公司）（Mobil Oil）	紐約證券交易所	1.00	144
維吉尼亞鐵煤炭公司 VIRGINIA IRON, COAL & COKE 5% PFD. （貝茨製造公司）（Bates Manufacturing）	紐約證券交易所	14.00	2,007
溫拉維特雜貨 WINE & LOVETT GROCERY （溫迪克西商店） （Winn-Dixie Stores Class B Conv.）	櫃買市場	18.00	3,105
*美國基金 **1964-1967清算付款，不包括任何後續利息。			
1943			
阿比提比電力和造紙有限公司 ABITIBI POWER & PAPER CO., LTD. 7% PFD.（$100 PAR） （阿比提比造紙）（Abitibi Paper common）	加拿大	12.50	1,606*
康乃狄克大眾人壽保險 CONNECTICUT GENERAL LIFE INSURANCE （康乃狄克大眾保險） （Connecticut General Insurance）	櫃買市場	27.63	3,756
北美大陸保險公司 CONTINENTAL ASSURANCE （CNA金融公司）（CAN Financial）	櫃買市場	40.50	4,403
東部天然氣燃料公司 EASTERN GAS & FUEL 6% PFD.	證券交易所	19.75	2,322
電力照明公司普通股 ELECTRIC POWER & LIGHT COMMON （中南公用事業公司）（Middle South Utilities） （彭澤爾公司）（Pennzoil）	紐約證券交易所	1.25	151

1943（續）	交易地點	價格	1971年價值
電力照明公司 ELECTRIC POWER & LIGHT $7 SECOND PFD. （中南公用事業公司）（Middle South Utilities） （彭澤爾公司）（Pennzoil）	證券交易所	7.00	1,034
EMPIRE TRUST CO.（Dome petroleum. Ltd.）	櫃買市場	43.50	4,681
通用消防 GENERAL FIRE EXTINGUISHER （ITT公司） （International Telephone & Telegraph）	櫃買市場	10.63	1,096
吉列 GILLETTE	紐約證券交易所	4.75	610
國際公用事業公司A股 INTERNATIONAL UTILITIES CLASS A （國際公用事業公司普通股） （International Utilities Common）	證券交易所	3.75	753
科林石油A股 KERLYN OIL CLASS A （科麥奇）（Kerr-McGee）	櫃買市場	3.13	861
金尼公司 KINNEY（G.R.）& CO. （布朗鞋業）（Brown Shoe）	紐約證券交易所	1.88	256
*假設1949年8月1日收到的1 187.50美元以每股12.25美元的價格再投資於阿比提比的普通股。此為截至1949年8月5日當周的高點。			
林肯人壽保險 LINCOLN NATIONAL LIFE INSURANCE （林肯國民公司） （LINCOLN National Corp.）	櫃買市場	28.50	3,630
路易斯安那地產公司LOUISIANA LAND	證券交易所	5.13	624
美泰克 MAYTAG	紐約證券交易所	2.50	336

1943（續）	交易地點	價格	1971年價值
麥科德散熱器製造公司 MC CORD RADIATOR & MANUFACTURING （麥科德公司）（McCord Corp.）	證券交易所	1.25	160
麥格羅希爾出版公司 MC GRAW-HILL	紐約證券交易所	8.50	868
商業百貨商店 MERCANTILE STORES	證券交易所	21.00	2,702
梅薩比鋼鐵 MESABI IRON （梅薩比信託）（Mesabi Trust）	證券交易所	1.00	121
密西根保險槓公司 MICHIGAN BUMPER （海灣與西方公司）（Gulf & Western） 太平洋西部石油公司	證券交易所	.32	46
PACIFIC WESTERN OIL （蓋蒂石油）（Getty Oil）	紐約證券交易所	9.00	1,023
輝瑞藥廠 PFIZER（CHAS.）& CO. 輝瑞公司（Pfizer, Inc.）	櫃買市場	29.00	3,493
皮茨頓公司 PITTSTON CO.	紐約證券交易所	1.75	572
迅捷金屬製造 RAPID ELECTROTYPE （迅捷美國）（Rapid-American）	辛辛那堤證券交易所	2.38	413
雷神技術公司 RAYTHEON	證券交易所	2.75	420
夏普多姆公司 SHARP & DOHME （默克藥廠）（Merck & Co.）	紐約證券交易所	8.63	885
史塔雷特公司 STARRETT CORP. （Recrion）（Recrion）	證券交易所	.32	66

1943（續）	交易地點	價格	1971年價值
英格索蘭 TRANE	芝加哥證券交易所	8.00	1,125
聯合染料公司 UNITED PIECE DYE WORKS COMMON	櫃買市場	.10	51
聯合染料公司 UNITED PIECE DYE WORKS 6½% PFD. （聯合染料公司普通股） （United Piece Dye Works common）	櫃買市場	1.88	724
U.S. FOIL B U.S. FOIL B （雷諾金屬公司）（Reynolds Metals）	證券交易所	2.63	342
維吉尼亞鐵煤炭公司 VIRGINIA IRON, COAL & COKE （貝茨製造公司）（Bates Manufacturing）	櫃買市場	1.00	143
懷特縫紉機公司 WHITE SEWING MACHINE （懷特綜合工業公司） （White Consolidated Industries）	紐約證券交易所	2.63	287
1944			
百得 BLACK & DECKER	紐約證券交易所	16.50	1,835
東州公司 EASTERN STATES CORP. （瑞吉紙業）（St. Regis Paper）	證券交易所	.63	67
亨特兄弟包裝公司 HUNT BROS. PACKING （諾頓西蒙食品公司）（Norton Simon）	洛杉磯證券交易所	5.75	1,045
全國防火 NATIONAL FIREPROOFING （富卡工業）（Fuqua Industries）	匹茲堡證券交易所	.50	82

1944（續）	交易地點	價格	1971年價值
諾西瑪化工 NOXZEMA CHEMICAL （諾克賽爾）（Noxell）	櫃買市場	4.50	501
太平洋波特蘭水泥公司 PACIFIC PORTLAND CEMENT （理想基礎工業公司）（Ideal Basic Industries）	櫃買市場	2.75	374
中選工業 SELECTED INDUSTRIES （三洲普通股&認股權證） （Tri-Continental common & warrants）	證券交易所	.75	93
三洲投資管理公司 TRI-CONTINENTAL WARRANTS	證券交易所	.69	72
西維吉尼亞煤炭焦炭公司 WEST VIRGINIA COAL & COKE （東部天然氣燃料公司）（Eastern Gas & Fuel）	證券交易所	5.13	553
1945			
飛達仕 FEDDERS	證券交易所	9.50	1,000
明尼蘇達礦業及製造公司 MINNESOTA MINING & MANUFACTURING	證券交易所	60.00	6,480
全國營造 NATIONAL HOMES	印地安納波利斯的 Kiser, Cohn & Shumaker, Inc. 提供	6.75	917
費城人壽保險 PHILADELPHIA LIFE INSURANCE	櫃買市場	4.00	714
葆雅 PLOUGH （先靈葆雅製藥）（Schering-Plough）	證券交易所	13.25	1,392
普林迪斯豪爾 PRENTICE-HALL	證券交易所	51.00	5,452

	交易地點	價格	1971年價值
1946			
三福氣體公司 AIR PRODUCTS & CHEMICALS	Reynolds & Co. offering 雷諾公司發行	1.00	144
嬌生股份有限公司 JOHNSON & JOHNSON	紐約證券交易所	44.00	5,174
基爾施公司普通股B股 KIRSCH COMPANY COMMON B （基爾施公司普通股）（Kirsch Co. common）	櫃買市場	5.00	671
基爾施公司特別股 KIRSCH CO PREFERRED （基爾施公司普通股）（Kirsch Co. common）	櫃買市場	14.00	1,686
1948			
阿瑪士公司 AMEREX HOLDING CORP. （美國運通）（American Express）	櫃買市場	21.50	2,443
國際商業機器公司INTERNATIONAL BUSINESS MACHINES （IBM）（IBM）	紐約證券交易所	125.50	13,898
（摩托羅拉公司）（MOTOROLA）	紐約證券交易所	11.25	1,184
新英格蘭大理石採石場 NEW ENGLAND LIME （輝瑞）（Pfizer Inc.）	櫃買市場	4.50	582
（天頂電子）ZENITH RADIO	紐約證券交易所	19.75	1,975
1949			
美國產物保險 AMERICAN HOME FIRE INSURANCE （美國國際集團AIG） （American International Group）	櫃買市場	7.00	1,043

1949（續）	交易地點	價格	1971年價值
艾默生電氣公司 EMERSON ELECTRIC	紐約證券交易所	8.50	912
富達聯盟人壽保險公司 FIDELITY UNION LIFE INSURANCE	櫃買市場	42.00	4,425
飛虎航空 FLYING TIGER LINE	櫃買市場	1.00	123
全球羅格斯產險公司 GLOBE & RUTGERS FIRE INSURANCE （美國國際集團 AIG） （American International Group）	櫃買市場	27.00	3,140
政府員工壽險公司 GOVERNMENT EMPLOYEES LIFE INSURANCE	櫃買市場	5.00	670
美格福斯 MAGNAVOX	紐約證券交易所	5.00	841
丹碧絲 TAMPAX	櫃買市場	16.50	2,961
1950			
迪堡公司 DIEBOLD, INC.	櫃買市場	11.63	1,594
麥克唐納飛行器公司 MC DONNELL AIRCRAFT （麥克唐納道格拉斯）（McDonnell Douglas）	櫃買市場	17.00	1,924
范多恩鋼鐵 VAN DORN IRON WORKS （范多恩公司）（Van Dorn Co.）	中西證券交易所	6.25	714
1951			
政府員工保險公司 GOVERNMENT EMPLOYES INSURANCE	櫃買市場	38.00	3,938
奧格登公司 OGDEN CORP （辛泰製藥）（Syntex） （奧格登公司）（Ogden Corp.） （邦克・拉莫公司）（Bunker Ramo）	證券交易所	.94	174

	交易地點	價格	1971年價值
1952			
美國洲際橡膠 INTERCONTINENTAL RUBBER （德州儀器公司）（Texas Instruments）	紐約證券交易所	3.00	322
1953			
喬治亞太平洋 GEORGIA-PACIFIC	紐約證券交易所	9.25	957
亨利霍爾特公司 HENRY HOLT & CO. （哥倫比亞廣播公司） （Columbia Broadcasting System）	Amex 美國證券交易所	7.88	835
1954			
華特迪士尼製作公司 DISNEY（WALT）PRODUCTIONS INC.	櫃買市場	3.63	1,630
簡單花樣公司 SIMPLICITY PATTERN	美國證券交易所	4.88	772
1955			
雅芳公司 AVON PRODUCTS	櫃買市場	83.00	9,430
艾莫利快遞 EMERY AIR FREIGHT	美國證券交易所	7.88	829
新程序公司 NEW PROCESS	證券交易所	58.00	7,380
寶麗萊 POLAROID	櫃買市場	42.88	5,622
1956			
百特醫療產品 BAXTER LABORATORIES	櫃買市場	11.25	1,260
西方石油公司 OCCIDENTAL PETROLEUM	舊金山證券交易所	.45	84

	交易地點	價格	1971年價值
1958			
哈羅全錄 HALOID XEROX （全錄）（Xerox）	櫃買市場	47.50	7,605
1959			
門羅汽車配件公司 MONROE AUTO EQUIPMENT	櫃買市場	10.50	1,346
1961			
馬斯科螺旋產品公司 MASCO SCREW PRODUCTS （馬斯科公司）（Masco Corp.）	底特律證券交易所	6.25	729
1963			
天際之家 SKYLINE HOMES （天際房屋集團）（Skyline Corp.）	Amex、 美國證券交易所	11.00	1,183
1964			
美國實驗室公司 AMERICAN LABORATORIES （美國醫療國際公司） （American Medical International）	櫃買市場	.75	129
1965			
自動資料處理公司AUTOMATIC DATA PROCESSING	櫃買市場	7.00	704
1966			
美國居家&開發公司 U.S. HOME & DEVELOPMENT	櫃買市場	.63	78
1967			
美國開發公司 DEVELOPMENT CORP. OF AMERICA	櫃買市場	.38	74

　　閱讀像這樣的紀錄對我們許多人來說是痛苦的。面對這片星光熠熠、錯失良機的背景，我們像亞里斯多德憂鬱地凝視著荷馬半身像那般地思考著我們巨大的財務野心，有些人無疑會生作者的氣。昔日的國王會將帶來壞消息的傳信人斬首，他們血統純正的後裔（還有一些普通公民），在他們連續三次接到忙線訊號時，也會對無害的電話聽筒發洩他們的憤怒。

　　但試著記住，詆毀甚至是滅絕傳信者不會改變或消除紀錄。我當了五十年的記者，有幾次我更改了我報導的股票，而每次的價格都上漲了。但我仍然是一名記者，這是一份報告，不是一份意見。

　　如果你並不富有，而且如果你還繼續像之前想的那樣思考投資，那麼這份紀錄可能會讓你難過，但如果這份報告能幫助你向前看而不是往回看，從大處著眼而不是從小處著眼，它可以讓你找到通往財富的道路。那條路依然在我們面前敞開著，我從未見過它關起來。

　　即使你很富有，細讀過去四十年的紀錄也能夠幫助你提高投資成績。請記住，一個人不一定要會下蛋，才有資格分辨出好的蛋和壞的蛋。

　　富人和窮人都不免會擔心，怕他們被引進後見之明的練習裡。派屈克·亨利（Patrick Henry）於1775年3月23日在維吉尼亞州里奇蒙聖約翰教堂（St. John's Episcopal Church）舉行的維吉尼亞公約會議發表演說時說：「指引我前進步伐的明燈只有一盞，那正是經驗之燈；幫助我判斷未來的方法只有一件，那就是過去之事。」

　　接下來的章節，我會嘗試提出這些百倍股證券的共同特徵，我不僅會對整個表單上360多檔股票做出分析，也會對那些自第二次世界大戰以來賺了百倍的致富股這麼做，我會特別說明如何提前發現那些百倍股的贏家，並指出在今日具有類似潛力的領域。投資者可能會問上千個問題，但「我現在該怎麼做」是所有這些問題的縮影。

　　想要我的答案而不在意原因和論據的讀者，現在可以直到跳到第二十八章。那些像我一樣相信，任何意見的原因比意見本身更有價值的人，則可以和我一起，讓我們更詳細地研究過去四十年來的這些致富股票。

第七章

樹不會長到天上

　　關於是否應該購買成長型股票的爭論有時讓我感到困惑。錢是透過買下任何未來價值高於現在所付出的東西而得來的，由於過去對於所有人皆是可見的，在未來繼續賺取過去收益的股票很少會有太多的資本收益；每個人都能看到過去，因此，那些準確地在明年賺到如同在去年賺到的股票，往往是完全定價的，如果持續成長的可能性對所有人都是顯而易見的，那麼對於收益持續成長的股票來說，情況也是如此。要讓你的資本投資報酬率更高的唯一方法，是選擇在你購買時對大多數人來說**價值還不太明顯**的股票。

　　因為每個股票買家都想賺錢，幾乎眾所周知的是，沒有什麼比該股票的廣泛流行更快扼殺賺錢機會了。適用於佛羅里達州房地產的論點，也同樣適用在成長型股票上，如果一個人現在必須支付本期收益的4倍，那麼他購買一檔在未來10年內收益翻4倍的股票有何好處可言？

　　如果成長和預期成長皆有一直持續下去，時間確實是站在成長型股票買家這邊，這是個簡單的算術問題。但**如果**股票的本益比保持不變，無論增長速度如何，成長型股票的價格都會逐年上

漲。舉例來說：今年的盈餘為1美元，股價是25美元，本益比為（25美元除以1美元）25。如果逐年本益成長率為15%，則第二年的盈餘一定是1.15美元。如果本益比保持在25，則價格一

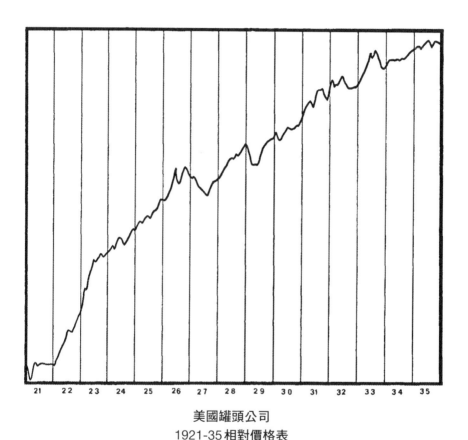

美國罐頭公司
1921-35相對價格表

此圖表上的每月公佈數字，顯示出美國罐頭公司的價格與道瓊工業平均指數的價格相對情況。每個月，美國罐頭公司的價格除以道瓊工業平均指數的相對價格，所得數字以相同比例之相同百分比變化公佈，也就是説，從5%到10%的進步，看起來跟從50%到100%的進步一樣大。整個1921-1935年期間，美國罐頭公司的表現都超越了道瓊工業平均指數。

定是 25 乘以 1.15 美元，等於 28.75 美元。當然，這比 25 美元高了 15%，與盈餘所顯示的百分比成長相同。

毋庸置疑的是，**如果**成長型股票以同樣速度持續成長或甚至更快，並且**如果**買家繼續期望它們持續以同樣或更快的速度成長，並且**如果**未來盈餘和股利的必要貼現率沒有實質性增加的話，那麼成長型股票的確極具吸引力。在這裡有三大「如果」，正如我們在 1970 年 5 月時被狠狠地提醒那樣，當時債券殖利率攀升至歷史高點，而成長型股票價格暴跌。如果不考慮這三個「如果」，就不可能做出明智的投資決策。

某檔股票在十年或十五年內一直是成長型股票這一事實，並不能保證它能持續再成長一年。這是一張大盤（列於紐約證券交易所）績優股（受歡迎、高價證券）十五年間的相對價格圖表，那些看了我所展示的圖表，但並沒有特別指出公司名稱或涵蓋時間周期的人們通常會興奮地大叫：「噢！那是全錄。」

圖表顯示，該股票按月計算的市場價格除以道瓊工業平均指數。如果道瓊指數上漲 20% 時股價上漲 20%，道瓊指數下跌 25% 時股價跌 25%，則相對價格將會是一條水平直線。例如：股價 10，道瓊指數 100，股價除以道瓊指數為 10%；股價 12，道瓊指數 120，股價除以道瓊指數為 10%；股價 9，道瓊指數 90，股價除以道瓊指數為 10%，如圖所見，十五年來，月復一月，這檔股票都比道瓊指數漲幅更大、跌幅更小，以致其相對價格穩定上漲。

這檔股票是美國罐頭公司（American Can）。時間是 1921 年初至 35 年底的十五年期間。

　　自1935年以來，美國罐頭公司股票調整後的所有股票股利和股票分割已從道瓊指數的25%以上下降至不到4%。在1971年的高點，投資者所持有的股票價值大約就是他四十二年前可以賣出的價格。同時間，道瓊指數的價格上漲了約2-1/2倍。

　　1936年，美國罐頭公司的本益比比道瓊指數高出約50%，這只意味著投資者預期美國罐頭公司的盈餘相對於道瓊指數是增加的。1936年，美國罐頭公司的每股盈餘超過道瓊指數收益的57%。五年後，也就是1940年，美國罐頭公司的盈餘不到道瓊指數的37%，難怪美國罐頭公司的價格相對於道瓊指數呈現下降。按照與1940年相同基礎計算，到了1970年，美國罐頭公司的盈餘已下降至道瓊指數的27%。然而，美國罐頭公司在1920年代和1930年代初所擁有的光環是如此地歷久不衰，以至於直到1959年，市場才停止對美國罐頭公司盈餘的高估，事後看來，這個光環其實是美化了。

　　從1903年低點到1929年高點，美國罐頭股票價格上漲了369倍。

　　從1911年低點到1929點高點，上漲了123倍。

　　從1920年低到1929年高點，上漲了近乎51倍。

　　從1929年高點到1971年高點，漲幅為0。

　　即使對於那些「買對」的人，如同灰姑娘所做的那樣，如果待的時間過長，華麗的馬車也會變成南瓜。

　　跟狗兒不同的是，並非每檔股票都會有成功的機會，在華爾街，一檔不走運的股票反而被稱之為狗。（畢竟，古人有云：每隻狗都有一次走運的機會）

　　而即使一檔股票確實總會有成功出頭的機會，也並不保證該股票將永遠都處在領先位置。

　　那麼，我該如何讓那個說明與我所建議的「買對並持有」保持一致呢？很簡單。正如我們所見，數百檔股票已經上漲了百倍以上，有的價格是已經上漲了百倍，然後在那之後價格又再上漲了2倍或3倍。但對於每間公司、每檔證券而言，明天又是新的一天。除了自由的代價是永恆的警惕，償付能力的代價也是。我建議的「買對並持有」主要是為了對抗徒勞無效的動作，但不是建議你們將它們放一邊，然後忘了它們。

　　任何人在任何時候從股市中買到的都是未知的未來。過去是非賣品，已經有人擁有了。美國罐頭公司的未來是由新的競爭：冷凍食品和塑膠容器所形塑的，在1935年的投資範圍內，這些都還沒有出現。那時候即使以道瓊指數的折價購買美國罐頭股票也是錯誤的。使1935年的買家倍增及易受到傷害的原因是，他們本來應該預料到相對獲利的能力將急劇下降，卻為了預期的強勢成長付出了代價。

　　正如我在本書中所言，我限制自己只著重在已升值百倍的股票上，我不想讓人們覺得我只專注在小事上，而忽略了能夠獲利百倍以上的交易機會。以雅芳公司（Avon Products）的股票為例，你我本可以在1955年3月以每股83美元的價格買入，這是該月底的報價，這些股票現在已經變成84.2股，市值達到9,430美元。因此，任何在1955年春季向雅芳公司投資10,000美元的人，在1971年的股票價值都超過了百萬美元。

　　若在此就停下來，就會忽略了其實在1948年或1949年購買

雅芳公司股票的更大機會。1948年的低點是10-5/8，1949年的低點是10-3/4，當時任何投資10,000美元的人都會獲得930到940股。

　　無需再投資任何一分錢，這940股股票的買家如今將擁有88,172股雅芳公司股票，1971年，這些股票的市值超過9,875,000美元。

　　我想表達的重點不是說，假如我們的遠見跟我們的後見之明一樣好的話，你跟我就會變得多麼富有，那想法是一種既不愉快又無益的浪費時間的方式。**不是的**，重點是，有人在1948年以10-5/8的價格買入雅芳公司股票，而有人在1949年也以10-3/4的價格買入雅芳公司股票，還有人在1955年春季以每股83的價格買入雅芳公司股票。如果在最初投資10,000美元之後，就只是待著什麼都不做，這些「有人」中的每一個人在今日都會成為百萬富翁甚至是千萬富翁。

　　事實上，這就是這個故事的寓意：有超過360檔股票在1971年的價值是在我積極從事交易時期本可以買入價格的100多倍，也確實有人以不到1971年價值的1%價格買入了這數百檔股票中的每一檔，但所謂的投資悲劇是，很少有人持有那些股票的時間足夠長到能夠獲取早已掌握在手中的那份報償。

　　大多數情況下，在打破了歷史中大部分這類議題的逆境中，只有罕見具有遠見或固執堅定的投資者才能保有他們手中百倍股的股票。但雅芳公司是個例外。任何在過去二十年裡持續關注其相對價格的人都不會對此感到不安，與道瓊工業平均指數相比，雅芳公司的股票在過去二十年中以異常穩定的方式上漲。

　　這是不是意味著人們永遠不該賣出手上的東西？人類在低估了人類未來這方面犯下了許多不可思議又可悲的錯誤，以致於很容易採取像達瑞爾先生的客戶那樣的「我從不賣任何東西」政策。但是，讓我們回到這一原則：當任何規則或公式成為思想的替代品而不是有助於思想的輔助時，這都是危險的，應該要將其捨棄。正如我們已經看到的，並且還會繼續一次又一次地看到，樹不會自己長到天上。

　　要在五十年內以每年20%的年複合成長率成長，公司在期末的規模必須是期初的9,100倍。如果你預期一家年銷售額為1億美元的公司將實現這種成長，那麼到了2021年，這些銷售額將要達到9,100億美元。如果你以一家年銷售額已經達到10億美元的公司開始，要指望在半世紀淨獲20%的年複合成長率，你必須預見到2021年的銷售額將達到9兆1000億美元。

　　你會說，真是荒謬，沒有任何一個實際的人會試圖預見到那麼遠。但是，每年20%的複合成長率將在未來十年內將公司的規模擴大至6倍以上。在這本宣導「買對並持有」的書中，這是具有雙重意義的：

1. 在人際關係中，就像在自然界一樣，似乎有一條禁止無限成長的定律。超越這一點，人們將無法再容忍。無論這個成長是在商業、教會還是國家。

2. 當你將股票的收益提前支付3倍或4倍時，就像你以道瓊工業平均指數的本益比的3到4倍價格購買股票時所做的那樣，你不僅應該預見到你所支付的股票成長，而且還應

該預見到超出平均水準的成長。這意味著你必須評估該公司的競爭狀況，不會像現今這樣，而是從現在起的六到八年後，當該公司擴大到 3 至 4 倍時。

要在股市中贏，就像在下棋，你必須至少要比其他人多想一步之遠。

在〈計算賠率〉的章節，我將針對這個問題做更多說明。

第八章

如何爭和贏

　　如果你有能力做這樣的假設，你就能夠贏過任何爭議。認知到這個簡單的事實對於理解股市至關重要。

　　沒有人買股票是為了幫別人忙，也沒有人賣股票是為了讓其他人得到這個好東西。大多數的交易是同一時刻、同一證券截然相反的意見之間正面碰撞的結果。我個人當然是偏愛交易已上市的股票，而不是新的融資（new financing）。

　　往往，買方和賣方都消息靈通，那麼，兩個消息都靈通的人怎麼會對同一檔股票、同樣的價格得出相反的結論呢？

　　通常是因為他們對其未來做出了不同的假設。有人可能會假設其盈餘將在未來幾年內以15%的年複合成長率成長；另一人可能會擔心成長率趨緩。或者人們可能會認為，美國的通貨膨脹是不可控的；另一方可能會認為，雖然美國人民行動緩慢，但當置身於險境時，他們會採取明智且勇敢的行動。

　　重點是，當你購買股票時，你所買只是未知的未來。過去，即使是今天早上公告的盈餘或一分鐘前宣布的股利，都已是非賣品了，此時此刻已經有人擁有了，他能夠賣給你的只是他股票未來可能擁有的未知，他和你都不可能知道那會是什麼。

　　對於有經驗的投資者來說，意見無足輕重。「經常出錯，卻從不懷疑」這句話應該要刻在許多投資顧問的墓誌銘上。但專家發表意見的理由可能比這些意見來得更有價值，當我們說他的理由時，指的是他所做出的假設，以及做出這些假設背後的原因。

　　我對於專家們捉到意見本身的價值感到失望。1929年秋季，當道瓊工業平均指數從381點的高點暴跌至略低於200點的低點時，當時世界最大銀行的負責人告訴我們，股市已歷經了健全的調整，國家已準備好往更加繁榮的高度邁進。市場在1930年春季反彈，然後再跌至1932年蕭條的低點，十七年後，道瓊工業平均指數才再次飆升至200點。

　　同一時期，我們從紐約證券交易所的場內獲知，一位摩根（Morgan）經紀人以190美元的價格收購了美國鋼鐵公司（U.S.Steel）數千股的股票。美國鋼鐵公司是摩根的產物，沒有人會比華爾街23號這棟建築更了解它了，但到了1932年，股票以21-1/4的低點賣出。

　　有天，位於百老匯26號的標準石油（Standard Oil）大樓總部傳來消息，創辦人約翰・戴維森・洛克菲勒（John D. Rockefeller）和他的兒子小約翰・戴維森・洛克菲勒（John D. Rockefeeler, Jr.）正在開記者會。「我的兒子和我，」老洛克菲勒宣布，「以50美元的價格收購紐澤西標準石油公司（Standard Oil of New Jersey）100萬股的股票。」沒有人會比其創辦人和主要股東更了解紐澤西標準石油公司的石油業務了。然而，在短暫的反彈之後，紐澤西標準石油股票的價格跌至20。

　　重點不在於有任何相關人等故意誤導大眾，我相信他們都是

真誠的。但是，這三個經驗讓我學到：

1. 別理會意見，意見到處都是。要試著找出它們背後的理由和假設。
2. 沒有人知道或能夠確定未來會發生什麼事。如果全知者想讓我們知道，祂會賦予另一種我們所沒有的能力。愛爾蘭人強調了這件事，他說：「當然，我希望我知道我會死在哪裡，那麼，我永遠也不會靠近那個地方。」如果我們不能確定自己的生命將在何時何地結束，又如何能夠確定那些離我們不那麼近的事情未來的發展呢？

　　這是個絕望的忠告嗎？完全不是，只是承認在投資中我們總是處理著機率和可能性，從不處理確定性。然而，不可避免的是，在投資中，成功的機率很重要。

　　四十年來（也是本書所涵蓋的這一時期），哈德威克・斯泰爾斯（Hardwick Stires）一直是SSC資產管理公司（Schdder, Stevens & Clark）的合夥人，SSC資產管理公司可能是世界上歷史最悠久、規模最大的投資顧問公司。這麼多年來，他一直是商業理事會（Business Council）的成員，那是位於華盛頓特區商界與政府之間的主要聯繫組織之一。他的投資理念在歷經兩次主要大蕭條、第二次世界大戰以及仍未解決的通貨膨脹戰役中得到成長及磨練。

　　「風險，」他說，「是追求資本利得投資的基本要素。不要因為損失而感到沮喪，要將其視為成本之一，若少了它，你就無

法獲得**淨**收益。」

　　玩橋牌時，有人告訴我，如果我有時沒有設定好，我的叫價就會過低，也就無法冒險得到最佳分數。

　　有一個傳說是這樣的，莫里斯計劃銀行（Morris Plan banks）的創辦人曾經打電話給一名經理詢問「毫無損失」這件事。

　　「要創造出這樣的紀錄，」創辦人說，「你肯定一直在拒絕好的貸款。明年，我想要看到一些損失，但注意，不要太多，不過要足以證明你在下判斷時是有在冒險的。」

　　這並不是說風險必然與利潤是相稱的。某種意義上，投機的藝術在於能夠辨識出什麼時候是表面上的風險但不是真正的風險，或什麼時候真正的風險並沒有像股市預期的那麼大。即使如此，如果投資者認為自己可以將10,000美元變成100萬美元但不會冒任何損失的風險，那他真的是太不切實際了。

　　據我所知，沒有任何規則、制度或哲理能夠阻止投資者犯錯，或者在他犯錯時讓他免受損害。然而，如果我們從不拿我們的錢冒險，除非是當我們確信成功機率是對我們非常有利的，在除去獲利之外，那些不可避免的損失應該要看起來是很小的。不過，我們如何能夠計算出機率呢？

　　在投資界最執著的一個錯覺就是，情報資訊就是賺錢所需要的一切。販賣資訊的機構會助長這種錯覺，因為這對他們的生意有好處。

　　如果人們只要停下來思考每筆交易的兩方，那麼這種資訊等同於賺錢的投資決策的觀念謬誤就會變得非常明顯。對每一個買方來說必然會有一個賣方，對每一個賣方來說也必然會有一個買

方。有時候，消息靈通的買家很幸運地遇到消息不靈通的賣家，反之亦然。但，可以肯定的是，大多數時候——幾乎所有時候，交易的雙方都有其機構，意思是買賣雙方皆會被告知。如果資訊就是一切，那麼兩方都了解狀況的專業人士如何在同一時間、對同樣的價格、對同樣的證券得出相反的結論呢？

　　有幾個答案。一個是，賣方可能認為他有更好的投資獲利標的，即使他也喜歡他出售的股票。我記得很清楚，在1949年，當時有一位極其富有的投資者出售了美孚石油（Socony Vacuum）的股票，當時事實證明，那幾乎正好是市場谷底。直到幾個月後，我才聽說他將收益投入到上漲速度超過2倍的高級石油公司（Superior Oil）中。

　　為什麼一位有情報根據的投資者會出售另一位也有情報根據的投資者正好要購買的東西呢？第二個原因是，沒有人能夠完全得知未來。由於所有關於未來的決定都必須基於假設，消息靈通的投資者可能會做出不同的假設，進而對在特定時刻買賣特定股票做出相反的結論。

　　第三個原因在於，消息靈通的投資者之間的意見分歧。沒有人曾經或能夠完全了解情勢，掌握98%情報的投資者，可能會做出與掌握99%情報的投資者相反的結論。

　　認為資訊是投資業務最重要的事這種錯覺，邏輯上會導致對那些試圖從「確定的事情」內線消息中受益的人施加懲罰。如果你認為情報資訊會引導你筆直地做出正確的投資決策，那代表任何一個比你先獲得資訊的人，都擁有著不應該被允許的優勢。

　　1961年，當我為《大西洋月刊》（The Atlantic Monthly）撰寫

一篇題為〈股票市場的隱憂〉（*The Hazards of the Stock Market*）的文章時，我邀請老約瑟夫・派屈克・甘迺迪（Joseph P. Kennedy）接受採訪。我第一次見到他是在二十五年前，當時他是美國證券交易委員會主席，而我是《華爾街日報》華盛頓分社的社長，當時，我們是第一個向美國證券交易委員會指派全職記者的新聞採訪組織。

　　甘迺迪先生同意與我碰面，但因為他的兒子是美國總統，這段採訪不得公開。然而，如今父子皆已離世，距離那段採訪已經過去十年了。我想我應有歷史意義上的自由來舉出以下兩點：

1. 當我問甘迺迪先生是否認為內線消息是1961年活躍買賣的股市中投資者主要的問題或隱憂時，他突然發表了以下言論：「如果我擁有那些因內線消息而損失的錢的話，我真的會很有錢。」
2. 關於證券交易，甘迺迪先生主動表示，自從他在二十五年前擔任美國證券交易委員會主席之來，他從未對單一股票做過完整交易，他的意思是，他根本連一次都沒有賣出過任何一張股票（在希望能以更低的價格買回的情況下），然後又把它給買回。

　　當時我的洞察力還不夠敏銳，無法推斷甘迺迪先生的看法，就像加勒特先生一樣，買對並持有。

　　請不要曲解我對於資訊的評論，斷言我是對於事實的貶低。我想說的是，資訊充其量只不過是個原料，有些人會從中制定

出好的投資決策，另一些人則會做出不好的決定。當我在1927年到《華爾街日報》工作時，我從出版人克拉倫斯・巴倫先生（Clarence W. Barron）那裡學到一件事：「沒有真相的事實是錯誤的，一定都要有所關聯。」

即使有人的資訊是完整且精確的，但若是晚了，仍然會誤導投資。一顆被壓路機輾過的檸檬，比股市中一則打了折扣的資訊還來得更有料；再打個比方，新鮮的資訊和過時的資訊之間的區別，就像是剛開瓶的蘇打水和已打開一整夜的蘇打水之間的差別。就像已開瓶的蘇打水很快就會失去嘶嘶氣泡聲一樣，已開瓶的消息也會迅速消失或淹沒在歷史中。

人們如何判斷他得到的資訊是新的還是舊的？正如投資業務的方方面面一樣，沒有辦法確定。就算有一萬個投資者比你先聽到這個消息，但如果有一千萬個投資者比你晚聽到並且採取行動的話，這個資訊對你而言還是有利可圖的。

或許使用圖表作為投資決策輔助工具的最佳理由是，在有經驗的人手中，股票價格圖表通常會顯示出，不論是預示價格上漲的好消息，或從中解釋已經發生的進展。「消息」就像是一句古老諺語中的禮物，「健康時的禮物是金，生病時的禮物是銀，死亡時的禮物是鉛。」

真正新鮮的消息（股市尚未做出反應的消息）確實可以成為黃金。對於大型市場業者來說並不意外的消息，可能還足以成為其他人們的白銀。但已經完全打折扣的消息是鉛塊，那些對此採取行動的人只有死路一條。

由於消息永遠不會被標記為A級、B級、C級，因為那些試

圖以此為基礎做出投資決策的人，必須自訂方法來對其進行評等。圖表和圖表專家也絕不是完全正確的，但是，當它們顯示出壞消息因價格急劇下跌而受到嚴重低估、或是好消息在市場上被廣泛甚至熱切期待時，這確實是聊勝於無。

　　市場會隨著道瓊消息擺動是沒錯，但不一定是同步的。當你閱讀早報時，請不要忘記，在你放下報紙時，你的功課才正開始。赫爾曼‧梅爾維爾（Herman Melville）說得更好，他寫道：「平靜地將訊息轉化為智慧。」

第九章

計算機率

在股票投資中提及機率的一種博學方法是談論機會風險比（opportunity-risk ratio）。例如，如果你看到一檔股票有機會賺到100點，並且有損失10點的風險，則機會風險比為10比1，可惜的是，計算機率並不是那麼簡單。與獲利機會同等重要的，是相對的損失機會。如果有十分之一的機會股票會上漲100點，有十分之九的機會股票會下跌10點，那麼所謂的10比1機會風險比，指的就是預期獲利和實現預期獲利的可能性，以及預期損失和實現預期損失之間風險的關聯。

既然我們都是在面對未知的未來，何必還要費心去歷經這樣的習題呢？何不就把自己的眼睛蒙起來，在《華爾街日報》的報價頁上釘上圖釘，然後隨機買下任何碰巧選到的股票呢？

這個問題讓我想起了一個賭徒的故事，他因違反禁止賭博的法令而在小鎮被捕。他辯解說，撲克並不是一種機率遊戲，為了證明這一點，他與檢察官、法官和鎮上的幾位主要人士玩牌玩了一整夜，第二天早上，當他把他從所有人身上贏來的衣服歸還給他們之後，他們放棄了指控，請他快點離開。

重點是，在股票市場和撲克遊戲中，明智的投資者會在機率

對他非常有利的情況下進行等額的賭注，但這要怎麼做到呢？

　　透過看見比一般增值更大的有利機率，或是找到發行市價低於定價的股票，而不是全盤接受所有人都清楚的不利可能性。在第一種情況下，買方只是看到其他人看不到的價值；在第二種情況下，買方實際上是，「反正這股票的價格已經折價到可見的最壞情況了，所以也不會有持續下探的風險。而且，由於湯在喝的時候很少會像煮熟時的那麼燙，因此，買方得到的可能會比付出去的更多。」

　　你要如何衡量其他人的期望？誰能讀懂數以百萬計的投資者心思，而這些人絕大多數都是你從未見過的？

　　這麼說的話，這個問題聽起來是無解的。但是，如果我們能從三個簡單的前提來達成共識，那麼就會有一個合乎邏輯的解決方案，即：

1. 任何證券的價值都是所有未來報酬的折現值。
2. 從一個完全應稅消息來源所得來的1美元，與任何其他完全應稅消息來源所得來的1美元，其價值相等。
3. 因此，當投資者為一個消息來源所獲得的1美元支付的費用，超過他們從另一個消息來源獲得等值金額所需支付的費用時，其中隱含著這樣一種觀點：即來自第一個來源的收入流，將比來自第二個來源的收入流上漲得更快或耗盡得更慢，否則他們所做的一切都不合理。

SSC資產管理公司位於波士頓的投資研究主任兼合夥人羅伯

特・威斯（Robert G. Wiese）在這方面說得更清楚：「投資者不會為同樣的東西支付不同的價格，當他們看似這麼做的時候，他們正在為不同的預期付出同樣的代價。」

兩種不同預期的常見指標是：

1. 股票和債券的相對殖利率
2. 股票的相對本益比

相對價值的原則就跟聖經一樣古老。葬送了大師留給他的才華的人保住了他自己的資本，但在與增加資本的其他人的競爭中卻輸了。

所有價值在各方面都是相對的，在盲人之國，獨眼之人為王。

債券價值與股票價值相關，反之亦然，並且，股票價值是相對的，幾年前，有些股票投資人對債券不屑一顧，而今，其中大多數都從錯誤和失敗中吸取了重要教訓。

雖然投資中沒有什麼是確定的，但或許在我們所做的任何假設中，最不確定的是，最高投資級別債券將在到期時支付其利息和本金，如果這類債券在十年或更長時間內不可贖回，就像其中許多債券一樣，投資殖利率為8-1/2%的買家，很可能在好的時機和不好的時機中都獲得8-1/2%，直到債券贖回或退還為止。

那些買入股票殖利率只有一半的人，必須預見到他股票的股利會大幅增加，否則他的舉動根本不合理。他或許會輕視股利，因為他是為了資本利得而買的，但除非盈餘和股利增加，否則他

的資本利得將會像經常被引用的「如地獄般的雪球」一樣曇花一現。

　　1961年底，當股市繁榮時，我對美國證券交易委員會第一任主席約瑟夫·派屈克·甘迺迪先生說：「人們不再在意股利了。」

　　「那些人在哪裡？」甘迺迪先生提出質疑，「我怎麼從未遇過。」

　　IBM（International business machines）是所有股票當中成長最快的，二十年前賣出時殖利率約為1-3/4%，顯然，你可能會認為，那些購買其股票的人並不是為了股利，但是，如果那些人手中仍然持有在1951年高點時購買的股票，他們將獲得現金股利，現在的利率會是1951年購買成本的70%以上。如果沒有股利的增加，以及用於支持股利的盈餘，IBM股票價格根本不可能發生如此驚人的上漲。

　　明智的投資者不會僅因為股票上漲或預期會上漲而購買股票，明智的投資者購買股票是因為他們預見到盈餘和股利會增加，這將讓今日的價格在未來幾年看起來似乎很便宜。即使是最聰明的投資者，有時也會誤判未來的盈餘和股利，只有傻瓜（也許還有一些專業的短線交易者）會在不考慮未來的情況下買入股票。

　　多年來，債券殖利率與股票殖利率的比較提供了衡量樂觀投資者和悲觀投資者的重要指標，如附圖所示。

　　二十五到三十年前，股票的股利殖利率是債券利息殖利率的3倍。只有當人們假設股票股利非常不可靠並且很可能在未來幾

年內下降時，這才合理。

　　實際上，直到大約五年前，股利非但沒有下降，反而穩定上升。在此同時，每1美元股利的價格相對於每1美元債券利息的價格是上漲的，在最近的最高值，投資者在最好的公司債券上獲得的殖利率，幾乎是他平均可以在五十檔知名普通股上獲得的2倍。換句話說，在同一世代中，股利價格從利息價格的三分之一上升到利息價格的近2倍。從對於證券價格的悲觀轉為樂觀之影響，很難想像還有比這更具戲劇化的展現了。

　　正如股利收入以利息收入的三分之一價格出售是不合理的，除非人們假設股利長期趨勢下降；因此，另一個極端，股利收入以利息收入的近2倍價格出售是不合理的，除非人們假設股利長期趨勢上漲。

　　過去半個世紀，投資者本應悲觀，卻對股利的進一步增加持樂觀態度。同樣的，他們往往對股利的未來持悲觀態度，但事後看來，我們可以看到他們應該是樂觀的。然後，在1934年美元貶值時，以及在1958年首次以高於利息的價格出售股利時，他們對股利的未來都還是持正確的樂觀態度。他們在今天的相對樂觀態度是否合理？只有未來才能證明了。我們所知道的是，股利必須增加，才能給在今日的股票購買者獲得他們已經支付的價格。從這裡開始，股票市場的趨勢將不取決於股利是否增加（這已經含在價格中），而是取決於股利的增加是否高於或低於人們的預期。

　　正如股利收入相對於利息收入的價格反映了股票市場對未來股利趨勢的預期，個股盈餘的比較價格也反映了投資者對其未來

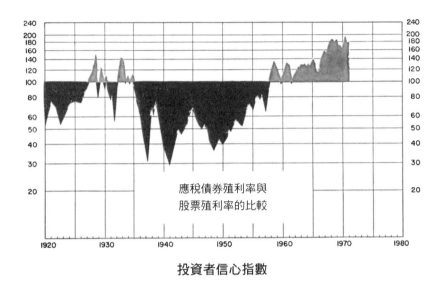

投資者信心指數

相對趨勢的預期。

　　隨著時間，大多數企業都會發展出自己的術語，這對外行人來說，在最好的情況下充其量是感到困惑，在最糟的情況下，是完全無法理解的，華爾街也不例外。由於金融界談論的是債券利息殖利率和股票股利殖利率，因此在談論盈餘殖利率也僅是採取一致態度。但似乎為了避免將一致性歸咎於狹隘的好處，金融界將股利除以價格得到股利殖利率，然後反過來將價格除以盈餘得到本益比。例如，如果一檔股票每年支付3美元的股利並以100美元的價格賣出，則其股利殖利率為3%；如果同一檔股票每股盈餘為5美元，則本益比為20。

　　如果華爾街談到5%的盈餘殖利率，意思是一樣的，但這根本不是所使用的語言。

　　當一檔股票賣出10倍的盈餘，而另一檔股票賣出20倍的盈

餘，推論是市場（即投資者資金的共識）預期以較高價格賣出的公司，相較於以較低價格賣出的公司，其盈餘成長得更快（或下降得更慢）。

用這種方法，投資者仍然必須猜測未來的未知，但他可以相對精確地計算股票市場對於未來的預期。

為了比較，稍後，我將指出一些陷阱，關於不加辨別使用本益比的陷阱，就像孩子握在手中的火柴一樣，它們可能會是致命的危險。對專家來說，它們是不可或缺的工具，能夠適當地調整並與道瓊工業平均指數等優秀市場指標有關連性，它們成為了希

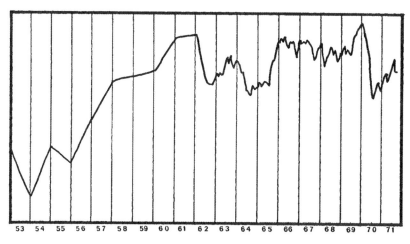

寶麗萊公司期望圖表

在此圖表中，在所示的每年中按月繪製的，是寶麗萊公司的本益比除以道瓊指數的本益比，稱之為寶麗萊的相對本益比或相對乘數。當這個相對本益比在圖表兩側的比例處在1的水準時，推論是股市預計寶麗萊的盈餘成長率，與道瓊工業平均指數的盈餘成長率大致相同。當這個相對本益比達到4的水準時，股票市場中為寶麗萊的盈餘支付的費用，是道瓊指數盈餘的4倍。從那個水準點，寶麗萊的盈餘必須變成4倍，才能匹配買家本可以藉由買入道瓊指數所得到的盈餘。

望溫度計。

　　好的醫生不會僅僅根據溫度計度數為患者診斷，但我很少看到有醫生沒有把我的體溫納入檢查的一部分。

　　好的投資醫生以同樣的方式使用希望溫度計，因為一張圖勝過千字，而且閱讀速度要快得多，SSC資產管理公司就將希望溫度計放在數以千計的股票上。上圖是寶麗萊公司過去二十年的指數，該圖指出對寶麗萊公司未來盈餘的希望，與對道瓊工業指數中30家知名公司的希望完全相同。

　　即使在1970年的低點，寶麗萊市價1美元的盈餘，仍然是道瓊工業平均指數市價1美元盈餘的2倍多。為了保證這種關係，寶麗萊的盈餘必須要是相對於道瓊工業平均指數的2倍以上，而且之後的表現要跟道瓊指數一樣好。但是，除非在寶麗萊的盈餘超過2倍之後，其潛力仍然比道瓊指數更好，否則預期寶麗萊的股票將超越道瓊工業平均指數是沒有可靠根據的。實際上，在1970年的低點，寶麗萊買家對寶麗萊賣家說：「我非常確定寶麗萊的盈餘將會比道瓊指數增加2倍以上，所以，我現在就願意付給你寶麗萊增加2倍後的價值。我為什麼要這麼做？因為我相信，在寶麗萊的盈餘上升到我現在所支付的程度之後，它們的上漲速度將繼續超越道瓊指數。」

　　這一切都顯示出對寶麗萊公司未來的高度信心，以及買家對寶麗萊未來之預期能力的極大自信，這兩者或許都有正當理由，時間會證明一切。但作為投資者，除非我們以此方式定義出相對價格的意涵，否則我們就如同蒙著眼玩捉迷藏一樣。

　　細心的觀察者會留意到，寶麗萊的價格預期其盈餘相對於

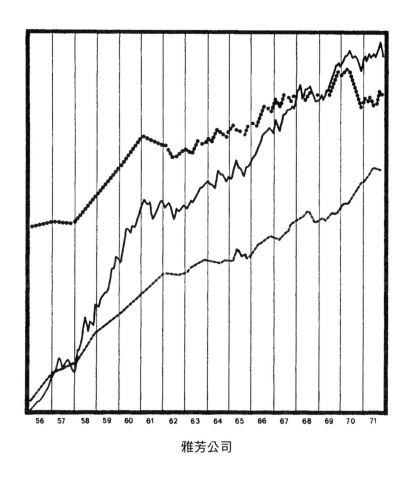

雅芳公司

30檔知名股票的平均水準將創下歷史新高，但同時，知名股票的價格預期其股利將創下歷史新高，這可謂是雙重打擊！

因為我們已經討論過相對價格、相對盈餘和相對本益比或相對乘數，現在來看看將這三者同時顯示的圖表可能會有所幫助。這張圖是涵蓋十六年期間的雅芳公司，最初投資10,000美元的股票，會使我們在1971年成為百萬富翁。

　　股票價格之所以可能上漲，是因為它的盈餘增加，或是因為每股盈餘價格上漲，或者兩者兼具。如果一檔股票的每股盈餘為2美元，並以20美元的價格出售，則這些盈餘中的每1美元價格為10美元。如果股票明年的每股盈餘為3美元，且這些盈餘中每1美元的價格保持在10美元，則該股票的價格將上漲至30美元。但是，如果股票盈餘的每1美元價格也再三上漲，比如從10美元漲到15美元，那麼股票的價格將上漲到3美元的15倍，也就是每股45美元。股市大部分上漲，都是由於盈餘上升和本益比上升這類組合造成的結果。

　　同樣的，任何股票相對價格的上漲，必須來自其相對盈餘的增加，或減去其相對乘數或相對本益比的任何變化，那是簡單的算術。

　　正如雅芳公司圖表所示，股票相對價格的大幅上漲，是基於雅芳公司相對盈餘急劇並且持續成長。但是，如果為這些盈餘每1美元支付的相對價格相應增加，雅芳公司的相對價格上漲不會超過實際價格的一半。

　　這似乎是顯而易見的，但許多投資者都過於關注盈餘，以至於他們沒有意識到，這些盈餘中每1美元的市場價格變化往往具有更大的意義。本益比和相對本益比衡量著投資者的預期，在許多情況下，超過一半的股票價格上漲，是由於投資者心理的變化所致。

　　留意任何股價上漲的心理內容是重要的，原因有二：

1. 因投資者預期上漲而上漲的情況，也會因為這些預期下跌

而下跌，這兩種情況都可能在利潤報告沒有任何變化下發生。

2. 增資股票的本益比遠遠超過道瓊指數4倍是罕見的，因此，當股票以60倍的利潤出售而道瓊指數以15倍的利潤出售時，潛在買家會注意到（a）他對股票未來的樂觀態度得到廣泛認同，以及（b）由於相對本益比進一步上升，股票價格進一步上漲的可能性很小。這意味著買方必須尋求盈餘的進一步增加，以承擔迄今為止因其相對盈餘的增加和相對本益比的上升，所造成的股票價格進一步上漲的所有負擔。

　　如果一檔股票的盈餘增加25倍，而本益比增加4倍，該股票可以上漲至100倍（25X4=100）。但如果它的本益比保持不變，盈餘必須增加100倍才能產生相同的價格上漲。如果，（天啊！希望不要）它的本益比必須減半，那它的盈餘就必須要翻倍才能保持其價格不變。

　　在預期相對本益比上升的情況下購買股票，比在預期相對利潤上升的情況下購買股票可靠。百貨公司的買家若不關注時尚和流行，那他們真的很愚蠢。但是，在不知道其價格在多大程度上是基於相對盈餘、以及多大程度上是基於相對本益比的情況下購買任何股票絕對是不可靠的。

　　沒有所謂「對的」本益比，也沒有所謂「對的」相對本益比，一切都取決於未知的未來。但是，一個人就算不是金融天才，他也能意識到，當他以非常高的相對本益比購買股票時，他

現在正向某個人付出大筆鈔票，以換取在相當遙遠的未來所希望
得到的東西。

再次回到雅芳公司的圖表，請注意，直到1957年，雅芳公
司股票的本益比都低於道瓊工業平均指數。到了1969年底，雅
芳公司每1美元的盈餘在市場上的價值，都超過道瓊工業平均指
數每1美元盈餘價格的4-1/2倍。

如果雅芳公司的價格從1955到71年都與道瓊指數成比例地
上漲和下跌，其相對價格線將是筆直和水平的；如果雅芳公司的
相對利潤與道瓊指數成比例地增加和減少，則雅芳公司的相對盈
餘線將是筆直和水平的；最後，如果雅芳公司的本益比與道瓊指
數維持持平，那麼這條線也將是筆直和水平的。從任一數線上的
任一點向前看，高於水平線或低於水平線表示雅芳公司的價格、
盈餘或乘數，與道瓊工業平均指數相比是上漲或下跌。

對我來說，這張圖表指出了：

1. 雅芳公司股票價格進一步上漲，很大程度上取決於雅芳公
   司盈餘的進一步成長。
2. 如果收益上升的股票刺激不會被乘數下降所抵消，投資者
   對雅芳公司盈餘進一步成長的信心一定會保持在高點或更
   高。
3. 雅芳公司的營收和盈餘必須成長到最高的3到4倍，才能
   支持1971年雅芳公司股票的價格，除非，假設即使雅芳
   公司的規模增加了3倍或4倍，其進一步增長的潛力仍將
   勝過道瓊指數的潛力。

　　如果這些評論似乎與我所說的「買對並持有」的主旨不一致，在此我想藉機會提出一個主張：除非你「持有」，否則「買對」對你也沒什麼好處；但「持有」對你也沒有什麼好處（而且可能會帶來更大的傷害），除非你「買對」了。

　　當一檔股票上漲到你原先支付的50倍後，你可以非常確定你買對了。如果它又再次翻倍，你就擁有了你的百倍股，你可以付出一些風險來獲得這種規模的報酬。

　　新的買家則是面臨著不同的難題，他必須正確地提出並回答這些問題：「我從這裡賺到百倍的機會有多大？」正如我們在美國罐頭公司案例中看到的那樣，歷史於事無補，只有正確假設未來才有意義，而且除非這些假設比股價目前的預期更好，否則它們仍然無利可圖。

　　相對價值分析無法提供最終的答案，它確實有助於定義該預期的是什麼，從而提供一個基準點，讓投資者可以根據該基準衡量他選擇做出任何假設的潛在利潤。

　　透過事後樂觀的回顧，我們常常可以看到，股票市場已經走到不合理的極端，這些毫無根據的極端情況，是由於人們普遍無法預見未來而非愚蠢所造成的，投資者在此基礎上進行交易時必須要更小心。事實上，在股市中，錢往往會從蠢人的手中轉至聰明人的手上。愚蠢的整股交易者變成了碎股交易者*，不過聰明的

---

* 整股交易者（round lotter）指的是一次購買100股或更多股票的人。碎股交易者（odd lotter）指的是買少於100股，通常只有10股的人。由於相較於整股交易者，碎股交易者必須為每股價格支付略多的金額，因此，有能力的買家通常一次會購買至少100股。

碎股交易者很快就會進行整股交易。當一個人試圖看透股市時，他就進入了與世界上最好的金融大腦精英相對抗的名單之中，這是一個發人深省的想法。能夠為一般人帶來希望的，應該是認知到這些最專業、最富經驗的人們會不斷地退休或死亡，而後繼成功的，往往是那些缺乏經驗但堅持在艱苦中學習的年輕人。

另一個令人感到欣慰的想法是，既然沒有人知道未來會怎樣，我們都有權利去猜測，我們不該忘記，要想著，明智的猜測比瘋狂的猜測更具優勢。

你該怎麼為自己計算這個希望因素（相對本益比）？

每週一，在《華爾街日報》最後一頁旁邊第一欄的最下方，都會公布道瓊工業平均指數的本益比。從任何一份報紙上取得你股票的最新價格，將該價格除以該股票最近12個月的每股盈餘。如果你是股東，你可以從最新的年度報告中取得盈餘數據；如果你還只是個想成為股東的人，你可以在《巴倫周刊》（*Barron's*）的股票市場相關數據上看到最近12個月的每股盈餘一覽。如果你可以看到《標準普爾》（*Standard & Poor's*）或《穆迪手冊》（*Moody's manuals*），你也可以從那邊找到盈餘數據。你的股票經紀人應該很願意為你查看。

假設你的股價為每股60美元，其最近一年的盈餘為每股2美元，本益比為30（60除以2 = 30）。假設道瓊指數的最新本益比為15，將你股票的本益比30除以道瓊指數的本益比15，答案當然是2，這代表市場對你股票每1美元盈餘的支付，是道瓊工業平均指數30家知名公司每1美元盈餘的2倍。

這個結論是市場（即投資者資金的共識）預期你股票的盈

餘，將比道瓊工業平均指數的盈餘成長得更快（或下降得更慢）。使用這種方法，你仍然需要猜測你手中股票未來的走勢，但你是從市場預期你的股票相對於其他股票未來的事實基礎著手，如果你的預期高於市場預期，你就買入；如果你的預期低於市場預期，你就賣出，但前提是你的預期與市場預期之間的差異要夠大，大到能允許自己有足夠的誤差餘地後仍可獲利！

　　關於使用本益比，在提供了充分理由之後，我現在要列舉一些這麼做的危險之處。

第十章

盈餘品質令人焦慮

　　每個時代都有其主要的妄想，因此，我猜想，每個種族、國家和職業也是如此。

　　雖然妄想持續存在，但要說出國王沒有穿衣服是孤獨的，有時甚至是危險的，而且總是無益，儘管如此，我還是要仔細研究一下，在我看來，投資行業最嚴重的妄想之一，就是不加辨別地使用本益比，或更具體地說，濫用本益比來得出各種股票及股票組合的相對評估。

　　基本上，使用本益比進行比較的謬誤是隱含的假設，即盈餘與價格一樣具有可比較性。我們都知道只要報價是以相同貨幣顯示，價格是可比較的，但是，不同公司的盈餘在品質上和價值上都非常重要，我們要不就以跑的速度來比較牛和馬吧。當我看到根據股價除以最近一年公布的收益商數得出的股票排名列表時，令我想起了第一次世界大戰的退伍軍人，失去了工作，淪落到拿著紙板標牌乞討，標牌上寫著：

　　　　　三年壕溝

　　　　　兩處傷口

一名妻子

四個孩子

七個月沒工作

總共十七個

請幫幫忙

容我在此說明，我並不是在暗示這種想法的奇特或新穎：本益比，就像一杯馬丁尼一樣，很容易造成錯覺。我也不是要建議專業的證券分析師忽視不加辨別地使用本益比的危險，差遠了。我所要質疑的是，作為投資者，我們是不是有足夠努力地考慮到盈餘品質的差異。在做這些統計程序時，我們有時候對這些差異是不是只是口頭上說說而已，實則是忽略？當我們迫切需要更快速做出更多投資決策時，這是否會誘使我們搪塞掩蓋這些盈餘品質的差異，因為，畢竟在這個行業中，必須要是「務實的」？讓我們來看看。

有兩種方法可以解決這個問題，一種可以稱作「會計」方法，另一種呢，最好的描述或許可以稱之為「概念」。

會計方法較為人所知，但在我看來，概念方法更為重要。這麼說好了，我無意貶低會計變動和疏漏的重要性，如果股市鐘聲再次於午夜敲響，就像 1929 年 9 月 3 日那樣，安達信會計師事務所（Arthur Andersen & Company）的董事長李歐那・史派克（Leonard Spacek）的那輛美國會計師（C.P.A）馬車絕不該變成南瓜。沒有人比他更能讓這顆「可接受的作法」的氣球洩氣了，多年來，這顆氣球一直將「不正當手段」升高到受人尊敬的體面

程度。

　我缺乏能夠為史派克先生錦上添花的會計專業知識，但我確實想對他早期對於融資租賃公司報導的批評叫出一句特別響亮的「阿門！」。若有什麼是需要特別指出介於某些企業業主和管理經理之間的鴻溝，那可能是由於某些經理未能像跟透露其他長期債務的金額和條款那樣，同樣如實詳細地告訴業主關於融資租賃的相關金額和條款。

　幾十年來，會計專業人士一直認為，將未應計租金視為負債是不被接受的會計實務。因此，當一家公司將其總公司大樓、工廠或油輪出售給一家保險公司，然後以足以償還全部收購價格和利息的利率再將其租回數年時間，該交易就成為了資產負債表外融資（off-balance sheet financing），而這些交易條款通常只有公司內的經理知道。

　這些是重要的事實，我對它們的缺席感到遺憾。以三家各擁有1億美元資本額的公司為例，所有人都希望擴張，因為每家公司都從其投資資本的稅前賺取20%，對於這個例子，讓我們假設其有效稅率為50%。

　這三家公司中的第一家公司發行了額外的股票，將其投資資本增加到2億美元。第二家公司出售了8%的長期債券，使其投資資本達到2億美元。在這不同的情況下，無論我們認同與否，至少都知道發生了什麼事。第一家公司擁有了所有普通股資本，以其投資資本和股權繼續獲得20%的稅前盈餘及以10%的稅後盈餘。

　第二家公司以其投資資本繼續賺取20%的稅前盈餘，但由

於資本槓桿，稅後的股權盈餘為16%，這個百分比是這麼計算的：2億美元的20%等於4,000萬美元，減去1億美元長期債務的800萬美元利息，剩下3,200萬美元，減去50%的企業所得稅，剩下1,600萬美元，等於1億美元股權的16%。

第三家公司透過融資租賃獲得1億美元的額外設施，條款相當於10%的利息，由於該融資租賃的金額和條款均未向投資大眾公開，並且租賃義務未在資產負債表上顯示，因此，受到鼓舞的投資大眾得出結論，這第三家公司現在的投資資本和股權盈餘為15%。這個15%的計算如下：未公開租賃租金和2億美元資產的稅前收益為20%，金額為4,000萬美元，減去1,000萬美元的租賃租金後為3,000萬美元，減去50%的企業所得稅，剩下1,500萬美元，等於1億美元股權的15%。因此，我們有三家公司，每家公司都擁有2億美元的資產，每家公司在其業務中每1美元資產的稅前盈餘和未公開的租賃租金盈餘為20%，但其中一家公司似乎在股權和投資資本稅後賺取了10%；另一家公司則公開財務槓桿16%的股權和10%的投資資本；第三家未公開的財務槓桿的公司，似乎在股權和投資資本方面均獲得了15%的盈餘。

假設業務經營不佳，情況糟至這三家公司的每一家公司在其業務中的每1美元資產的稅前盈餘都只有5%。第一間公司擁有了所有普通股資本，在稅前賺取5%，在投資資本稅後賺取2-1/2%，在稅後股權賺取1%，得出的數字如下：2億美元的稅前盈餘為5%，等於1,000萬美元減去800萬美元的債券利息，剩下200萬美元減去50%的企業所得稅，剩下100萬美元，這是1億美元股權的1%。當然，證券分析師可以預見業務下滑對第二

家公司的影響，因為他們掌握了關於其資本槓桿的相關事實。但是，第三家公司呢？和我們對第一家和第二家公司完全一樣條件的相同假設，即投資資本的稅前盈餘從20%下降到5%，那麼第三家公司的稅後股東權益報酬率（return on the equity）將會神秘地從15%下降到0，我們是這麼得出這個數字的：2億美元資產（資產負債表外融資租金之前）的5%稅前盈餘為1,000萬美元，當我們從1,000萬美元的稅前盈餘中扣除1,000萬美元的租賃租金後，就什麼都沒有了。

　　而且如果當我們要設法查明租賃融資的一切細節時，會發現主要的罪魁禍首就是，該公司的長期資本報酬率（return on the capital employed）是5%，但由於必須支付10%的租賃租金，股東權益報酬率就被完全抵消了。

　　當然，管理階層完全了解所有這些租賃融資細節，但到目前為止，無論是管理階層、公司稽核人員和美國證券交易委員會，都不認為有必要將這類重要的統計數據（我的意思是，對投資者至關重要）列入美國企業業主有權得知**等同於債務的詳細資訊**之中。

　　在長期持續繁榮的時代，價格、利潤和業務量都呈上升趨勢，在這些事情上反覆嘮叨似乎是老生常談。然而，如果我們忽略這些先前費用，我們可能也會忽略掉所有其他的費用，從此只關注著股權。對於商業界和金融界來說，那些應該要做卻沒有做的事情是很可惜的，遲早會有一些來自外部的改革者會接手並付諸行動，在過程中擾亂整個金融界的計劃，我們無法阻止，因為我們知道他只是在做著我們早就該做的事。還有相當多的例子可

以引述，但它們都已出現在新聞中了。

　　我提到有兩種方法可以解決盈餘品質問題，一種是會計方法，另一種是概念方法，讓我們來看一下概念的部分：

　　大多數公司的部分盈餘是以股利形式支付，這些股利是等值的，1美元對1美元。你去買東西的雜貨店從來不會問你付給他的錢是來自股利還是利息，他根本不在乎。

　　但是，沒有支付在股利上的盈餘呢？假設這些保留盈餘被偷走了，它們價值多少錢？更現實的是，假設這些盈餘被投資在無報價的項目上，結果它們沒有增加公司的獲利能力，那麼，這樣的盈餘應該售出的適當本益比會是多少呢？

　　我的感覺是，這類的再投資盈餘有權獲得與每股折舊大致相同的乘數。

　　「那是無稽之談，」你可能會這麼想。「在計算股票價值時，我們不會把任何乘數用在折舊上。」

　　這正是我想要表達的觀點。作為投資者，假設我們向一家公司買了每股盈餘1美元，每一年會支付我們每股50美分的股利。如果過了五年或十年，該公司依然是每股盈餘1美元，並且依然支付我們每股50美分的股利，那麼，每年的保留盈餘會發生什麼樣的變化？答案可能會是它們首先需要維護我們所買的東西，但這幾乎就是對折舊費用的定義。因此，如果無視於再投資盈餘所造就的企業獲利能力降低，這是否不符合現實？

　　我們先不急著回答這個問題。假設我們有兩家公司，每家公司的每股盈餘為1美元，每股支付50美分的股利，並且這兩家公司都沒有顯示出因再投資收益所導致的任何盈餘成長。在我們斷

定一項投資和另一項投資同樣糟糕之前，先讓我們注意一下，第一家公司的銷售額以每年10%的年複合成長率成長，而第二家公司的業務量則是每年10%一直在下降。第一家公司是否有可能極有成效地從其稅前盈餘中「購買」額外業務，因此，如果我們公平地將額外業務資本化，調整後的盈餘會顯示出不錯的成長？出於同樣的原因，難道第二家公司不會只是將其報告中的盈餘維持在初始水準，實際上是透過分期付款計劃清算其業務，進而在收益帳戶中算入一些其實在經濟理論上理應是資本報酬的金額嗎？

應該很少人會反對這一個論點，即第一家公司的1美元的盈餘價值超過第二家公司1美元的盈餘價值，不過究竟超過多少就是另一個問題了，這個問題的答案主要取決於人們花多少時間預設未來會像過去一樣，有壓倒性的證據顯示，未來只會有一會時間像過去一樣。幾年前紐約市氣象局局長退休時，有人引用了他的話：作為一名天氣預報員，可以透過預測明天的天氣會跟今天一樣來創造很好的紀錄。由於我們往往會有一段好天氣，隨之而來的是下雨的時期，因此，僅基於朝辦公室窗外一瞥所做出的天氣預報通常都是正確的。

由於對所有人而言，在當下這一刻之後的未來可見性是零，因此，關於觀察到的趨勢將會持續多長時間這一假設必須基於機率，而這些機率又是從過去推斷而來的，可能不適用於未來，這是一個冗長的說法，即所有對於未來的判斷在某種程度上都是主觀的。

股票市場的業務是現在從未來中獲利。於是，在短期內，知

道五年和十年後的銷售額和盈餘將會是多少，實際上並不像知道其他投資者會怎麼認為它們將會是什麼的那麼重要。一般來說，趨勢持續的時間愈長，就會發現愈多人願意冒著拿出積蓄來投資的風險，他們認為這種趨勢會持續更長的時間。作為一個實際的問題，我們或許應該要假設舊的趨勢將比新的趨勢持續更長時間，這僅僅是因為，無論它們會或不會，有更多的投資者都會傾向於假設它們會。

讓我們再回顧一下這兩家公司，各自的每股盈餘為1美元，各自都支付50美分的股利，在過去的五年中兩家公司都沒有提高。讓我們進一步假設兩家公司的相對營收價值都沒有機會成長。當然，現在我們有了對於本益比具有意義的比較基礎，如果這兩家公司中的一家以10倍的本益比出售，而另一家的本益比為20倍，那麼我們的方向就很清楚了，或者，真是如此嗎？

讓我們假設這兩家公司中的其中一家每年在基礎研究上花費每股1美元的經費，但至今為止完全沒有任何收益；第二家公司始終沒有在研究上投入任何資金。第一家公司的盈餘顯然比第二家公司的盈餘更來得有價值，原因有二：

1. 第一家公司隨時都有可能在研究領域上大放異彩；第二家公司，因為沒有做任何研究，所以不會出現這樣的機會。
2. 第一家公司可以停止研究項目，在其他因素保持不變的情況下，現在用在研究上的錢將被增加到稅前盈餘上；第二家公司不做研究，因此沒有機會藉由取消其研究項目來削減費用。

　　如果你不做研究，而是以勘探礦床或盲目開掘石油來取而代之，那麼兩家公司之間的比較將會以大致相同的方式受到影響。

　　有些讀者可能會認為我一直在講述他們早就知道的事情，其他人可能會覺得我使用的假設性說明是極端且不切實際的。

　　「實際上，」後者可能會對自己說，「這樣的變動不足以改變我的投資決策。」

　　我不會爭論任何人認為**在大多數情況下**，我所引用的這些變動，不會改變在忽略這些變動的情況下所做成的投資決策；我也不會爭論說，在大多數情況下，當你坐上車時，無論你有沒有繫好安全帶這件事並不重要。但是，正如同繫好安全帶可能在某個時刻會救你一命一樣，謹慎注意盈餘品質的廣泛潛在變化，也可能會在某一天挽救你的財富。

　　讓我再舉二至三個以上的方法說明：有一家公司的盈餘報告為1美元，可能會發現它的價值遠高於或低於同時在相同業務下的另一家公司盈餘報告的1美元：

1. 兩家公司各自報告相同的盈餘和支付相同的每股股利，每一家都表現出相同的營收成長率，各自都在研究或盲目開掘石油上花費相同的金額，在庫存和應收帳款方面顯示出截然不同的趨勢。第一家公司的庫存和應收帳款與其業務量的關係與往年大致相同；第二家公司藉著以高於其銷售擔保10%的速度運作其工廠來降低單位生產成本，結果導致其庫存急劇增加。與此同時，作為銷售噱頭，第二家公司一直以極為寬鬆的信用條件銷售其商品，結果導致其

應收帳款相對於所完成的業務量也急劇上升。誰會認為第二家公司的盈餘和第一家公司的盈餘是等值的呢？

2. 兩家規模相同、每股盈餘和股利相同、在研究或開掘上花費相同金額、營業額成長相同、各自應收帳款和庫存與正在完成的業務量皆維持相同比率，條件確實是夠相似，足以讓比較雙方的本益比變得有意義。

但兩家公司中的第一家公司一直是守法的好公民，其廢水在流入工廠所在地的河川之前已經過淨化處理；難聞的煙霧已從煙囪滾滾而出的氣體中清除；在露天採礦作業時翻出的土壤已被用在美化並種植樹本及草地。

兩家公司中的第二家公司則是在所有問題上都存在著一些問題。在公布相同盈餘報告的次日，第二家公司遭受到法院命令的打擊，要求對河流和空氣污染進行修正改善。它在其憤怒的鄰居以環保之名義提起的損害訴訟中成為被告，在訴訟結束之前，它的盈餘只剩下第一家公司的一半，後者在環保方面及時處理，事半功倍。

3. 兩家公司皆報告了相同盈餘，一家是在支付具有競爭力的薪水並提升重要人員之後的結果；另一家的作法是把員工壓榨到最優秀的人才都離開了，而還留下來的人已經準備好要進行罷工的地步。

作為一名獨立的投資者，你該如何針對此類品質上的差異，

來調整或修正盈餘報告？在閱讀年度報表時，你可以留意我剛才提到的變動因素，不過，這不是業餘者應該做的事情，尤其是在吃完一頓豐盛的晚餐之後。仔細閱讀財經媒體可以為你提供一些低成本的專業幫助，近年來，對於企業會計的詳細評論在新聞中屢見不鮮，過去一年，在《紐約時報》的財經版、《巴倫周刊》和《華爾街日報》都刊登過這類文章，揭露會計花招已成為財經記者工作中必然的一部分，這也是證券分析師薪酬中該負責的重要部分。

　　防止耍花招記帳的最佳保護措施與它本身無關，或與執行它的人無關。請詳見標題為〈道德中的利潤〉之章節。

第十一章

不管美國證管會的操縱

　　七十年前，《華爾街日報》的編輯記者查爾斯・亨利・道（Charles H. Dow）寫道：「一些經驗豐富的企業經營者利用的一種方法是回應。與這個理論有關的是：市場總是或多或少受到操縱……」跟隨道在《華爾街日報》擔任編輯的威廉・彼得・漢密爾頓（William Peter Hamilton）雖然並未否定這一理論，但他宣稱：「股市操縱一旦發生，就會被報導二十次，這是不稱職的記者說明股市走勢的方法，他沒有費心去理解。」

　　三十五年來，操縱一直是違法的，證券交易委員會既監督市場，也起訴操縱者。但，操縱已成往事了嗎？

　　我不能說，「我有一些好朋友是操縱者。」我什麼都不知道，但自然界裡不存在真空。在真正的國際市場，如果有機會進行獲利操縱，我認為會有操縱者，其中一些人超出我們官方和法律的範圍。我的推論跟我會預期在骯髒的廚房中找到蟑螂的推論道理是相同的，因為他們賴以為生的東西就在那裡。

　　在股市中有哪些更為明顯的操縱機會？

　　尼爾森（S.A. Nelson）的一本著作《股票投機入門》（*The ABC of Stock Speculation*），主要引用了道氏理論，引用了操縱的基本

機會：「大眾犯的最大錯誤是重視價格而不是價值。」

　　這在今日看來與世紀交替時一樣真實，或許還更真實。1960年代後期主導股市的整個業績風潮，都是基於對價格而非價值的重視。

　　但是，重視價格而不是價值究竟是什麼意思？我再次引用《股票投機入門》，只是為了強調人性是瞬息萬變的世界中為數不多的常數之一：「可以這麼說，在價值被以最明顯的方式展示，並且以極為昂貴的代價示範之前，大眾很少會看到價值。正如經驗所顯示的那樣，人們較容易在一檔股票相對昂貴時認為它是便宜的，而不是在它比便宜還便宜的時候相信它是便宜的。」

　　看到兔子就開槍是最常見的投資錯誤之一，這我已經說過了，但我還要再說一遍，一次又一次，一年又一年，如果你朝著剛才兔子跳起來的地方開槍，人們會認為你瘋了，在股票上漲時買入，在股票下跌時賣出，即使是證券分析師也無法倖免於這個毛病，他們之中有太多人，很可能也反映出他們應該引導的投資者態度，往往是股價愈高，他們就愈喜歡，而隨著價格下跌，就對它們愈來愈失望。

　　股票市場可說是非常不尋常的，因為吸引買家的方式是提高你想要出售的商品價格。反過來說，如果一個大型經營者想在一檔具有極大長期潛力的股票中佔有一席之地，最沒有用的做法就是競價，相反地，如果他能在每一次剛起步階段時供應股票，那麼在一兩年後投機者會一致認為它表現不佳，他們就會以愈來愈低的價格將擁有的一切全部賣給他。

　　在這個偉大並且不斷發展的國家中，因不明智的賣出股票而

損失的錢，可能比因不明智的買入股票而損失的錢要多很多倍。然而，據我所知，美國證券交易委員會從未將目光投向透過策動或壓低價格的操縱案例，也或許是因為這幾乎不可能證明。

道曾經寫道，據說老羅斯柴爾德家族（Rothschilds）的做事原則是，當別人想賣的時候買入已知價值的資產，當別人想買的時候賣掉。

「這其中有很多真正的智慧，」道說，「作為一個整體，大眾在錯誤的時間買進，在錯誤的時間賣出，原因是市場在一定程度上是透過操縱形成的，大眾依操縱過的預估及後效來購買。因此，大眾會在操縱者想要賣出的時候買入，在操縱者想要買入的時候賣出。」

據我所知，尚未引起官方注意可能的操縱手法，和濫用內線消息的一個領域，是透過公司的收購或合併。大多數管理階層，會謹慎地避免對他們有朝一日希望要收購的公司股票進行任何個人投資。但是，如果所有人都那麼誠實的話，我們監獄裡的擁擠程度就會減少許多。

不誠信的人，在公司收購中打做記號的牌的機會非常大，若仔細閱讀表格1和表格2就會發現。為了從這些機會中牟利，那些高層管理人員甚至不用購買他們計劃接管的公司的股票，他們可以聰明地以個人名義購買他們朋友即將被收購的公司的股票，反之亦然，物以類聚。

許多人天真地認為，操縱股票價格只是讓人去購買以補足其價格的陰謀，實際上，這可能從來就不是操縱者主要的手段，操縱盈餘才是更有效的作法。

在1920年代艱困的昔日歲月，《華爾街日報》的鐵路記者曾理所當然地認為，鐵路會經歷高維護支出和低收入，接著是低維護支出和高收入的循環，這一切都是不露聲色進行的。新的管理階層會檢查鐵路並「發現」路基狀況不佳，隨後將進行數年昂貴的改善計劃，有時，為了讓鐵道處於良好狀態，必須削減或不支付股利，不意外地，鐵路股票的價格會下跌。

然後有一天，資產狀況良好，可以減少維修成本，盈餘上升，股票價格也隨之上漲。「理解」這個程序的投資者會在盈餘不景氣時買入，而在盈餘獲益低於正常維修率時賣出。

可以這麼說，儘管某些公司仍然在操縱他們的盈餘，美國證券交易委員會和會計行業的改革者卻是相反的情況。

對於證券分析師來說，沒有什麼比產業價格策略改變導致公司盈餘的急劇變化更難預測的了。多年來不擇手段激烈的競爭突然之間屈服於企業治國之道，這應該只有擁有讀心術的人才能預知。相反的情況往往更容易預測，因為它是在長期繁榮引發的過度膨脹之後發生的。

這一切的寓意讓我們回想到巴倫先生說的，「沒有真相的事實是錯誤的，一定都要有所關聯。」當你讀到一則關於某家公司的股票跌至兩、三年前的三分之一這樣的股票看跌故事時，要問自己的不僅是這個故事是否真實，還要想一想為什麼這個消息會這麼晚才公布，這或許是真實的故事，但考量到時機點，對於投資者來說它仍然具有高度的誤導性。優秀的記者深知這點，並會盡量避免被「利用」，然而，投資者必須要自己做出最終判斷。

　　但對於容易受騙的人來說，不會有操縱者。在非洲，沒有羚羊的地方也沒有獅子。

第十二章

密切注意那些隨機漫步

　　股票買賣是因為買賣雙方都希望從他們的行動中獲益，雙方都不打算幫助對方受惠。當買方和賣方在同一時刻、對同一檔股票採取相反的行動時，如此一來才能進行交易，這很好猜，就是他們的想法不一樣，沒有這樣的意見分歧，我們所知道的股市就不可能如此。

　　於是，在基於意見完全相反的持續不斷交易中，對於**怎麼決定購買還是售出**存在著不同意見也就不足為奇了。這些投資理念、方法、技術和程序存在著各式各樣的意見分歧，其中，據我所知，最引發激烈爭議的，莫過於所謂的基本教義派和技術層面派之間的意見分歧了。

　　這兩個陣營我都待過，經過了四十四年的觀察和研究，我得出的結論是，技術上的操作無法取代基本的證券分析，應該說，它是一種提供額外資訊的方法，在做出有利可圖的投資決策時具有其重要價值。

　　在我看來，對於專業投資者來說，重要的不僅是要知道股票市場應該會發生什麼事，這是由基本證券分析決定的，還要知道股票市場正在發生什麼事，這是由技術操作決定的。好的圖表僅

僅描繪出資訊和投資者應該要擁有的全部訊息，不論他是以圖表形式還是數據形式獲得這些資訊的都沒差，重點是他得到了。對我來說，一張圖表勝過千字，由此，圖表可以節省時間。

　　基本教義派的證券分析師需要技術支援的原因有二。第一個原因是，無論分析師多麼優秀，他們總不可能全盤了解大局，當一檔股票根據我所掌握的資訊之下，持續未能以它該有的方式呈現時，我的結論是，其中一定有我遺漏的部分，並且要加倍努力找出問題在哪裡。

　　基本教義派的證券分析師需要技術支援的另一個原因，是為了幫助他自己辨識他什麼時候是最先得到好消息的人，以及什麼時候是最後一個得知的。這其中有什麼區別？僅僅只是預測價格上漲和解釋價格上漲之原因之間的區別。價格證據的蹺蹺板始終與我們同在，買方持續行動的愈少，證據愈吹噓，價格就愈低；證據愈可靠，價格就愈高。

　　為什麼價格走勢有時候會顯示出調查沒有揭示出來的東西？僅僅是因為除了操縱者之外，沒有人會對他的經紀人撒謊，一個人可能會誤導他的競爭對手、對他的同事主管隱瞞情況、欺騙他的股東和背叛他的妻子，但是當他拿起電話並告知他的經紀人要買入或賣出時，他表達了他所知道的、希望和害怕的一切。即使是操縱者也知道太陽不會打西邊出來。所有這些基本與真實的綜合，講述了一個任何商人或投資者都無法忽視的故事。

　　他也不能單單只依賴市場分析。當經驗豐富的獵人在穀倉的一側發現大象腳時，他會停止追蹤並找出一個整人的惡作劇。

　　要從幾乎變化無數的價格波動中找出其意義並不容易，有時

候我認為這跟我所知道的任何精煉過程一樣複雜和困難。數以百計的人、數十家公司都有了將市場數據和資訊串聯起來的完善方法，他們視為商業機密。我甚至不會嘗試暗示它們可能會是什麼，雖然，我懷疑那其中包含著大量重複的成果。

對於個人投資者來說，知道以下兩件事就足夠了：

1. 大多數價格圖表屬於以下兩類：
   a. 實際價格，以及
   b. 相對價格
2. 即使是最敏銳的圖表解讀者，也只能判斷市場將會怎麼做。市場的一切行動是否正確則是另一個問題。

誰會在乎市場行為是否正確？只要他能先知道就好了。

我的回答是，任何試圖以1美元的投資賺到100美元的人一定都會非常在意。即使他買對股票，只有在忽略許多無根據的市場走勢下，他才能夠達到目標。

事後看來，1946年5月至1949年6月的股市普遍下跌是被誤導的，想要在股市中賺大錢的投資者應該可以忽略。

一個相對價格就是一個被表達為絕對價格之部分的絕對價格。我從弗朗西斯・杜邦（Francis I. du Pont）那裡學到了這麼做的邏輯，他是我有幸能與之共事的三、四位偉大之人其中一位。

「在經濟和金融方面的麻煩，」杜邦先生說，「就是我們總是用骯髒的試管作事。」杜邦先生之所以對試管有所了解，是因

為他創立了杜邦公司（E.I. DuPont de Nemours）的研究部門。

　　使用相對價格使我們能夠從我們的經濟和金融試管中去除一些髒污，之所以如此，是因為當我們將單一公司股票的價格（或盈餘）除以任何中等以上股票的價格（或盈餘）時，我們會從股票的紀錄中剔除掉那些整體經濟之下常見的漲跌，剩下的就是正在研究的主體所獨有的。

　　以這種方式進行分析時，不僅是價格，而且還有盈餘和乘數或本益比，在我們只檢查實際數據時，就會發現很多隱藏在其中的東西。

　　正如你或許會預期的那樣，當人們透過將股票價格除以道瓊工業平均指數，來剔除掉股票價格歷史中的外來因素時，由此獲得的相對價格線，顯示出比絕對價格線更為持久的趨勢。應該沒

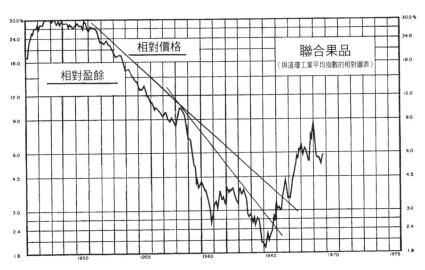

聯合果品公司相對價格圖表

有人會感到驚訝，公司，就像個人一樣，往往都不出所料。這是
聯合果品公司（United Fruit）的相對價格圖表，我選了一檔不再
進行交易的股票，因為我想提供一個連隱含的「內幕消息」都沒
有的實例。

　　這張圖表涵蓋了從二戰結束到1968年底聯合果品公司併入
到AMK，現為聯合品牌公司（United Brands）的這段時期。粗
黑線是聯合果品的價格，表示為每月底道瓊工業平均指數價格的
百分比。如果聯合果品的價格與道瓊工業平均指數的變化成比例
地上下波動，那麼黑線將是直線和水平的。

　　請注意聯合果品從1950年開始驚人的持續下跌趨勢。但願
我能說我一直在迴避這檔股票，直到它在十五年後達到其相對價
格低點，不幸的是，我不時也和聯合果品的管理階層一樣抱著些
許希望，期待這種下跌情況得以扭轉。

　　要留意的是，一旦相對價格下跌趨勢中斷情況會如何，我疊
加了兩條直線（A和B）來強調下跌趨勢的明顯程度，以及趨勢
向上時的變化有多麼明確。

　　相對價格研究不僅可以用來檢視長期趨勢，還可以用來判斷
股市的預期。為了說明我的意思，讓我們回到1955年6月13日
星期一當天，美國聯合碳化物公司（Union Carbide）收盤於100
點，相當於1965年以1拆成2的比例分割股票的50點，道瓊工業
平均指數收盤於440點。現在讓我們假設我們的盈餘預測是正確
的，換句話說，讓我們假設我們**知道**1966年美國聯合碳化物公
司的盈餘將達到創紀錄的146%，超越他們在1954年的紀錄，並
且我們知道道瓊工業平均指數的盈餘將上漲102%。或者，換另

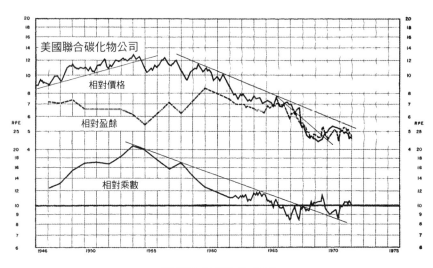

美國聯合碳化物公司

一個說法，假設我們在1955年就知道美國聯合碳化物公司的盈餘在接下來的十二年將以每年7.8%的年複合成長率成長。

你會買美國聯合碳化物公司的股票嗎？

很多人都買了。然而，到了1966年底，儘管美國聯合碳化物公司的盈餘增加了146%，但實際上它的價格比1955年6月13日星期一的價格低了5-1/2%，與此同時，道瓊工業平均指數上漲超過78%。

怎麼會有這樣的事？從表面上看，這種市場行為對基本面證券分析師來說似乎是不公平的，應該要有一條法律禁止在股票市場上進行此類交易。可是等一下，當我們檢查相對乘數時，我們會看到，在1955年的市場，為美國聯合碳化物公司每1美元盈餘支付的價格，幾乎是道瓊工業平均指數每1美元盈餘的2倍。

　　根據 1955 年中期的相對價格，市場預測美國聯合碳化物公司的盈餘成長速度將遠遠超越道瓊工業平均指數的盈餘，以至於在可預見的未來，美國聯合碳化物公司的買家會比道瓊工業平均指數的買家更有錢，儘管美國聯合碳化物公司的買家從一開始就少了許多，如你現在所知，美國聯合碳化物公司的盈餘確實比道瓊斯工業平均指數的盈餘成長得更快，但其速度還是不夠快。

　　市場反應讓人聯想到聖誕節快樂男孩和悲傷男孩的故事。兩個人都收到了一樣的腳踏車，一個男孩很開心，因為他原本只預期會得到一根拐杖糖；另一個男孩哭了，因為他本來以為自己會得到一輛野馬（Mustang）。相對乘數衡量預期，只有當它比預期更好或更糟時，隨後發生的才是看漲或看跌。

　　我現在對美國聯合碳化物公司有什麼看法？我寫下的「現在」和你讀到的「現在」可能已相隔數月或數年，問問你現在的投資顧問。然而，我可以說，市場不再預期該股的盈餘會超越道瓊指數了。在這樣的預期情況下，如果美國聯合碳化物公司的盈餘在未來十年內出現相對成長，市場反應可能會非常有利。在十多年前，市場對美國聯合碳化物公司充滿期待，結果卻是令人徹底失望；現在市場對美國聯合碳化物公司的期望不大，這意味著或許會出現一個令人振奮甚至是感到驚喜般的好結果。

　　要再次強調相對乘數有時比任何其他的投資考量來得更重要，以下是一張「是什麼使股票上漲？」的圖表，自 1954 至 66 年的十二年間，標準普爾（Standard & Poor）化學工業平均價格與電子工業平均價格的相對價格相比，你會注意到 1954 年從化學工業轉向電子工業有多麼高的獲利。當時我們如何能知道這一

點？一個自然的猜想是，如果我們知道盈餘是多少，我們就可以投資於正確的工業。

實際上，兩大工業的盈餘是一起開始的，也是一起結束的，只是大多數時候，化學工業的表現比電子工業更好。

或許你在想，如果我們一直在觀察相對銷售量，或許就知道該怎麼做。再說一次，沒有所謂的實質上的差異。

那究竟是什麼造成了這種差異？在期初，化學工業的本益比是道瓊指數的2倍，電子工業的本益比只有道瓊指數的一半，到十二年結束時，化學工業的本益比與道瓊指數持平，而電子工業的本益比是道瓊指數的2倍。

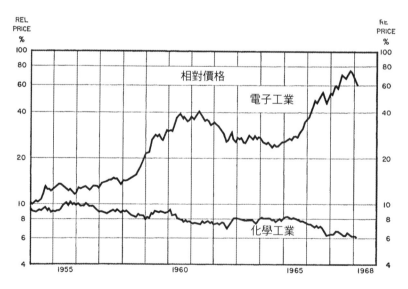

是什麼使股票上漲

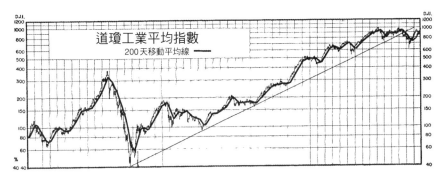

道瓊工業平均指數
200天移動平均線

三點逆轉

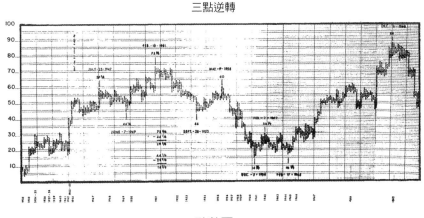

點數圖
聯合果品公司

　　現在回到絕對價格圖表，研究它們累計和分布跡象，以及重大行動及反應規則的表現。為了向你解釋我所指的趨勢是什麼意思，請看以下這張道瓊工業平均指數的五十年圖表。請注意市場是如何從1932年和1942年的低點後上漲了四分之一世紀的。由

於這張圖表繪製的比例相同，價格變動幅度相等，股票市場能夠維持在這條線上方，意味著在超過三十五年的時間裡，價格趨勢每年以近乎9%的年複合成長率上升。因此，一整個世代的人在金融界走向成熟並成為領導者，除此之外，從未經歷過任何其他趨勢走向，有些人將此視為理所當，就像夏天和冬天。

　　在股票市場上保存價格紀錄最古老且最簡單的形式，可能就是所謂的點數圖（point-and-figure chart）。這種方法只記錄價格波動，不考慮時間的流逝。如果有一檔股票在一年中的每一天都以同樣的價格出售，那麼它的點數圖就不會出現新的標記，當市場活躍時，單月點數圖表上的標記可能跟1940年代時五年間的圖表標記一樣多。

　　交易者發現點數圖對於累計和分布的跡象，或行動和反應的指示特別有用。由於意識到點數圖可能是目前普遍使用的技術工具中最具爭議的，而且很可能是最被濫用的，所以，我在此只舉出一個實例，為了避免令人懷疑我只是要證明些什麼，而不是單純只是一名好記者，我決定選擇的實例是聯合果品公司的點數圖表（我們已經在相對價格研究中討論過那家波士頓在地公司，它現在是聯合品牌的一部分）。

　　點數圖迷說，股票市場分布的一個經典標誌是所謂的「頭肩頂」形態分析（head-and-shoulders top），這種形態展現在你眼前的這張圖表中，注意左肩在1947年7月25日的59-3/4，左鎖骨在1949年6月7日的44-1/4，然後頭部在1951年2月21日的73-5/8，你可以留意到，1955年5月9日，右肩為60，正好比左肩高出25美分，而右鎖骨正好比左鎖骨低了25美分。

頭肩頂形態並不總是像那樣的對稱，但左右之間的完好平衡也絕不是史無前例的。基本面分析師「知道」這只是巧合，但是，當圖表專家看到這樣的頂部時，對他們來說，這意味著會有多大的下跌？他們將左鎖骨到頭部的距離從左鎖骨的數字中減去，在這個情況下，股票從左鎖骨的44-1/4到頭頂部的73-5/8，上漲了29-3/8點。從44-1/4中減去29-3/8，得出14-7/8，這恰好是該股在將近十年後的1960年12月達到的準確低點。在那時候，很難聽到任何人在這問題上說出什麼好話，然而，任何採用這種方法的人，在那個時間點和價格上都至少有一個建議，即該股票值得一些特別的研究關注，正如在低點時的情況幾乎總是如此，消息和觀點都很糟糕。

即使有人對圖表嗤之以鼻，但基金績效甚至銀行都廣泛使用圖表這一事實也證明了圖表有一定的重要性，有時，它們是股市失常時唯一的線索。

圖表引起的市場過度行為應該很受歡迎，因為它為那些了解情況基本面的人提供了投資機會。當人們知道無根據的買入或賣出背後的技術發展時，對於暫時被忽視的基本面保持信心會較為容易。

對投資者來說，比起那些受人尊崇的基本面資訊，如淨利率、報酬率和營收成長率等等的誤解，對於圖表的誤解不會那麼常見，也不會造成那麼昂貴的代價。在我看來，圖表中更大的危險是試圖以它們作為交易指南，進而忽略了買對並持有的更大機會。

讓我們回到聯合果品公司。假設你很幸運的在1932年的低

點10-1/4買入了這檔股票。以10,000美元的資金來說，你將擁有975股，隨後以1拆成3的比例分割。讓我們假設你持有股票一直到頭肩頂的確認價格為43-1/4，比1949年6月7日的低點44-1/4少1美元，如果你以該價格出售，將獲得126,506美元，扣除總計為30%的佣金和資本利得稅之後，你的淨收益將是91,555美元。然後，讓我們假設你在1960年12月5日14-7/8的低點時，將你的資本再投資在聯合果品上，你將擁有6,154股。

進一步假設，在某個魔術時刻，你在1968年的高點88時，賣出全數股票，你或許已經透過從2月13日（2-13）的前一個高點減去12月5日（12-5）的前一個低點計算出這個數字：213減去125 = 88。你的總收益將是541,552美元，在扣除佣金和資本利得稅後，你的淨收益為406,553美元。

透過這些重大波動的完美時機，你的啟動資金將增加40倍，與此同時，有數百檔股票上漲了100多倍。你瞄準好正確目標了嗎？

「等一下，」你或許在想，「你是有多麼異想天開，透過從結束日期減去開始日期來獲得價格目標！根本是一派胡言！」

這不是我憑空想像出來的主意，我觀察到從44-1/4到73-5/8的上漲是從6月7日（6-7）開始，到2月13日（2-13）結束，從213中減去67，得出146,而14-7/8是下一次下跌的實際低點。

「如果從價格上漲的結束日期減去價格上漲開始的日期，『信號』就是下一次下跌的低點價格。」我心想，「或許從下跌開始的日期（2-13）中減去下跌結束的日期（12-5），將會得出下一次上漲頂部的價格『信號』。」

　　一點也不錯，確實是如此。

　　隨機漫步，就像鳥兒在散步一樣，如果你睜大眼睛觀看，會有很多樂趣。

第十三章

有時候經驗是個差勁的老師

　　我們曾經養過一隻名叫王子的拳師犬，牠很呆，但並不笨。在寒冷的天氣裡，牠發現躺在客廳的沙發上比躺在地板上更舒服，這對沙發並不是件好事，為了阻止王子，我們在沙發上放了捕鼠器，當牠躺在捕鼠器上時，機關會觸發，夾住王子那如同溫斯頓‧邱吉爾爵士（Sir Winston Churchill）稱之的沙發大肚腩，王子痛得大叫，從沙發上跳下來，接著會遠離沙發直到記憶消失，有時需要一至兩個星期。

　　如果王子再聰明一點的話，牠會把疼痛與捕鼠器，而不是與沙發聯想在一起。捕鼠器在那邊時，便離遠一點，沙發上沒有東西時，就舒服地躺在上面。

　　但王子沒有那麼聰明，牠把記憶和推論混為一談，並且根據記憶行事。

　　在股票市場，似乎很多人也是這樣。他們現在所做的，如果早在十天、十個月或十年前，在完全不同的情況下就已經做了的話，事後證明那會是有利可圖的，他們朝著兔子所在的地方開槍射擊。我自己也曾這樣，1927年，我還是個容易受影響的年輕人，來到了華爾街，我的第一次重大經歷，是自1929年9月到

1932年7月那段股票價格漫長而劇烈的下跌。

為了說明那段下跌在我潛意識中留下的烙印究竟有多深，讓我舉一個具體的例子，1929年牛市達到頂峰前不久，我以每股140美元的價格買入了南方鐵路公司（Southern Railway）的普通股，在短短幾週內，我以每股160美元的價格賣掉了我的股票，在當時所許可的20美元利潤上，我的資金獲利翻倍。我開始對約翰·皮爾龐特·摩根（J.P. Morgan）產生了兄弟般的情誼。你知道那位鬍子先生的故事，當他被問到對遊艇「海盜船」維護費用的問題時，摩根先生回答：「如果你要問價格，你付不起。」但願我也可以這麼說，並打算在我得到我的遊艇時要立刻這麼做。

有些在《華爾街日報》裡的人看到了下跌的趨勢，而我在大暴跌開始時賣出了幾檔股票，隨著下跌變得愈來愈嚴重，華盛頓的政客們開始誹謗並中傷華爾街，我們的出版社禁止新聞工作人員的一切賣空行為。根據法令，我以每股90元的價格購買了柯蒂斯出版（Curtis Publishing）公司的股票（買回了我賣空的股票），到了1932年，它的股價為每股7美元。

如果《華爾街日報》的新聞記者不能賣空，我們至少可以遠離市場，我一直這麼做，直到我以160美元賣出的南方鐵路股票跌至每股8美元。這個金額等同於我在1929年脫手這檔股票時，其每年分派的股利數字。

當我脫手後，就算是為了股利而買回這支股票似乎也是傑出的操作。我把手上所有資金以每股8美元，50%的利率的價位進場。幾個月內，南方鐵路的普通股股價跌至每股2.50美元，我也

這樣被洗出場了。

　　那時我並沒有損失太多，因為我也沒有太多可損失。但我學到的「教訓」讓我損失了數百萬美元，在我的餘生中，我冒的風險太小、賣得太快。即使我在1935年聽了羅斯福總統親自詳細說明了通貨再膨脹政策，即使黃金條款無效的那天，我正在美國最高法院裡進行報導，但我的記憶力比我的理智強大，似乎我仍然依照著舊規則行事，數以百萬計的其他人也都是如此。

　　我作為經紀人與一所大學的捐贈基金合作，多年來一直管理著一項計畫，即在道瓊工業平均指數以高至200的水準賣出股票，然後以低至100的水準時買入。事後看來，1934至46年間，這會是一筆很棒的交易，透過這個計畫本可以賺到一大筆錢。但是，自1946至66年期間，道瓊指數從160點上漲至1,000點，於是該計畫成了損失慘重的災難，其贊助者再次付出了「現在就行動」的代價，事後證明，他們應該早在十年前就這麼做。

　　我對於百倍股的首次個人經驗始於1932年4月，當時我用3-3/4到1-1/8的價格以碎股購買了100股鋁業公司（Aluminium Ltd.）的D級認股權證，認股權證到期時，鋁業公司（現為加拿大鋁業集團Alcan）的股價已經超過每股50美元，在無需投入任何資本的情況下，我請我的經紀人以每股30美元的價格行使我的證股權證。1937年3月，我以每股超過100美元的獲利賣出我最後的10股股票，八個月後，這檔股票的價格低於60美元，很明顯地，我獲利了結似乎是很聰明且幸運的。然而，如果我一直持有股票到現在，我當初賣出的10股將會變成300股，在1971年的市場價值幾乎是我最初投資的700倍，如果我有堅持下去，

我不用支付任何資本利得稅或給經紀人的佣金，只需支付我300美元權利金的利息。

像這樣的交易，根據我之前對南方鐵路公司普通股的經驗，讓我相信通往財富的道路上掛著「低買」和「高賣」的標誌，我實在錯得離譜。掌握市場上的波動，就算你在市場上相當成功了，但跟那些買對並持有的人所獲得的金錢相比，充其量也只是賺到幾分錢罷了。

第十四章

為什麼電腦不能掌控世界

近年來，我們聽到並看到大量關於電腦掌握世界的消息，然而，我們史前時代的祖先在沒有語言、邏輯或算數的情況下存活了數百萬年。我們當中的一些人之所以今日能存在於此，是因為我們最近代的那位祖先在鳥兒停止歌唱時馬上就拔腿奔跑，而不是等到他親眼看到印第安人時才行動。難道我們現代人過分依賴玩弄數字來尋找所有問題的答案了嗎？

在你的電腦上試試看以下三個基本的經濟原則：

1. **所有市場價值都是看法**，除非有人想要它，否則一切都是沒有價值的。無論它有多難找到，無論它的成本如何，任何東西之所以有其價值，在於人們願意為此付出什麼，僅此而已。

對於任何商品或服務，有許多方法可以預估市場，它們全是基於某個人有多想要得到它，以及他有多難得到它。經濟學家稱之為需求與供給。

我們大多數人都想活下去，因此，對於我們生活所必須的需

求是相當固定的，有空氣可呼吸、有水可喝、有食物可吃的市場是有保障的。唯一的不確定性在於供給，如果要有足夠的空氣以滿足需求（比方說在月球上的一個塑膠圓頂殖民地裡），如果別無選擇，在那裡，每個想繼續活下去的人都會為此付出一切。

如果空氣的供給變得非常充足，每個人都可以像在地球上那樣白白地得到他想要的一切，那麼它就不再具有市場價值，因為除非它被壓縮到足以替輪胎充氣，或者冷卻到足以讓房間冰涼或製成乾冰，否則沒有人會為它付出任何東西，而就算如此，真正市場銷售的也不是空氣，而是壓縮、冷卻或固化空氣所產生的能源。

如果水的供給變得非常充足，以至於沒有人會想要更多了，就像諾亞方舟時代時人們所相信的那樣，儘管冰、蒸汽和雨水可能仍然會因其含有的能源含量而有其買家，它也不再具有那般重要的價值了。如果水的供給，即使很充足，但污染變得嚴重，以至於飲用起來令人不舒服或不安全，那麼純淨的水就會獲得市場價值，就像它在很多地方已經具有的價值一樣。這是個可怕的想法，但如果世界繼續照著目前的趨勢走，我們當中的一些人可能會活著看到社會中較為幸運的那些人購買純淨的空氣在家中或辦公室裡釋放的那一天，就像他們現在購買純淨的水一樣。

同樣的道理也適用於食物，只是隨著食物的普及變得更加豐富，我們可以吃大量我們喜歡的食物，並且可能完全停止吃其他種類的食物，到那時，這些其他種類的食物就不再具有市場價值（或者如果我們找不到方法將它們變成我們仍然想要的其他種東西的話，也不再具有價值）。以青貯飼料餵養牛就是一個例子，

不管有多新鮮，一個人除非是非常飢餓，不然不會去吃玉米桿，即使是新鮮的，但是以它們為食的牛會覺得很好吃。

　　要記住的重點是，除非你知道人們現在或未來願意為此付出多少，否則製造出它的代價幾乎不具任何意義。在商業上，告訴人們他們應該想要什麼，而不試圖給予他們想要的東西，這是不正確的。這就是我們所謂的「客戶至上」的意思，與他們對抗，從來沒有一次革命會是成功的。

2. **所有由人制定出來的法律都可以由人改變，只要有足夠多的人認定如果法律變更後，他們會過得更美好。**這適用於憲法、大憲章、聯合國和偏僻的分區條例。
3. **沒有人對任何財產的所有權或權利，比他的同胞捍衛它的能力及意願更具價值。**我之前已經引用過這個原則了，但再次強調也不為過。那些其他人可能是他的同胞，也可能是所謂的大國公民，對世界上其他國家說「不干涉」，而小國族則是自行作主。

　　正如公眾輿論和法律彼此之間就像冰和水（同一事物的不同形式），政治之於產權也是如此。這些權利不像重力那般屬於自然界法則的一部分，而是它們源自於我們彼此之間的社會契約。在今日，世上有超過一半以上的人類幾乎或根本沒有產權，世界上那些擁有產權的地區因為有較優越的發展，似乎主張它們提供了一種重要的動力。但它們並非一成不變。

　　第三條法則的意思是，沒有人對任何財產擁有真正有效的擁

有權，假如這些財產的使用損害到制定該法律的人，因其權利取決於該法律，即使他將其用於公共利益上，一個人可能擁有極多的財產，而人們會拿走其中一部分，就像我們在這個國家透過累進所得稅和遺產稅所做的那樣。對於了解投資心理學的人來說，這是對還是錯，就像之於生物學家看到蒙鳩吃蟲子的道德判斷一樣無關緊要。人類一路走來，從不曾擁有任何東西（甚至我們的朝聖者祖先也嘗試過），到擁有一切──朕即國家（L'État, c'est moi，語出法王路易十四），然後在許多時期和許多地方不斷反覆著，這兩種極端都讓人感到不舒服。尋找快樂的媒介仍在繼續，而且永遠都會進行下去，如果贏家無法保有任何彈珠的話，這個遊戲就不好玩了，因為沒有人會努力去爭取。但如果贏家可以獲得全部的話，這個遊戲也進行不下去，這是真的，因為如果沒有其他原因，失敗者在捍衛這類現狀方面行動緩慢是可以理解的，而唯一的贏家無法單獨捍衛它。

你無需成為數學專家就可以理解這三個基本經濟學定律中的任何一個，關於數字的部分稍後再說，但是，當你看到一家公司在無知或無視這三個原則的情況下經營時，請不要停著等待，快跑！不要用走的，賣掉你的股票，並且不要試圖以任何價格再次買回。

第十五章

道德中的獲利

　　我之前說過，有兩種投資方法，一種是心理上的，另一種是統計上的。從長遠來看，還有第三種，也是最重要的一種，那就是所謂的道德或甚至精神上的方法。

　　服務最好的人，獲益最多，長遠來看，對企業和個人而言都是如此。要當心身居高位的憤世嫉俗者，避開騙錢的藝術家，不勞而獲的奸詐之人。記住，一個會為你偷東西的人，也會偷走你的東西。問問你自己，你打算投資的公司是否有助於讓這個世界變得更好，如果答案是否定的，那麼就像躲避瘟疫那樣，趕快對它敬而遠之吧。

　　對資本利得的追求，讓任何參與在其中的人都在跟世界上最優秀的大腦菁英相競爭。只有傻瓜才會認為自己足夠聰明，可以藉著交易假貨來智取所有人。

　　「永遠不要跟你不信任人的人做生意，」這是一條可以挽救許多財富和許多心痛的準則。不管前途多麼吸引人，快速獲利的機會多麼誘人，都要遠離以詐騙為基礎而不是幫助客戶的人、公司和投資風險。

　　如果你曾經在平原地區俯瞰鐵軌，你會回想起在你兩側的鐵

軌似乎會在遙遠地平線處交會。同樣的，當一個人將眼光放長遠時，什麼是正確的和什麼是最能獲利的，這兩者之間沒有太大差別。半個世紀以來的各種報導使我無可辯駁地相信，騙子與其說是自私，不如說是短視，與其說是貪婪，不如說是愚蠢。

如果這聽起來像是不切實際的理想主義，看看詹姆斯・凱許・潘尼（James Cash Penney）留下的3,500萬美元的財富，他是那麼的一板一眼，按照黃金法則經營自己的生意；看看亨利・福特（Henry Ford）所創造的財富，將他們的長期成功與一些企業集團操縱者扶搖直上的職涯相比，那些操縱者追求的，是讓原本1美元變成2美元增長的金融花招。

三十五年前，作為《巴倫周刊》的編輯，我拜訪了一家汽車製造商的高層主管，因為我剛從通用汽車公司那裡看到令人印象深刻的研究設備，於是就問了這家公司在研究方面做了些什麼，他的回答十分經典：

「當有更好的汽車打造出來時，我們就仿製它們。」（別克汽車當時的廣告標語是「當有更好的汽車時，別克將打造出它們。」）

毋庸置疑，他是在開玩笑，或許我應該笑一笑就忘掉，但在那之後的幾年裡，無論是從1936年的低點或高點，到1971年的高點，通用汽車的股價漲幅都是另一家公司股價的3倍多，對投資者來說，這樣的差異可不是開玩笑的。

在伯納德・基爾戈爾（Bernard Kilgore）的領導下，道瓊公司達到了最偉大的成長，他喜歡說：「要欺騙一個誠實的人很困難。」當然，他的重點是，當一個人在他心中都是以竊盜方式來

處理問題時，他更容易遇到詐騙的小偷。抱著造福大眾的心態經營企業或進行個人投資的人較不容易受騙，在許多最古老也最成功的詐欺中，誘人上當的圈套是「不勞而獲」。

新聞誠信是《華爾街日報》在財經上取得重大成功的穩固基礎。當伯納德‧基爾戈爾和我雙雙被聘用時，負責的人是肯尼斯‧克雷文（凱西）‧霍爾蓋特（Kenneth C.〔Casey〕Hogate）。我對凱西以及他所領導的道瓊公司致上的最高敬意，莫過於在我擔任政治敏感的華盛頓分社社長以及後來在《巴倫周刊》擔任編輯的那整整十一年間，在那之前，從來沒有人告訴過我如何掌握新聞專題的觀點和角度。

當然，服務人的方式有很多種，人活著不是只單靠麵包而已，看看過去四十年來，有多少百倍股的公司，滿足了人們讓童話美夢成真的深切渴望。

化妝品產業引領的巨大成功，源自於我們對青春永駐的期望。還有什麼比電視更像一面魔鏡般，讓我們看見及聽見千百里外遠方發生的事情？幾乎可以說是全球普遍對於治癒所有疾病之藥的渴望，成了製藥公司成功的基礎；人類對魔毯的嚮往，許諾了從福特T型車（Model T）到波音747的運輸改良方式中所賺來的每一筆財富；電腦為人類的頭腦提供了速度驚人的大跨步，人類大腦做不到的事情它也做不到，但基本上人類能做的事，它幾乎可以用不可測量的速度完成。

強調投資的道德或精神面，有三個主要原因。首先是公司在一個非常重要的方面，與人的身體有非常相似之處。

假設你今天遇到一位十五年未見的朋友，生物學家告訴我

們，你們兩個人身上可能沒有任一個細胞是從你們上次見面時依然存活至今的，然而，你們毫不費力地認出對方，回憶起你們上次見面時雙方都感興趣的事情，這之所以是可能的，是因為每一個死掉的細胞，都被新的一個相似的細胞如實地取代了。

公司也是如此。無論我們有多麼寬闊開明，有多麼致力於機會平等，我們往往都會僱用和提拔「我們這類的人」。

當道德敗壞之人坐上大公司的高位並在其位子待了幾年之久，他們所做的惡事確實會在身後流傳不絕，他們無可避免地會將像他們這樣的人帶進公司並提拔，由此引進的道德毒瘤，並不能僅是透過撤除高層的邪惡人物就能根除，在良好的管理下，可能需要一整個世代的時間才能夠根除組織中因管理不善而帶來的缺乏原則小人，因此，要在任何管理階層缺乏道德原則的組織裡尋求迅速轉變是不明智的。

反之亦然。在我任職十一年間大部分時間裡，班傑明‧布魯斯特‧詹寧斯（B. Brewster Jennings）都是現在的美孚石油公司（Mobil Oil Corporation）總裁。在一次公關部門向我匯報的時候，告知了該公司捲入了一場嚴重的糾紛，我現在只記得當時我準備了一份公開聲明來反駁對立的一方，當我把聲明稿提交給詹寧斯先生，準備以他的名義發出時，他仔細閱讀後將它放下，說道：「這在技術上是正確的，我認為在法庭上完全站得住腳，但那些在石油行業中最有見識的人會知道，事情並非全然如此。我不想說出會讓那些最了解情況的人質疑的任何事情，讓我們嘗試另一種不同的解決方法吧。」他這麼說並不是為了讓任何人留下深刻印象，當時房間裡除了我們並沒有其他人。直到現在，我

從未公開說過這個故事，但這在高處立下了一個比他的生命更為長遠的正直標準。

　　建議避免投資在任何甚至只是懷疑其管理階層在道德上裝傻的組織的第二個原因是，有很多方法可以讓糟糕的情況看起來是更好的，像是為公司的行為和成果戴上虛假的面具。由於報告相同業務之盈餘的方法千差萬別，會計同業正處於自我檢查的痛苦掙扎裡，如果連專業會計師都很難在正確的事情上達成一致共識，那麼，如何能夠期望沒有會計師資格認證的一般投資者可以識破在道德上破產，但在法律上謹慎行事的企業管理階層所創造出來的狡猾迷宮呢？

　　人是最難關進監獄的生物，因為是人創造了監獄。由人所創造出來的，其他人也可以將其毀滅。無論通過什麼律法，無論美國證券交易委員會有多大，總會有人能夠蒙蔽和欺騙他人，對付這些人最好的辦法，就是意識到不正當手段時盡快遠離他們，在這個國家裡，有超過50,000檔不同股票可供投資者選擇，購買一家由誠信可疑之人所經營的公司不僅沒有必要，而且非常愚蠢。

　　道德投資的第三個好處是，當我們這樣做時，我們避開了購買股票並且期望及打算將股票賣給不如我們這麼聰明的人（當然，價格要大大的提高）的陷阱。基本上，這是更大的傻瓜投資理論，任何採用該理論的人，都必然冒著找不到更大的傻瓜的風險。

　　「購買股票，要彷如你知道未來十年內所有市場都將休市一樣。」我曾經這麼勸告我的員工。曾幾何時，當表現還是最重要關鍵的年代，我這樣的評論可能會被認定為是老糊塗，但我仍然

認為這個想法有可取之處。如果我們購買股票是因為我們對其有信心，並期望在我們的餘生中持有它們，那麼其他人也很可能會看重其價值，然後，假如有一天我們決定要賣出時，將會吸引到最明智的買家——一個總是流動的市場。

　　請記住，在所有這些評論意見中，我談論的都是投資賺錢。交易是有趣的，就像打橋牌或玩撲克牌一樣，它可以讓你的頭腦跳脫出固執僵化的思維，但對於大多數人而言，那是一條通往財富之路的絕境。

　　由於我們大多數人都想要擁有好的物質生活，似乎顯而易見，要獲得比平均水準更高的東西，我們必須以某種方式讓自己在競爭中超越那些滿足於平均水準的人，這對於企業或個人來說都是如此。就像賽跑一樣，第一名和第二名、第三名之間的差距是很大的。

　　知識技能是減少競爭的因素，學習如何做你的公司正在做的事情所花費的時間越長，周遭的競爭對手就會越少。勤奮是另一個減少競爭的因素，正直也是，事實上大多數美德的典範也是如此，因為我們非常努力地學習，才能將事情做到最好，讓其他人由衷希望我們也能為他們這麼做。

　　你的投資會成功嗎？問問你自己，那些能夠做到你公司能做的事情的公司供需比是如何。如果很多人想要你公司的產品或服務，而這些只有你的公司能夠提供的話，那麼你就成功了。唯一符合公共利益且不受管制的壟斷，是擁有出類拔萃的知識、天分和技能，成為那樣的壟斷可能是每個人的目標，它的美好在於，人們不必非要達成目標才能獲勝，在大多數社會中，市場化的進

步都將被視為成功。

　　要賺取最大的利益，要找到你的百倍股投資，不要購買那些賺錢是唯一目標的公司。人生中，兩點之間最短的距離並不是直線。因為，凡要救自己生命的，必喪掉生命；凡為我喪掉生命的，必得著生命。（譯按：出自馬太福音16章25節）

　　將賭注押在那些熱衷於滿足人類需求和需要的人和組織上，他們對於解決人的問題充滿熱情，光有好的意圖是不夠的，但是當與活力和智慧相結合時，結果會讓追求利潤變得多餘，因為以好的管理追求一個更美好世界的過程中，利潤是隨之而來的意外紅利。

第十六章

萬能的自我 vs. 萬能的美金

　　自我主義（Egonomics）是判斷每一個問題、做出每一個決定的藝術，其基礎在於它會為你的自我做出什麼決定。確實，自私是人的人性，但真正的自我主義者絕對不是無私的，即使他看起來很慷慨，他也會算計，並且滿意於他那看似慷慨之下帶來的公共關係或廣告價值。對他來說，客體皆是異端，一切只關乎於他在商業和社會階級中的地位——他的自我。

　　這裡用一個小學生的故事，來說明一個自我主義者的思維是如何運作的。

　　「2加2是什麼？」他的老師問。

　　「我是要買還是要賣？」小學生回答。

　　自我主義與投資有什麼關係呢？大大有關係。我不喜歡這樣，也不希望是這樣，但正如我務實的前合夥人哈德威克·斯泰爾斯（Hardwick Stires）所說，「事情就是這樣，如果你無法忍受，你可以開槍斃了自己。」

　　讓我們從管理我們所投資的公司的最高階層開始談起，他們是否將自我主義置於經濟情況之上？我們該如何得知？

　　最不該做的事就是當面去問他們，那可能會變成你最後一次

跟他們說話的機會了，總之，他們所做的事是如此響亮華麗，以至於我們聽不到他們究竟在說什麼——除非我們是深思熟慮的觀察者。

　　企業中的自我主義者更為在意的，不是公司的獲利，而是把他的公司變得更大。他把股東的錢花在讓自己在這個行業中變得更有名氣，而不是增加公司的獲利能力。當你看到一家公司年復一年在其投資資本上是低報酬率，**並且**仍在增加其資本支出以「提高其競爭地位」時，很有可能在企業中有一個自我主義者。當你看到一家公司花更多精力在其公司總部上，而不是公司的營收及淨利率時，趕快呼救及全部賣光吧，自我主義者白蟻將啃蝕一切。

　　我已經聽到那些認為公司必須承擔更大社會責任之人的怒吼，我也是如此，我希望我的公司是在賺錢**之餘**才做這些事，而不是**完全取代之**。

　　在一個自由社會中，那些將人民的資金投入於投資報酬率遠低於所需資本平均報酬率企業中的人，無論他們知道或不知道，都是在破壞我們的經濟結構。在我們的經濟體制下，淨利率和投入資本報酬率應該要跟自動調溫器一樣的運作。在淨利率高時做更多的投資，在淨利率低時減少投資，或根本不做任何投資。堅持將新的資金投入到一個長期低淨利率和投入資本報酬率低於正常水準的行業中，是誤用資源及人力。有些公司應該要結束，有些管理層應該要讓他們離開，很少有人會在他們非離開不可之前就先行離去的，只要執行管理的位子依然暖和，何必出去外頭受凍？如果有股東不滿，那就讓他滾吧。

還有，當你看到你的公司年復一年地將其保留盈餘再投資的獲利能力，低於你自己善用這筆錢的時候，你應該快點脫身。你想要一個例子嗎？想找一個成功例子的話，來試試鋼鐵業吧。

以下是鋼鐵業龍頭美國鋼鐵公司（U.S.Steel）過去十年的數據：

	投入資本報酬率 （Return on Invested Capital）	股東權益報酬率 （Return on Equity）
1970	4.2%	4.1%
1969	5.4%	6.1%
1968	6.0%	7.3%
1967	4.6%	5.2%
1966	6.1%	7.6%
1965	6.5%	7.3%
1964	5.8%	6.5%
1963	5.1%	5.6%
1962	4.2%	4.5%
1961	4.7%	5.3%
1960	8.0%	9.1%

如果這筆錢可以投資於債券，那麼到了1970年的投入資本報酬率將會高出2倍。

我不是鋼鐵業的專家，作為一個外行人，我對於高勞動力因素、強大的工會和進口國外鋼鐵所造成的問題並不同情，但所盼望的遲延未得，令人心憂（譯按：出自聖經・箴言13章12節）。管理階層面臨的挑戰是迅速改善這些數字，或者停止將更

多股東的資金投入到企業中。

　　三十五年前，SSC資產管理公司發行了一本名為《紀念碑很少會支付股利》（*Monuments Rarely Pay Dividends*）的手冊。

　　「當一家企業開始變得莊嚴宏大時，」書上這麼說，「明智的投資者會不動聲色地自其下退出，因為，紀念碑很少會支付股利。

　　「幾乎每條偉大的鐵路都至少建造了一座巨大而荒謬的陵墓，以紀念昔日的收益。陰鬱的銀行董事們在高貴的建築和親切的任命中沉思過去的輝煌，就在它崩塌之前，一個紡織帝國正在建立一個價值百萬美元的高爾夫球場，和一個專為高階主管打造的孩童皇宮模型村；工廠中華麗的行政大樓，紀念著股利的流逝。

　　「沒有經驗的企業總是有風險的，不出六年的時間，十之八九都會消失。它不能保證自己的產品能夠在競爭中取得成功，並為自己贏得大眾長遠的接受；它的財務結構將承受暗淡的歲月以及無法預料的困難與衝擊；或者它的管理階層將培養出領導的素質。把錢投資在這個企業上純粹是投機。

　　「但企業時不時會表現出它有生存的能力，在競爭中變得聞之喪膽，而不是一個犧牲品。它已經掌握了自己的市場，它的產生是由那些有能力並且決心保持領先的傑出人才所領導的——像凱特林*這樣的人。它由一個具有勇氣、想像力和決心的戰士所帶領，由務實之人掌管金錢。它有一個成功的組織，由那些精力

---

*　譯注：Charles F. Kettering，美國發明家、工程師，擁有186項專利。

充沛、嗜血好鬥的年輕人組成，它是在一個新的領域，在多年的機會當中大有可為。

「在對的時間和對的價格時投資於這樣的企業，是累積財富的方式。

「但是，這個企業的創建時期——大膽無畏、遠大理想、攻勢凌厲和巨大回饋——往往伴隨著自滿的懶散。原本拚勁十足的領導者變得年老、疲累及傲慢；有創造力的人才，隨著他的眼界變得遲鈍，變得無法接受新的想法；務實的人變得貪婪或小氣，阻礙了更遠大的進步，這個組織因成功而變得弱化，並且因那些渴望個人聲望及獎賞的中年人密謀策劃而變得脆弱。

「人類到死之前都不會捨棄的情感是驕傲。當一個人在他的生命中有所成就，而當這些極富創造力的日子已成過去，似乎會生出一股迫切的衝動，想要建立一些有形的、持久的和美好的東西，以茲證明他的成就。這是一種崇高的衝動。

「因此，一個多年來團結一致、主導一個產業並賺錢的組織，隨著時間應該也會以同樣的方式感到自豪，並嘗試在一些持續的實質事物上表現其領導力和能力，也是很自然的。

「但，這正是企業擔當不起的事，商業不是一種既定的東西，它是一種變動、一種進展，過去不具任何意義，未來才是最重要的。它不能以舊有觀念、信念或標準為基礎——或以驕傲賴以支撐。

「商業中最大的問題不是老化。

「一個可以快速應對並且資源豐富的企業，總是能夠以其僵硬的膝蓋攻擊另一個，無論後者有多麼強大。

　　「老企業傾向於依賴先例和傳統，它對改變不耐煩，常常忽視不斷變化的流行品味，它的聲望受損，精緻的產品變得過時，經銷商的忠誠度減低，並被更活躍的企業所吸引。新的一代出現了，舊有制度對他們而言毫無意義。動向慢慢地轉至紀念碑的靜態尊嚴，而紀念碑很少會支付股利。

　　「在了解這些隱藏的商業價值之前，財富的投資會一直受到猜測和預感的影響。投資者應該只受一個因素的影響──確保公司有能力在多年內持續賺取利潤。財務報表幾乎沒有顯示出獲利能力，成堆的磚石毫無意義。利潤是人類的精神和高度努力──或偉大領導力的回報。」

　　但在自我主義中，投資者的危險不僅僅是無利可圖的浮誇作風。

　　我曾經在一家大企業與兩位高階主管共事過，兩位都很有能力，但他們對待同事和下屬的方式可說是天差地別。

　　當你對第一個人提出一個想法，他會提升改善他在其中看到的優點，並將此歸功於你。

　　當你對第二個人提出一個想法，他會放大他在其中看到的缺點，並因此貶低你。

　　自然而然地，第一個人會比第二個人得到更多的建議，後者主要關心的是，證明他的聰明才智比他的同事和下屬更優秀。針對第二個人對於公司的團隊精神，你很難給出過高的評價。

　　投資人對自我主義有他們特別的問題。一是不願意接受自己以外的想法，另一個是藉由重申他人的錯誤來拯救自己的自負。

　　漢密爾頓・摩瑟・切斯（Hamilton M. Chase）多年來擔任在

業界擁有最佳長期紀錄之一的史卡德特別基金（Scudder Special Fund）總裁，他成功的秘訣之一，是他的仁慈。在我認識他的三十年裡，我從未見過他提起消息提供者之前的投資判斷錯誤。

如果誠信是投資者管理的第一個非統計的先決條件（詳見第十五章〈道德中的獲利〉），我將心理平靜列為第二個。

投資者如何評估管理上的心理平靜？

我心中的想法不需要心理醫生和沙發的幫助。對於會仔細閱讀財經媒體的人來說，有很多方法可以發現，管理動機較多是由於自我主義而非經濟所驅動的。其中是管理的深度，執行團隊中是否有不只一位能幹之人？還是主要人物搶走了企業的鎂光燈？如果是這樣，他可能不僅要努力保持領先於競爭對手，還要讓自己確信他的能力理應和他的六位數薪水一樣出色。要小心一人公司，距離深陷困境只有一步之遙。霸佔企業鎂光燈的自私之人，會以一種潛伏的方式傷害他的公司。最好的人才會離開他，因為他們知道只要他還在，他們就永遠不可能因為任何成就而得到認可，他可以毫不費力地用更多有奴性的人來填補他們的位置，但組織中的活力及火花就從此消失了。

多年前，我拜訪了一家早已被另一家公司所併購的公司總裁，在他巨大但光線昏暗的辦公室裡，他背對著朝南的窗戶坐著，結果是，他可以看到我，就好像我在警察隊伍中一樣，而我只能辨認出我面前這個人的輪廓，但沒有關係，我只花不到三十秒的時間，就決定不會投資這家公司，這家公司的總裁認為他需要以這樣的優勢陣仗來應對他的同伴，無論他們是員工還是外人。我的判斷是對的，該公司股票在任何價格上都不能說是便

宜。

　　另一個相反的例子是約翰・威利・希爾（John W. Hill），現年八十一歲，是世界上最大的公關公司，偉達公共關係顧問公司（Hill and Knowlton, Inc.,）的創始人和主要股東。在一個競爭激烈的行業中，大腦幾乎是唯一的資產，希爾先生多年來一直致力於讓他的同事在公司職稱、客戶關係和公開亮相各方面有所成長，正如他所說，他的目標是讓身邊環繞的都是比他更有能力的人，這個目標展現出如此睿智的管理，讓人不禁質疑他實現這一目標的能力。

　　我對於自我主義的一些評論或許看起來很小很瑣碎，但對於警報來說，一股煙霧可能比火警警報更引人注目。

　　在我1927年去《華爾街日報》工作時，克拉倫斯・巴倫（Clarence W. Barron）是其負責人，當時他很重視對人們行為的分析，有時在面試求職者時，巴倫先生會要求年輕人從當天的報紙上剪下一篇故事，如果求職者很粗糙地剪下報導，以至於在提交之前還需重新修剪，他的未來就沒了。在巴倫先生看來，這個人不僅草率、浪費，還粗心且愚蠢平庸……如果他學會將注意力集中在剪刀刀片交會處，而不是它們的尖點上，他本應可以把欲剪下的欄位從任一側整齊地分割，讓旁邊的故事也完好無損。

第十七章
沒有控制通貨膨脹的藥丸

貨幣

在東方國家，我常常必須在進入聖地之前脫鞋。在西方國家的假設中，沒有人（或者至少不會有超過一打的專家）理解金錢，這意味著我們其他人在冒險進入這個主題之前先要冷靜下來。

現今有那麼多民主政府已經承擔也接受了對經濟環境的責任，那麼對貨幣更廣泛理解的必要性，是至關重要並迫切的。對投資者來說，這一向是基本要點，一項投資本身可能會增加貨幣價值，就像小羔羊長成綿羊一樣，或者，一項本身根本沒有變動的投資，可能會因為計量單位縮小而增加其貨幣價值。

為了要合理明智地投資，我們必須試著（無論如何謙虛）回答這些實際問題：

是什麼賦予了貨幣價值？

是什麼改變了它？

對此我們能做些什麼呢？

是什麼在下跌？

我不會假裝自己是懂貨幣的十二位專家之一，而是以無名小卒也可以評論大人物之膽識，冒昧地回答這些問題：

貨幣價值主要來自以下三個因素中的一個或多個：

1. 固有價值
2. 稅
3. 法定貨幣，或價格和薪資管控

固有價值是最古老的。

首先，貨幣本身就有其價值。黃金、鹽（我們的薪水一詞源自於此）、貝殼、象牙和雅浦島（Island of Yap）上曾經當貨幣使用的巨大空心石幣都是如此。用這種貨幣交換商品和服務，是以物易物交易，但這種以物易物有一個共同點。

任何貨幣的基本特徵是，它的價值取決於其固有價值，即生產一個額外單位的貨幣，所花費的工作量應該與該額外單位所購買的貨幣量一樣多，因此，這種貨幣的價值是由這樣一個事實來維持的，即增加供給的成本等同於它們的價值。沒有膨脹的誘惑，因為膨脹沒有利潤——沒有不勞而獲的機會。

在美國，固有價值不再直接影響我們貨幣的價值。5美元的鈔票**就是**5美元，它不承諾任何東西，它不能用任何東西贖回。一些較舊的鈔票上寫著「美國將憑票即付5美元」，但這一承諾可以透過將同一張鈔票交還給你來實現，因為它是5美元。

　　直到最近，只有外國央行才能用美元換取黃金，正如他們現在所知道的，即使只有在我們想給他們的時候，他們才能得到它。過去他們常常以21美元的價格獲得一盎司的黃金，在1971年暫停付款之前，他們以35美元的價格獲得一盎司的黃金——當然，除非我們選擇給他們一些新成立的國際貨幣基金「紙黃金」。在富蘭克林・羅斯福總統（President Franklin D. Roosevelt）的領導下，我們的政府在未經任何人允許的情況下改變了黃金價格，並且可以再次這麼做。任何其他主權國家也可以，就像他們當中的許多人一樣。永遠不要忘記，主權政府和未成年子女都沒有能力對自己行使具有其約束力的合約。

　　可以說，決定貨幣價值的，是你能用它買到什麼東西，但我們正試圖了解是什麼決定了你可以用它買到什麼。貨幣的購買力是其價值的衡量標準，而不是該價值的決定因素。

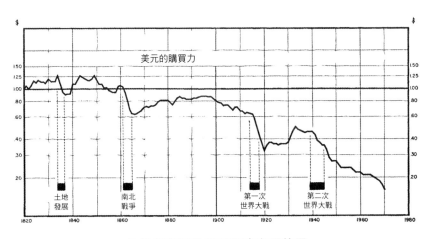

你的貨幣不像從前那麼有價值了

　　可以說，決定貨幣價值的，是相對於貨幣需求的貨幣供給，但我們正試圖了解是什麼決定了貨幣的供給，以及是什麼決定了貨幣的需求。如果我們想一下我們的貨幣在德國人或日本人眼中會是什麼樣子，這或許會有所幫助。對他們來說，一張5美元的鈔票沒有固有價值，也不能換取任何具有固有價值的東西，這對他們來說並不重要，也就是說，他們是否可以用它買到他們想要並且在其他地方無法得到（或無法以更便宜的價格得到）的東西並不重要，他們不想要也不會接受我們無限量的貨幣──除非他們需要購買他們想從我們這裡才能買到的任何東西，當然，包括投資。但我們的商品和服務的價格與品質，決定了其他國家想從我們這裡購買多少。要了解貨幣，我們必須試著了解，是什麼決定了我們的商品和服務的價格與品質。

　　這讓我想到貨幣價值的第二個決定因素，那就是稅，或者更準確地說，相對於政府支出的稅收。如果我們可以強迫我們的同胞用幸運草納稅，就可以讓幸運草變成貨幣。我們可以透過增加或減少相對於幸運草供給的幸運草應繳稅額，來提高或降低幸運草的價值，就算有人找到方法讓幸運草的供應量倍增，如果我們按比例提高稅收，仍然可以保持價格穩定。

　　我想說明的重點是，如果稅收相對於發行的其他無價值貨幣的金額足夠大，稅可以讓原先不具固有價值的幣值變得有價值，即使是沒有交換價值的貨幣。

　　1920年代，我在剛果看過這樣的實例。在西方人眼中，比利時法郎是好貨幣，但對當地人來說卻是一文不值，他們需要極少甚至是不需要衣服，當地的婦女照料她們的花園和羊群，香蕉

長得茂盛。人們為何要為了不想要或不需要的貨幣，而掉進一個黑洞中死命幹活？這個問題是透過稅收和誘導的交換價值相結合來解決的。為了在剛果呼吸新鮮空氣的基本權利，徵收了人頭稅，與此同時，男人們受邀請帶著他們的家人到免收租金的公司住宅區（村莊）裡，那裡有著公司設立的雜貨百貨商店，沒過多久，一些男人就把豬交易給其他男人以換取貨幣用來支付他們的人頭稅，然後，來自女士們的壓力，要求那些在公司商店中出售的華麗服飾，很快地，稅收就成了當地人經濟問題中最小的一個了，比利時法郎變得跟鹽一樣有價值。有時候我不禁懷疑，廣告是不是對以及為我們做下了，那些公司商店對以及為那些剛果人所做出的事。

　　貨幣價值的第三個決定因素是法定貨幣，意思是什麼？讓我為你舉個例子：假設我戴著面具，手上夾著一把衝鋒槍，你們誰都不認識我；假設我宣告我要買手錶，並且願意為你們每個人手上的手錶支付 1 美元；假設我補充說，任何一個不願意以他的手錶跟我的 1 美元交換的人都會被槍殺。如果你認為我是認真的，或如果你害怕我可能是認真的，那麼你們當中的一些人會將手上的手錶賣給我。**以 1 美元的價格賣掉你的手錶**和**無故搶劫**而交出它之間的區別是程度，而不是原則。其他所有迫使我們以低於我們認為的價值之價格出售的商品或服務，其安排也是如此。

　　法定貨幣等同於我們所說的價值是因為我們足夠大、足夠強，可以讓我們說了算。價格和薪資管控是法定貨幣的手段，在這樣的管控之下，人們被迫接受他們在自由社會中會拒絕的交易。最初那些反抗者很少被槍殺，他們會被帶到法庭。在歷史

上，槍擊是較後來才發生的事，以鎮壓對制度不公的反抗。

　　當政府放棄其貨幣的固有價值，當該貨幣的購買力暴跌而政府缺乏意願或投票來徵收足夠稅額以遏制其下跌時，該政府通過強制實行管控公開承認其政治無能和道德破產。兩黨做出的決定越多，國家的狀況就越悲慘。

　　在戰爭時期，管控或許還得以容忍。假如人們都可以被徵召入伍了，那錢又算什麼呢？但在和平時期，除了作為一種臨時、緊急的措施來應對政府多年來不負責任的失控後果之外，管控是有違常理的。

　　就某種意義上，即使在沒有管控的情況下，法令也是一個因素。在你口袋中的每一張紙鈔上都有兩個短語：一個是「我們信仰上帝」（In God We Trust），另一個，可悲的是，對現今而言更為重要的，「這張紙幣是對所有公共和私人債務的法定貨幣」（This note is legal tender for all debts, public and private），這意味著，無論願意與否，債權人都必須接受這種紙幣的支付。債權人借出以指定重量和質量的黃金，可能會拒絕以形同無物的紙鈔來償付。

　　習慣，或者說我們社會制度的僵化，減緩了貨幣購買力的變化，但這並不能決定它的價值。如果透過某種魔法讓你可以在一夜之間將所有貨幣的價值減少一半，到了隔天也並非所有的價格都會倍增，因為要適應新的價格水準需要時間，在提高薪資和價格之前，許多人根本付不出比原先漲了2倍的房租和食物費用。有一段時期，其他人會習慣性地接受舊的貨幣價值，最終，基本因素將佔上風。

在國際上，只要我們的政府持續能夠並願意滿足所有中央銀行對黃金（或國際貨幣基金組織的等價物）的所有需求，每盎司35美元，我們貨幣的固有價值就得到了保證。但目前外國對我們黃金要求的所有權超過了我們的儲備，因此維持合理的國際收支平衡是當務之急。這意味著我們既不能在國外市場上定價我們的出口產品，也不能過度享受我們對外國商品和國外旅遊的品味。當我們自1893以來，在1971年的進口量首次瀕臨超過我們的出口量時，一切都完了。

尼克森政府試圖透過平衡預算和放慢印鈔的速度來穩定美元的購買力，利率和失業率急劇上升，價格也持續上漲，為了降低利率，美聯儲用印鈔來購買政府證券，那就是通貨膨脹。為了解決失業問題，政府的預算出現巨額赤字並提議減稅，這些措施也是通貨膨脹。為了因應這些影響，總統施行了薪資與價格凍結措施。

這個情況讓人想起維克多‧雨果（Victor Hugo）的小說，你可能還記得，上帝創造了一隻老鼠。

「哎呀！」他驚呼，「我幹了一件蠢事。」於是他又創造出一隻貓來勘誤。尼克森總統凍結的是貓，我們可以一起祈禱牠不會長成會吃人的老虎。

基本上，問題出在我們作為一個人，想要在沒有通貨膨脹的情況下，做通貨膨脹的事情這樣的渴望。至今，還沒有人發明出一種藥丸來實現這一目標。

通貨膨脹

是什麼導致及解決了通貨膨脹？

通貨膨脹是欺騙行為。

它僅僅來自於不勞而獲的努力。

如果政府為了窮人（或我們在越南的軍隊），從你我身上拿走相等的東西，就不會導致通貨膨脹。窮人或軍隊會擁有更多，你和我會擁有少一些，但供需之間的平衡不會改變。

當政府無償地把錢給出去，而不從別人那裡無償地拿走錢時，需求相對於供給就會增加。更高的價格（也就是我們所謂的通貨膨脹）也就隨之而來了。

這個問題和補救措施再簡單不過了。如果我們不再試圖不勞而獲的話，就能停止通貨膨脹。

國會投票所要花費的每1美元都是騙局，除非國會也投票通過提高稅收來補足這1美元，或者我們的政府會從你我這邊借取。以印鈔得來的資金計劃只是拆東牆補西牆。

這並不代表應該要增加稅收來支付每一項好的計劃，或者國家債務可以無限制地增加。稅收會造成損害，它們會損害必須為此付錢的你和我，它們降低了我們進行生產性投資的能力，降低了我們教育孩子的能力，降低了我們養老的能力。借錢只是延遲稅收，最終還是會增加稅收。

因此，必須權衡每一項好計劃的益處，與支付它所需的稅款避不可免所造成的損害，最重要的是，在對福利進行投票時權衡福利與稅收成本，否則，將會以更高的價格收取無可避免的

稅收。

通貨膨脹**就是**最殘酷的稅收。

並不是所有不勞而獲的努力就是通貨膨脹，如果我要求得到比原先多2倍的報酬，結果可能只會是我丟掉了工作。即使是銀行搶劫犯和騙子也不會犯下通貨膨脹的罪，他們是透過其惡意的行為從你的帳戶中移走資金。

那麼，我們時常聽到的這種成本推動型通貨膨脹（cost-push inflation）是什麼呢？當加入工會的勞工獲得的薪資增長，超過生產力的成長時，是否造成了通貨膨脹？還是雇主提高價格以支付更高薪資才是罪魁禍首？

當然，答案是這兩者都不該受到責怪。如果工會要求太多，他們的成員就會失業；如果雇主收費過高，他們的商品就會賣不出去，這是經濟理論，然而我們再次看到一個美好的理論，被一群殘酷的事實所謀殺的悲劇。

究竟出了什麼問題？

首先是1946年的《就業法》（Employment Act of 1946）。我們政府的既定政策是，**無論如何**都要讓我們的人民就業。

其次是我們作為自治人民，未能區分集體談判和脅迫的差異。當然，我指的是一些工會聲稱他們有權停止基本公共服務，直到他們得到他們想要的東西。

這是個老問題了，三十五年前，作為《巴倫周刊》的編輯，我與聯合煤礦工人工會的主席約翰・盧埃林・路易斯共進午餐，幾個小時下來，路易斯先生試圖讓我了解為什麼靜坐罷工是勞工談判適當且必要的武器，時間已接近下午四點，我們依然坐在午

餐桌上，他放下拳頭然後表示：「假如100個人是一座發電廠，可以控制開關，癱瘓一座城市，那他們的談判能力就會更好，你可以明白嗎？」

我以一個問題回應：「那這跟100個人拿著機關槍站在主要街口，將他們的意志強加給城市中的人有什麼區別？」

路易斯先生起身離開，我再也沒有見過他。我的問題始終沒有得到回應。

當然，重點是，如果一個人的頭在未經他同意之前就被壓進水裡，那麼這個協議就是勒索，而不是協商。如果1946年的《就業法》期望聯邦政府透過增加貨幣供給來驗證敲詐性的薪資增長，以便雇主可以支付在經濟上不合理的更高薪資，那麼這個循環就結束了，更多的通貨膨脹是必然之事，它來得多快，只取決於重要地區工人的需求有多不受限制。奇怪的不是他們要求了那麼多，而是他們沒有要求更多。所有的權力都會腐敗，絕對的權力造就絕對的腐敗，無論是雇主還是雇員所動用的。

通貨膨脹，就像罪一樣，很可能會伴隨著我們很長一段時間。當我問偉大的歷史學家阿諾德·湯恩比（Arnold Toynbee），他是否可以從他對所有已知文明的研究中舉出一個例子，其中的貨幣價值是長期增長的，他回答：「不可能，這從未發生過。」

實際的問題不在於我們是否會有通貨膨脹，而是會有多少、多快，這對普通股意味著什麼？

簡單來說就是，通貨膨脹使股票上漲。然而在五年前，在一次訪問阿根廷布宜諾斯艾利斯的證券交易所時，我看到了阿根廷股票平均價格下跌與披索（peso）外匯價值下跌疊加的圖表，

過去四年，股票價格的**下跌**速度超過了阿根廷貨幣的價值。但我們不必遠離家鄉來說明通貨膨脹並不總是看漲的，1966年2月9日，道瓊工業平均指數創下了1,001點的盤中高點，將近六年後，也就是1971年底，它的盤中高點是895。

「通貨膨脹對普通股來說意味著什麼？」這個問題的正確答案是：「任何通貨膨脹對它們的盈餘和股利所代表的東西。」

通貨膨脹在深度蕭條之後最看漲普通股，並且通常不被預期。將閒置的生產設備投入使用，可以滿足人們對商品和服務不斷增加的需求。勞工尚未預期生活成本會進一步上漲，到需要礦石廠產能時，不斷上漲的建設成本已經承銷了現有設施的獲利。

但是，當通貨膨脹持續的時間足夠長，以至於人人都意識到了這一點，並且當通貨膨脹率高到足以成為華盛頓掌權者的政治責任時，它就不再是自動地對企業盈餘有利，反而可能是對其不利了。

這是現今我們在美國的情況。一些公司或許仍會從通貨膨脹中受益，但隨著管控措施的增加，將會有越來越多的公司受到傷害，通貨膨脹不能保證所有人的利潤增長，無論是強還是弱，管理得宜還是管理不善，通貨膨脹已經到了只有最優秀的人，才可以應對其中挑戰的階段。選擇性在1970年代似乎比在1960年代重要得多，而且這在當時也並非不重要。我將在第二十八章〈真正的成長是：如何發現並評估它〉中，談到更多關於可供選擇的公司類型。

利息

　　利息是時間的價值，它衡量的是我們現在所擁有或所做的、並且希望在之後能夠得到回報的費用。因此，用借來的錢購買的所有東西，都比用現金購買的價格更高，無論借款人是男人還是女人、公司、城市、州或國家，皆是如此。

　　時間的買家有義務在未來某個約定的日期，或根據貸方的要求歸還借來的資產。這種義務我們稱之為借據、債務、負債、貸款、抵押、信用債券或債券，它們在本質上都是一樣的。為了**現在**擁有這筆錢的權利，借款人同意將在稍後歸還，同時支付使用它的費用，原則上，「租」錢和租車幾乎沒有太大的區別，在不同的情況下，借款人都必須承諾歸還你所借的東西並支付租金。

　　債務和利息本身並無好壞之分，儘管清教徒的禁令是，「不要向人借錢，也別借錢給別人。」還是有很多人被債務給毀了，也有許多其他人是靠著借來的錢致富的，不同之處在於所買下的時間是否用在能夠獲利的地方。在我看來，對於一個商人來說，在他可以用來獲利時不借錢，跟他在無利可圖的情況下借錢一樣糟糕。我剛是說一個商人嗎？我指的是任何一個人。

　　1954年，為了支付醫藥費，我以7,415.97美元的價格賣出了150股寶麗萊股票，以下是成交確認單，再其下是我在十三個月前所購買的確認單，以及收到50%股票股利的通知。如果我當初有借錢，而我當然能夠那麼做，從那時到現在，以每年8%的年複合成長率計算，我在1954年7,500美元的醫藥費賬單，到了1971年底將變成驚人的27,750美元。基於天性謹慎及教養，我

並沒有舉債。

我真的謹慎嗎？我那150股的寶麗萊股票，現在是7,200股，在1971年的價值為843,300美元。為了那時不要舉債，我付出了超過800,000美元的代價。即使我在1954年以30%的年複合成長率借了這筆錢，到了1971年，我的寶麗萊股票價值也將比我當時所欠下的錢還多出200,000美元。

像伯特・崔普（Bert Tripp）這樣老練的投資者（詳見第二十四章），也屈服於類似的傳統智慧，當時他賣掉了等值的全錄股票來支付建造新家的費用。他到了今日有一種曖昧的滿足感，因為他知道（1）他的房子已全額付清，（2）以他所賣出的全錄股票現值來算的話，這個房子花了他一百萬美元。

只有上帝知道，在早期擁有百倍股股票的人們當中，還有多少人也為了不欠債而賣掉了它們。在仲夏鄉間一個安靜的夜晚，我能聽到他們反覆呼喚著，

「在一切可悲的言語和筆墨中，

最悲哀的是，它本來可能是。」*

當任何規則、公式或程序變成想法的替代品，而不是想法的輔助工具時，它便是危險的，並且應該要摒棄。我們有太多人都被教導成認為債務是有害的，而不是被教導它是自由社會中對我們提供的合法選擇之一，我們非得以高昂的代價才能學習到這點。債務可能會導致我們破產或致富，這完全取決於我們是否可

---

* 譯注：出自詩人約翰・格林里夫・惠蒂埃（John Greenleaf Whittier）於1856年發表的詩〈莫德・穆勒〉（Maud Muller）。

如果持有18年，於1953年11月2日以4,073.63美元購買的100股寶麗萊股票，到了1971年將增加到7,200股，市值為843,300美元。為了支付醫生的賬單，它們在1954年12月8日以7,415.97美元的價格出售。1954年2月支付的50%股票股利，就是額外出售的50股股票。

以用借來的錢，賺到比貸方收取金額更多的錢。

幾個世紀以來，人們因為缺乏在所得範圍內生活的意志力而負債累累，而且毫無疑問，在未來幾個世紀也會繼續這麼做，先享受後付款的誘惑幾乎與毒品一樣陰險。將「先買後付」作為一種生活方式的人其基本謬誤在於，他們實際上無法像那些有多少就花多少的堅定分子那樣自我放任，以下是其運作的原理：

兩對夫婦每年有500美元的度假費用，史密斯一家有多少就花多少，瓊斯一家也是這麼做的，只不過他們是在有了那筆錢的前一年就先去了第一次旅行。到了第二年，當他們要以500美元費用外出度假時，得支付第一年的旅費，不僅得花500美元，還要多花100美元的「融資費用」，由於瓊斯夫婦的度假費用只有500美元，且所有錢都花在了第一年的假期上，為了能在第二年外出度假，他們不僅要借支第二個假期所需的500美元，還要借第一次旅行中未在預算之內的100美元融資費用。

第三次旅行，當保守的史密斯夫婦才正開始他們第二次500美元的假期，瓊斯夫婦則展開了他們第三次500美元的旅行，為此，他們不得不再次借款500美元外加220美元，以支付前兩次旅行中未列入預算的融資費用。

第四年瓊斯夫婦要度他們第四次500美元的假期，再次借了500美元，此外，還有他們在前三次旅行中欠下的364美元融資費用。

到了第四年年底，當瓊斯夫婦準備好第五次500美元的假期時，發現他們不僅欠了第四次旅行的500美元，還欠了前四次旅行共536.8美元的融資費用。史密斯一家則是度過了三次500美

元的假期，沒有任何欠款。

　　為此，瓊斯夫婦靠著在接下來的兩年待在家裡才還清了債務，而節儉的史密斯一家則繼續如往常一樣旅行，因此，第六年結束時，自我放縱的瓊斯夫婦比自我克制的史密斯夫婦少了一次假期旅行，儘管史密斯夫婦和瓊斯夫婦在假期上花的錢是一樣的。

　　由於比他們負擔得起的時間更早一年開始，這個世界上的瓊斯花了五次的價格只得到了四次假期。

　　每個借款人都應該做的，就是問問自己，所買下的時間是否物有所值。對於一個年輕人來說，如果必須借錢來接受教育，通常是一件非常好的事；同樣的，為了受訓的工作購買所需要的工具也是如此。對每個世代而言，貸款讓他們可以從前者留下的地方開始，透過去借所需的設備，而不是花費好幾年來存夠買設備的錢。

　　通貨膨脹在利息和債務問題中引入了一些重要的附加因素。

　　那些預期或擔心所需設備價格將在一年後上漲20%的製造商，會毫不猶豫地在當下就購買，即使他們必須以10%的利息借錢來購買；與此同時，貸方要求對其貨幣購買力的預期衰退進行補償。如果你借出夸脫，還回的卻是品脫，你必須要求100%的利息才能持平。

　　一般來說，通貨膨脹率越高，購買時間的費用就越高，換句話說，利率就越高。當今最可悲的錯覺之一，就是在政治上受歡迎的觀點，即政府可以在自由社會中降低利率，同時繼續增加貨幣供給。貸方和借方都不會愚蠢到讓這種情況發生，貸方會感到

損失，借方會討價還價，貸方會收取更多費用，借款人會很樂意支付。正如林肯所說的，你不可能永遠愚弄所有人。

通貨膨脹若到了極致，就像1920年代的德國一樣，通貨膨脹讓每個人都出於自衛試圖成為借款人，唯有先買後付，才能保護自己免受貨幣購買力的迅速侵蝕，由此產生的潛在借款人的湧入，加劇了對貨幣的需求，同時貸方也正以提高利率，來保護自己免受預期的貨幣價值進一步下跌造成的影響。在這種情況下，利率可以飆到多高並沒有理論上的限制，政府藉由印製更多貨幣來壓低借貸成本的努力，就像試圖用汽油滅火一樣徒勞無功。

歷史上的教訓很清楚：利率反映通貨膨脹。只要腐敗的貨幣還有著價值，利率就會反映借款人和領導者對其進一步下跌的預期，沒有什麼可以擱置市場的殘酷定論。

直到貨幣變得一文不值，我們才會看到債務人追逐著他們的債權人，並毫不留情地將錢還清，就像他們在1920年代的德國所做的那樣，然後一種新的貨幣就出現了。

從邏輯上說，沒有理由會認為現在利率處於永恆的高地，就像在1940年代，人們有理由相信當時的利率處於永恆低位一樣。（實際上，很多人在25年前確實相信利率會永遠處於低位，否則他們為什麼會購買殖利率只有2-1/2%或甚至更低的長期債券呢？）

正如下列圖表所示，贖回保障、長期、高評級公司債券的殖利率，從1921年近6%的高點下降到1946年不到2-1/2%的低點，期間持續了25年，在歷經了如此長時間的下降後，那些將記憶和推論混為一談的人，就像我們大多數人一樣，確信利率永

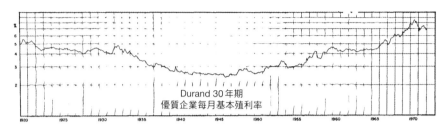

Durand 30 年期
優質企業每月基本殖利率

利率的價格

遠不會再次上升。

　　但是，正如你所看到的，利率確實從那個點上升了超過24年，來到1970年5月的高點，當時一流的公司，其債券殖利率約為8-1/2%。在歷經了如此長時間的上漲後，那些將記憶和推論混為一談的人，就像我們大多數人一樣，確信利率永遠不會再次下降。

　　實際上，當假設利率相對於現在購買而不是以後購買較具有優勢，決定延遲支出時，借貸成本會下降，因此，利率下降可能有兩個原因：（1）因為它們已經達到了一個程度，這個程度誇大了現在而不是以後購買的假設優勢，或者（2）因為現在而不是以後購買的優勢，因通貨膨脹率的降低或利潤潛力的惡化而減少，或兩者兼具。

　　若說利率處於永恆的高地，等於是說現在購買而不是以後購買的優勢將永久保持在高地，這樣的陳述假設：（1）持續的高通貨膨脹率，或（2）投資資本的報酬率永久高於美國工業過去的報酬率，或（3）兩者兼具。

　　顯然，如果可以減緩通貨膨脹率，現在購買而不是以後購買

的優勢就會減少，因此延遲支出的決定會變得更容易；同樣明顯的是，如果利潤潛力惡化，無論是因為外國競爭、產能過剩、稅收還是成本價格的壓縮，以借款進入新業務，或擴大現有業務的動力都會減少，貨幣需求也會隨之減少。

我們對資金的需求很大，但需求與有效需求是兩回事，如果我們試圖以印鈔來供應這樣的需求，通貨膨脹率有可能會加速，而且它已經達到了使企業利潤潛力蒙上陰影而不是光明的程度了。以徵稅來滿足這些需求，只會把購買力從某些人和某些行業轉移到其他人和其他行業身上，它沒有為假設整體資本投資的獲利能力增加提供依據。

投資業務中最嚴重的職業危害之一，來自於我們將任何事情合理化的非凡能力，以及我們普遍無法預見將會發生的事情。僅僅靠著謙虛，就應該讓我們能謹慎地接受一件事：很少有人明智地預見到利率水準是長期不變的，做出支持永久性高利率預期的假設很容易，但要證實這些假設很困難。

債券與股票

如果你擁有一家公司的股票，那你就是該公司的合夥人；如果你擁有一家公司的債券，你就是該公司的債權人之一。

作為股東，你擁有企業的一部分。作為擁有者，每當董事投票分配獲利時，你都有權獲得你所占的份額，但什麼都無法保證。

作為債權人，無論公司賺錢與否，你都有權獲得報酬，然

而，目前還沒有人有方法可以從一無所有的人身上擠出錢來，因此，謹慎購買債券的人不僅要細查對方的權利，還要檢查發行公司履行其協議的能力。

引述吉卜林（Kipling）「東方就是東方，西方就是西方，兩者永不會相會（East is East, and West is West, and never the twain shall meet）」的說法，在1929至32年的大蕭條之前，人們常說債券人是債券人，股票人是股票人，雙方都無法在對方的領域中成功的運作，實際上，若說債券人不了解股票，就像在說眼科醫生完全不了解人體其他部位一樣不合理，某種意義上來說，股票是保護債券免受暴虐命運箭穿石擊的緩衝，一個對這些緩衝區中的蒼白乏力敏感的債券人，很少會有持有違約債券的問題，他早在影響優先順位債券支付之前，就預見了麻煩。（債券之所以優先，是因為其要求必須先得到滿足，然後才是股東。）

無論一家公司多麼成功，其債券持有人所獲得的，只是約定的利息和到期償還本金。既然債券持有人因此被禁止分享其繁榮，那麼冒著分享其逆境的風險確實是愚蠢的。實力較弱的公司通常會藉由提供比最佳債券更高的利率，來吸引粗心的債券買家，就我自己的經驗，我主張只購買最好或最差的債券，並且避掉介於兩者之間的所有東西。我知道，這聽起來似乎很矛盾，但讓我解釋一下，最好的債券具有強大的盈餘覆蓋範圍和強大的資產支持，以至於幾乎是不可能違約的。我記得1929年有三檔AAA級債券在1932年違約，但這只是測試準則中的例外狀況，它們可能只占了1929年所有未償付AAA債券中不到1%的一小部分，總之，像1929至32年這樣的蕭條是極不可能的，從那時

起，世界就變了。

　　當然，最糟糕的債券，指的是那些違約的債券，很多時候，就像前面提到的里奇菲爾德石油公司，和泛美石油公司的債券情況一樣，違約債券在最終重組中，會將全部或大部分股份給予公司。因此，當我購買違約債券時，我所購買的，是我希望和預期重組後公司的股權，我實際上是在購買名為債券的「股票」，因為那之於「股票」是相對便宜的價格。

　　據說，蟲是唯一不會跌倒的生物，違約債券具有跟蟲相同的特性。最壞的情況發生了，他們或許會在等待重組之前保持違約情況數年，或許發行公司可能會被清算，但違約債券的持有人，幾乎不需要擔心他會從早上的新聞報紙上又看到什麼壞消息，因為關於他所持資產的任何資訊幾乎不會再變得更糟了，因此他擁有著歷史上一次又一次的驗證，幾乎是無風險的投機，並且有很大的機會最終會增值。

　　那麼可轉換債券呢？這些是可以交換發行公司股票的債券，價格通常高於發行債券時的市場價格，如果股票價格長期大幅大漲，可轉換債券持有人就能從中獲利；另一方面，如果公司陷入困境，股價下跌，可轉換債券持有人通常會繼續收取利息，並享有一定程度的保障。然而，事實仍是，如果股票上漲，股東會比可轉換債券的持有者賺到更多錢，而如果股票大幅下跌，可轉換債券的跌幅往往會比最高評級的「直接」債券跌幅更大，有時甚至會違約。

　　可轉換債券對於限制購買普通股的機構是有用的，尤其是當這些機構經專家提醒發現「不對勁」的價格時。對個人而言，可

轉換債券有時可以避免決定究竟要買股票還是買債券的困擾，但與正確決策所能達到的結果相比，這種逃避現實往往代價高昂。

　　當國家遭受通貨膨脹時，為什麼人們要購買債券？答案是利率是供需關係的結果，貸款人收取、借款人支付，利率不僅反映了貨幣的租賃價值，還反映了其購買力的預期衰退率，從理論上說，如果貨幣的租賃價值為4%，並且預計通貨膨脹率將持續以每年4%的速度增長，那麼利率將會落在8%左右。當最優質的債券提供的殖利率，涵蓋貨幣的租賃價值和預期的通貨膨脹率時，如果實際通貨膨脹率證明低於預期，則買方將獲利。

　　在過去的兩三年裡，一些債券買家的動機是基於一種信念，即美元購買力每年下降5%或6%的通貨膨脹率，大約是美國社會結構能夠並且容許的最高通貨膨脹率。因此，當最好的完全應稅債券的殖利率為9%或更高時，而最好的免稅債券的殖利率為7%或更高時，這些人之所以會買是因為他們（不知道會發生什麼事）期望在通貨膨脹變得更糟之前做些什麼。無論尼克森的「凍結」是否成功，它至少證明了那些債券購買者的預期，即美國不會持續保持在6%的通貨膨脹水準。

　　最高評級債券的價格只是反映了利率的變化，例如：當一般利率水準為6%時，二十年到期的6%債券將以面額（1,000美元）出售；如果一般利率上升到8%，同一張債券將以大約80美元（每張債券800美元）的價格出售，在這個價格下，買方的當前殖利率為7-1/2%，到期殖利率略高於8%。到期殖利率是透過考慮二十年後收到的200美元「額外」現值逐年計算的殖利率，請記住，我們現在說的是最高評級的債券，基於此，買方認定在

到期時他不僅是收到他支付的800美元，而是收到面額1,000美元的債券。

如果利率在未來五年內降至4%，那麼在8%時的貨幣市場上以80美元的價格出售的同一張最高評級的6%債券，預計將以122美元（每張債券1,220美元）的價格出售，價格上漲了50%。從1971年的水準看來，根據你對於不可知的未來所做的假設，債券可能會表現出比普通股擁有更大的資本利得。

當然，要留意的一點是贖回保障（call protection），發行債券的公司理所當然也想要魚與熊掌兩者兼得，因此，當其他人都在付高利率時，他們提供高利率債券來吸引買家，但他們保留了贖回債券，並在利率下降時發行新債券的權利。你可能擁有9%並於1990年到期的債券，但如果它可在三年內贖回，那麼就不要再指望它了，如果到了1975年，利率一般應該會下降到6%（儘管這不是預測，但確實是可能的），你的9%債券可能會被贖回（還清），而你不得不以當時的「現行利率」把資金再投資在6%的債券上。很多債券是長期不可贖回的——十年的贖回保障是很常見的，有時甚至可以提供更長期的贖回保障，要謹記在心的一個規則是，如果可贖回債券對你不利，則將進行贖回。

我們該如何比較股票與債券？假設我們以每股50美元的價格買入每股盈餘1美元並以每年20%的速度增長的股票；假設該股票只支付股利，將所有盈餘再投資於企業中；假設在我們購買的時候，我們本可以購買有贖回保障的優質公司債券，其殖利率為8%。

我們買的股票要多久才能獲得購買價格的8%？答案是七至

八年，前提是如果每年持續以20%的速度增長的話。

　　但即使我們有信心以那樣的成長速度持續那麼長的時間，在我們確信這檔股票是更好的選擇之前，我們還面臨著其他不確定的問題。

　　其中一個問題是：「七八年後，優質公司債券的殖利率會是多少？」如果殖利率下降到4%，而如果我們本可以用8%的殖利率購買的債券，是可贖回的或者在十年後到期，那麼我們債券的替代方案就不那麼吸引人了。

　　在決定是否應該在50倍的盈餘下購買股票之前，我們必須回答的另一個問題是：我們預計該股票在七或八年後會賣出多少倍的盈餘？如果我們的股票盈餘如我們預期般的增為4倍，但股票隨後以12-1/2倍的盈餘賣出，我們的投資既不會產生資本利得，也不會產生收入。很顯然地，8%的債券會是更好的選擇。

　　如果我們的股票盈餘增為4倍，然後股票以25倍的盈餘賣出，我們的股票價格將會倍增，價格在七或八年內翻倍，相當於10%殖利率的年複合成長率，在這個假設下，股票將比殖利率為8%的債券更好。

　　如果本益比維持在50，該股票的價格將是我們購買價格的4倍，每年獲利20%，這些都是至關重要的「如果」。

　　稅收與所得也要納入計算，美國所得稅等級為50%的個人，將把他8%債券殖利率的一半繳給稅務人員，退休基金會保留這些稅金並進行再投資。

　　因此，50%稅級的個人，每年需要把4%的收入用於當前支出，這樣一來，8%債券全部的收益都將用於支出與繳納稅款，

如果他購買了成長型股票並賣出足夠多的錢，在扣除資本利得稅之後，每年還有4%的**成本**，那麼他的收益將取決於每次出售股票時的市場價格，無從提前得知會有什麼狀況，然而，我們知道，本金的固定年度匯票是美元平均的相反，這意味著，在價格低時賣出最多的股票，而在價格高時賣出最少的股票。

　　如果這些例子看起來冗長乏味且複雜，我可以向你保證，若與每天遇到的實際投資問題相比，這些相對簡單多了。我想說的是，任何投資都不可能以數學方式預先證明會得出什麼結果，你的電腦越大、運算越複雜，你可以評估的假設就越多樣化，但說到底，未來仍是未知數，而且永遠都會是，這就是為什麼做出假設和計算機率，對投資成功來說至關重要。

第十八章

選擇正確的那一個

發現致富之道是「買對並持有」是一回事，但要確實做到又是另一回事。

要如何買對？

將伊索寓言比作今日狀況：在夏天快結束時，蚱蜢向螞蟻尋求建議。「你過得真好，」蚱蜢對螞蟻說，「你為自己蓋了一個窩準備過冬，並在裡面儲存了食物。我之前玩得很開心，但現在夜裡漸漸變冷了，我很擔心，我該怎麼辦才好？」

「還不簡單，」螞蟻說，「你把自己變成一隻蟑螂，走進屋子裡，在那裡，你會有足夠的食物和溫暖度過冬天。」

「謝啦，」蚱蜢說，然後，又想了一下，「那我該如何把自己變成蟑螂？」

「我已經告訴你這個重要計劃了，」螞蟻說，「細節你要自己想辦法。」

這個重要計劃就是買對並持有。我們之中的一些人，將這些細節留給自己去解決，最終可能會和蚱蜢一起睡在寒風中。

我不確定是哪一個比較困難，是買對，還是足以知道要堅定持有。在數學上，如果你只是在報價頁面上釘圖釘，就算未來和

過去一樣好（這也是不確定的），你也很難有1％的機會命中一檔能夠為你帶來百倍獲利的股票，而且在你買下股票後，華爾街那些最聰明的人會試圖說服你賣掉它並再購買其他股票，很多時候他們是對的，至少就短期而言。當他們每次都是對的，只會讓你在下一次更難不聽取他們的建議，而下次他們可能會建議你賣掉你的百倍股股票，就在它從1變成2的時候賣出，他們就是這麼建議加勒特先生的。

　　但是既然我們已經把如何用10,000美元投資致富的問題分成了兩個部份，那麼，讓我們首先考慮關於「買對」這部分。

　　為了做出明智的選擇，我們作為投資者，必須對未來做出或接受一些假設，否則，我們可能會發現自己支持的是輸家，就像一個在得知獎金是給最厲害的奶牛之前，就賭了一匹馬的人。

　　為了對未來做出明智的假設，我們必須試著理解事件的趨勢走向，在我們開始比較各種證券的價值之前，要先考慮關於貨幣、利息、通貨膨脹、債券與股票以及一般政治情勢。

　　這一切都歸結於實證想像力——即看到尚不存在、但很快就會變成對你來說很重要的東西的能力。

第十九章

去哪找大贏家

約翰·韋斯科特（John Westcott）是我認識最優秀的市場分析師之一，他曾經告訴我他與伯納德·巴魯克（Bernard M. Baruch）的一次對話。韋斯科特先生不經意地提到最近購買的一些藍籌股（blue chip stock），他覺得要嘛是美國電信公司（American Telephone），要嘛是通用汽車公司（General Motors）。

「我不知道你怎麼買得起那種價格的股票，」巴魯克先生說，「我沒辦法。」

巴魯克先生傳達了一種普遍的看法，就是只有低價股才有巨大的獲利潛力。不知怎的，1分錢變成1美元似乎比1美元變成100美元來得更容易，然而，如表格3所示，在過去的四十年中，有很多機會在價格較高的股票中達到百倍獲利。

低價股，就像窮人一樣，在我們身邊比比皆是。許多低價股的漲幅驚人，然而，我並沒有看到有任何跡象顯示，價格為1美元或甚至更低的股票，比價格為10美元或甚至更高的股票更有機會上漲百倍。看起來或許只是因為低價股的數量比高價股多出許多，而對於尋求最大資本利得的投資者來說，只看價格會是很糟糕的指引。

　　另一個普遍印象是，要在股票市場中找到真正的好機會，櫃買市場會比紐約證券交易所或美國證券交易所更容易找到。抱持這種觀點的人認為，相較於有著數量眾多股票的櫃買市場，紐約證券交易所的股票更需要專業證券分析師的審查，因此，人們認為在紐約證券交易所找到被忽視的出色股票的可能性，會比在其他地方還要小，然而，紀錄再次未能證明這點。過去四十年，漲幅超過百倍的365檔股票中，大多都是在紐約證券交易所交易的。（詳見表格1）或許可以這麼解釋，由於任何投資者可以在任何地方購買的，都是未知的未來，因此，也就是說，證明了比預期要好的未知未來的機會，在紐約證券交易所就跟在其他任何地方一樣。

　　要特別強調的是，這並不代表我相信投資者會像他們做任何其他事情時一樣，盲目地在《華爾街日報》報價版面上釘圖釘。一方面，並非所有上漲百倍的股票都為投資者提供了同樣有利的機率，一個人損失一切的風險，可能會比另一個人大上很多倍。在俄羅斯輪盤中贏得的錢，可以買跟透過其他方式賺取的錢一樣多的食品雜貨，但作為謀生手段，最微不足道的俄羅斯輪盤，有著當之無愧的一席之地。

　　那麼，在哪裡可以找到百倍股呢？過去四十年的紀錄指出了以下這些大好地方：

1. 讓我們能夠做到我們一直想做，但從未能做到的事情的發明，如老式汽車、飛機、電視。
2. 用在我們長期以來必須做的事情上的新方法或新設備，讓

工作變得更容易、更快速或成本更低，如電腦、挖土機就是過去的例子。

3. 改善或維持服務品質，同時減少或消除提供服務所需的勞動力之程序或設備，例如醫院的一次性針筒和床單，冷凍食品以及以全錄為首的整個影印家族。

4. 嶄新且更廉價的能源，如煤油代替鯨油，燃料油代替煤炭、原子動力發電取代全部。

5. 以較少或不破壞生態的方式完成基本既有工作的新方法，一個例子是以絕育昆蟲的方式來消滅害蟲，而不是使用對許多健全的生命形體有害的化學物質。

6. 以改良的方法或設備回收現代文明人所需要的物質，包括水，而不是製造出垃圾山或將污水排入海洋。

7. 無需運送或浪費即可將早報送到家中的新方法或新設備，但可以立即擁有或之後再看。對我們大多數人來說，昨日的報紙幾乎沒有價值了，但每天都有數以百萬計的印刷品以能夠裝訂和保存多年的形式印刷，只為了想要永久紀錄的那一小部分的訂戶，為此，我們毀壞森林。

8. 在陸地上無需使用輪子便可運輸人及貨物的新方法或新設備。長期以來，火和輪子一直被認為是最能將人類從野蠻深淵中拯救出來的兩項發明。我有時在想，我們是不是對輪子沒有太多的崇敬，其內在矛盾是，它移動得越快，產生的離心力就越大。為了在空中達到超音速，人類必須想辦法將輪子捨棄。有朝一日，這可能會在陸地上實現，或許會使用氣墊，或許會是磁力，或許會是還沒有想到的想

法、方法和設備。

改述於第一次世界大戰中伊迪絲・卡維爾（Edith Cavell）對行刑者說的話：「愛國主義是不夠的，（Patriotism is not enough）」發明也是不夠的。金融史上遍佈著無能力管理的聰明想法之殘骸。汽車行業已經取得了巨大的財富，但我有時會懷疑，在1900至20年間購買所有汽車股票的投資者，他的總投資報酬率是否有跟儲蓄銀行給他的回報相當。

在沒有進行全面調查的情況下，我們指出了在過去四十年中，超過365檔的股票，其市值增長了百倍，很多是四十年，有的是三十五年，有的是三十年，相當多是落在二十五年及二十年上下，另外有五檔是在這近十年內。即使是那些花了整整四十年的時間才有其價值乘以100的股票，也遠遠超過了同時任何專業管理基金的盈餘或資產成長。

總的來說，似乎有四類股票都已經交出了百倍成長的表現紀錄。我本來是要說**有**而不是**似乎有**，讓我改口的是我回想起一個炫耀之人的故事，那個人對偉大的語源學家說：「你有沒有注意到糖是英語中唯一『su』發音為『su』的字呢？」語源學家的回答是：「你確定嗎？（Are you sure?）」

我看到的四個類別為：

1. 上漲主要是由於從美國歷史上最大熊市底部極度低迷的價格中恢復過來。其他時期的特殊恐慌或痛苦情況也屬於這一組。

2. 上漲主要是由於基本商品的供需比變化，反映在商品價格的大幅上漲上。

3. 上漲主要是由於長期擴展業務和通貨膨脹期間資本結構的巨大槓桿作用。

4. 上漲主要是由於再投資盈餘的計算結果遠高於投資資本的平均報酬率。

由於公司或其產業特有的麻煩，個體企業時不時會以看似低價的價格出售。但是，若是像1932年和1933年銀行假期之前那樣顯而易見的交易，那麼那個時期的全球通貨緊縮和失業肯定會再次發生，這類的再次發生在政治上是不太可能的。縱觀整個西方世界，似乎很明顯，如果人們必須選擇，他們寧願選擇無論有或沒有控制薪資和價格下的通貨膨脹，而不是遭受另一場大蕭條。因此，現在期望能在第一類型中找到許多百倍股的獲利機會似乎是不切實際的──至少在人類重新理解到通貨膨脹作為經濟上的萬靈丹是一個謬誤之前──這可能需要花費很多很多年。

很明顯地，石油或礦產的重大發現可以在短期內讓股票價值倍增。在澳洲發現轟動國際的鎳礦之後，波塞冬鎳礦開發公司（Poseidon）的股價在一年內上漲至其低點的一百多倍。（該股票隨後損失的比原先驚人的收益還要多。）像這樣的發現幾乎可說是無法預料的，透過這種方式致富的投資者是幸運的。

我並不是小看運氣的存在。一個人不一定要夠聰明才能致富，他所知道和做的就是其具備的條件，很多時候，就是這麼簡

單，以至於除了一位顯而易見的亞當斯[*]之外，任何人都沒有注意到。老一輩的人可能還記得他是一個虛構的人物，他從來沒有做過一件聰明的事，但透過做著顯而易見的事情，他比他聰明的競爭對手賺到更多的錢——像是當開始下雨時就進到屋裡。

　　將賭注下在一個大型天然資源開發上，就像在賽馬中玩雙賭法（daily double）一樣，你可能一輩子都不會賭到雙雙獲勝的組合。但還是有其他天然資源的情況是，其中已經知道地下有資源的存在，但需要改變價格才能使採礦有利可圖。梅薩比鋼鐵（Mesabi Iron）龐大的鐵燧岩儲量就是這樣的情況，一些煤炭公司的情況也是如此，自1930年代大蕭條以來，這些公司的股票已經升值了百倍以上。有朝一日，鈾礦石、油頁岩、油沙以及立木業可能都會出現這種情況。

　　利用機會可能是由於對公司盈餘和資產的優先債權，等於或超過這些盈餘或資產的情況，而股權沒有現值，當這種情況持續多年而沒有明顯的變化潛力時，股權可能會以面值出售。這就是1940年代三洲公司普通股和認股權證的情況。有時候，即使沒有優先證券，由於大型企業盈餘長期處於低迷狀態，也可能會導致所謂的銷售槓桿作用。例如，當一個人可以用每1美元的當前股票市場價格買到10美元或甚至20美元的公司銷售額時，這是一個簡單的算術問題，如果淨利率應該提高到5%的銷售額歸於普通股股東，那麼他們的投資報酬率確實相當可觀。

　　透過資本槓桿獲利的機會很容易找到，難的是確定增加的潛

---

[*]　譯注：《OBVIOUS ADAMS》是一本商業短篇小說，初版於1916年。

在利潤是否會超過增加的風險，原則就在於保證金帳戶（margin account），如果你以50%的保證金購買一檔股票，結果價格倍增了，那麼你從自己的投資中賺到的錢，幾乎是你直接購買股票的兩倍。

如果價格下跌了50%，你就失去了你的股權。需要留意的情況是，一家大公司的業務和利潤出現嚴重但暫時的下滑，其資本結構中優先證券的比例非常高。顯然，如果一個人可以用企業總價值的5%或10%價格購買股票，那麼企業總價值倍增，可能會導致股權市場價格上漲十到二十倍。

一種相對較新，且還沒有在真正蕭條中實際測試過的槓桿投資，就是所謂的雙元基金（dual purpose fund），由SSC資產管理公司現任總裁喬治・西姆・約翰斯頓（George S. Johnston）在美國所創立。通常，這類基金的組合，其中一半資金來自於尋求高額且不斷增長投資收入的人，另一半則來自於僅對資本利得潛力感興趣的人，因此，第一組投資者享有組合基金中的固定收益，甚至以犧牲第二組為代價來保證的最小收益，如果這類最小收益沒有其他取得途徑的話。

另一方面，在第一組收到約定的收入並償付其投資後，第二組有權獲得共同基金的所有資本利得。

實際上，這些雙元基金的資本利得股東擁有50%或更多的保證金帳戶，換句話說，如果證券價格有任何上漲，其價值將是他們為其股份所支付的兩倍或更多，他們將獲得這些收益。這些資本利得股東不會從他們的投資中獲得股利或利息，但他們也不需為他們的「借方餘額」（debit balance）支付任何利息，即基金

資產超過股份成本的部分。例如，如果此類基金的資產價值為10美元的收益股和10美元的資本利得股，如果收益股僅有權獲得10美元，則資本利得股的升值潛力，與保證金帳戶或被售出的帳戶大致相同。對於任何相信股市將會上漲的人來說，購買這些資本利得股票，就類似於在橋牌遊戲中叫出加倍一樣。

過去一年，有可能以適用於兩組所持股份資產總價值的三分之一或更少價格，買入此類雙元基金的資本利得股份。例如，假設適用於收益股的資產為每股10美元，適合於資本股的資產，在紐約證券交易所以每股5美元的價格出售。我們在1971年就看到了這樣的關係，如果股票市場像1949至64年的15年間那樣的上漲到當前平均價格的5倍，而如果雙元基金的資產僅僅只維持在市場平均水準，在1986年，這些資產相當於16美元的5倍，也就是每一單位的收益股和每一單位的資本利得股為80美元，由於收益股仍然只能獲得10美元，剩餘的70美元將會是資本利得股份的資產價值，因此，以5美元購買此類股份的買家，將獲得其原始投資的14倍收益。

即使是這樣的收益，若跟我們在過去四十年中看到的，以及現在所尋求的百倍股收益相比，還是遠遠差了許多。但假設戰爭、或戰爭的威脅、或完全無法預料的蕭條，使資本股的市場價格不僅下跌至5美元，而且跌至1美元甚至50美分，從這樣的水準來看，因經濟和政治形勢的意外轉變，或許會提供我們正在尋求的百倍股投資機會，雙元基金投資組合的出色表現也是如此，即使過去其資本股價格沒有出現過如此嚴重的下跌。

我的第四類百倍增值的股票，是連續多年投資報酬率遠高於

平均水準的公司，在這類股票上，投資者有簡單的估算和時間成本，然而，即使在這個類別裡，也沒有白吃的午餐，沒有什麼是「絕對的事」。首先，投資資本的高報酬率可能會引來太多的競爭對手，如果有太多競爭者進入，沒有任何一門生意可以好到能夠免於受到損害。極其重要的是，高報酬率需要受到「門檻」的保護，讓進入此業務這件事，即使不是完全不可能，也是有其困難度的，這類門檻可能是專利、基於卓越研究和發明的不斷創新、擁有獨特優勢的原物料來源、非常廣為人知的品牌（等等，你可以自行再添加其他條件），只要確保這個「門檻」是高而穩固的。我們大多數人在生活中想要的，幾乎都是相同的物質事物，好的食物、好的衣服、位居在較好區域的房子、讓我們的孩子讀好的學校。為了獲得超過平均水準的事物，我們必須能夠做到超越平均水準、或做到比平均水準再更好的事。如果我們所能做的，只是幫別人洗衣服賺取微薄收入的話，那麼街上總有人會以低於我們價格 2 美分的價格搶走我們的生意。

　　過去四十年，成千上萬的投資者在某個時候都擁有過這些百倍機會「高門檻」股票中的一檔或多檔。但很可能沒有千分之一的人會堅定持有他手中的贏家，直到它的價值增加至百倍的那一天。

　　當然，他們都希望自己有這麼做，然而，假設已經存在的事物將會永遠存在，這也同樣是一個巨大的錯誤。或者，現在就為所有可以預見的增值先買單吧。

　　要在四十年內增值 100 倍，股票價格必須以 12.2% 的年複合成長率增長，在不到四十年的時間裡，將一檔股票的價值乘以

100所需的成長率是：

35年	14%
30年	16.6%
25年	20%
20年	26%
15年	36%

　　從數學上來說，任何公司都不可能以即使是最小的速度連續無休止地成長。實際的問題是試圖評估，首先，這些成長率可能會持續多長時間，其次，它們必須持續多長時間，才能證明當前的股票價格是合理的。

　　首先，讓我們先結束所有關於即使是最小的增長率，也可能永無休止地持續下去的爭論，你認為在1971年前投資1美元，以5%的成長速度加上每年複利的利息，到了今日會是多少錢？SSC資產管理公司的經濟副總裁路易絲‧柯利博士（Dr. Louise Curley）首先給了我這個答案，到了1965年，這會是一筆巨款，若以每盎司35美元的價格購買黃金來計算的話，可以買下一顆實心的金球，尺寸是從地球到達9000萬英里外的太陽這麼大。柯利博士擁有麻省理工大學經濟學博士學位，所以我相信她的算術。當我請她將答案更新至1971年時，她告訴我現在變成一顆超過1億英里厚的實心金球了。

　　但讓我們實際一點，沒有人會為接下來的1971年做投資，我們眼前的問題距離不會那麼遠。首先，如果我們正在尋找在未來十五年到四十年內價值可能會乘以100的股票，我們必須評估

它們的盈餘能夠並且將繼續以12%至36%的年複合成長率增長的可能性。長期資本成長與長期盈餘成長息息相關，投資者唯一獲得更多增長的方法，是掌握住股市情緒從樂觀到悲觀然後又返回的波動，如果他誤判了這些波動，他在資本成長方面得到的獲利，可能會比在盈餘成長方面得到的少得多。

　　這樣的思維可能有助於評估通用汽車和IBM等大公司的成長潛力。如果通用汽車的盈餘從1965年的創新紀錄高點再成長100倍，那麼通用汽車的淨利潤將超過2,000億美元，即使該公司淨賺10%的銷售額，這仍然意味著2兆美元的銷售額，這並沒有貶低通用汽車的產品或管理階層的意思，但這表示，從現在起的四十年後，通用汽車也不太可能實現多過於美國目前國民生產總額2倍的業務量。

　　同樣地，將1969年創紀錄的IBM盈餘乘以100倍，等於每年超過110億美元，即使該公司設法維持其1969年的高淨收入與銷售額比率，IBM每年也必須有超過7000億美元的業務才能獲得這樣的利潤。

　　那些看好IBM的人可能會爭論說，我是以**歸謬法**（reduction ad absurdum）來提出矛盾反證的。在上一份報告中，IBM在最受共同基金歡迎的股票名單上仍然排名第一，它是1972年《機構投資者》（*Institutional investor*）針對基金經理人和證券分析師調查中最受歡迎的股票，他們應該很清楚自己在做什麼，也許他們打算持有這檔股票，直到它再次翻倍，如果能在未來五年內實現，那將是一筆可觀的利潤。如果是這樣的話，IBM的股價每股將超過700美元，要達到這一點，它的收益必須要倍增，

或者它的本益比必須隨著它的盈餘而增加。為了使IBM的盈餘在未來五年內翻倍，它們必須以15%的年複合成長率成長，過去它們曾經達到比這更高的表現。但是，如果股票市場對IBM在1975年收益中每1美元的估值，高於其對於IBM在1970年收益的估值，那麼假設的前提是，從1975年水準進一步成長的潛力將比現在更好，或者利率會降低，或兩者兼具。請參考下方IBM從1919至71年的相對價格圖表。顯而易見，半個多世紀以來，股票的走勢一直是持續上漲的，到目前為止，想必幾乎是每個人都意識到這一點了。

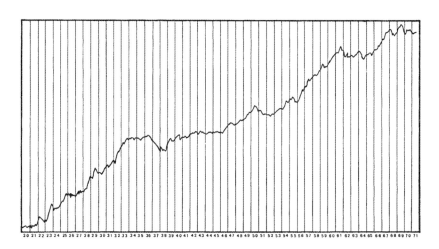

IBM

表格2

致富股票的價格表

在不同年份的30年間，以4美分或
高達137.5美元的價格買入的365檔百倍股

　　與普遍印象相反，未上市的雞蛋水餃股並不是唯一以將10,000美元變成1,000,000美元的股票。下列表格中，以大寫字母列出超過365檔證券的明細，這些證券若按引用之價格和年份購買，到了1971年，都達到百倍獲利。請注意，表格中之前12個價格為50美元或再更高。如果表格中有任何證券被重新命名或替換為另一名稱的情況，則1971年的名稱將顯示在其下的括號中。

英文公司	中文公司	價格	購買年份
OLD BEN COAL FIRST GOLD 6s 1944 （Standard Oil of Ohio）	老班媒炭公司首期6% 1944 （美國俄亥俄州標準石油）	137.50	1935
INTERNATIONAL BUSINESS MACHINES	IBM	122.50	1948
ANHEUSER-BUSCH	安海斯─布希啤酒釀造公司	98.00	1935
AVON PRODUCTS	雅芳公司	83.00	1955
MINNESOTA MINING & MANUFACTURING	明尼蘇達礦業&製造	60.00	1945
MINNEAPOLIS HONEYWELL （Honeywell）	明尼亞波利斯漢威 （漢威聯合）	58.00	1935
NEW PROCESS		58.00	1955
PRENTICE-HALL	普林迪斯豪爾	51.00	1945
ASSOCIATED TELEPHONE UTILITIES SERIES C 5.5% CONVERTIBLE BONDS （General Telephone）	聯合電話公用事業公司 （通用電話）	50.00	1933
LAWYERS TITLE INSURANCE （Richmond Corp.）	律師產權保險企業 （里奇蒙公司）	50.00	1936
PORTER（H.K.）1st 6s 1946	香港波特公司	50.00	1932
RICHFIELD OIL OF CALIFORNIA 1st CONVERTIBLE 6s 1944 （CERTIFICATES OF REPOSIT） （Atlantic Richfield）	里奇菲爾德石油公司 （阿科石油公司）	50.00	1932
HALOID XEROX（Xerox）	哈羅全錄（全錄）	47.50	1958
EASTMAN KODAK	伊士曼柯達	46.00	1933

英文公司	中文公司	價格	購買年份
GENERAL AMERICA CORP.（Safeco）	通用美國 （塞費柯保險）	44.00	1946
JOHNSON & JOHNSON	嬌生公司	46.00	1938
EMPIRE TRUST（Dome Petroleum Ltd.）	（圓頂石油）	43.50	1943
MERCK & CO	默克藥廠公司	43.00	1940
POLAROID	寶麗萊	42.88	1955
FIDELITY UNION LIFE UNSURANCE	富達聯盟人壽保險公司	42.00	1949
CONTINENTAL ASSURANCE （CNA Financial）	北美大陸保險公司 （CNA金融公司）	40.50	1943
ABBOTT LABORA TORIES	亞培	40.00	1934
MINNESOTA & ONTARIO PAPER 6s SERIES A 1931-45 （Boise Cascade）	明尼蘇打與安大略紙業 （博伊斯凱斯凱德公司）	40.00	1932
PAN-AMERICAN PETROLEUM（OF CAL.）CONVERTIBLE 6s 1940 （CERTIFICATES OF DEPOSIT） （Atlantic Richfield）	泛美石油公司 （阿科石油公司）	40.00	1932
GOVERNMENT EMPLOYES INSURANCE	政府員工保險公司	38.00	1951
GRANITEVILLE MANUFACTURING （Graniteville）	格拉尼特維爾紡織製造 （格拉尼特維公司）	34.00	1935
AMERICAN HOME PRODUCTS	美國家庭用品公司	30.75	1938
OLD BEN COAL 7.5% DEBS 1934 （Standard Oil of Ohio）	老班媒炭公司 （美國俄亥俄州標準石油）	30.00	1932
PFIZER（CHAS.）& CO.（Pfizer, Inc.）	輝瑞公司	29.00	1943
LINCOLN NATIONAL LIFE INSURANCE （Lincoln National Corp.）	林肯人壽保險 （林肯國民公司）	28.50	1943
CONNECTICUT GENERAL LIFE INSURANCE （Connecticut General Insurance）	康乃狄克大眾人壽保險 （康乃狄克大眾保險）	27.63	1943
GLOBE & RUTGERS FIRE INSURANCE （American International Group）	全球羅格斯產險公司 （美國國際集團AIG）	27.00	1949
CLOROX	高樂氏	24.00	1942
GENERAL TIRE	將軍輪胎	23.00	1933
AMEREX HOLDING CORP. （American Express）	阿瑪士公司 （美國運通）	21.50	1948
DOW CHEMICAL	道氏化學	21.13	1932
MERCANTILE STORES	商業百貨商店	21.00	1943

英文公司	中文公司	價格	購買年份
U.S. BOBBIN & SHUTTLE PFD. （Baker Industries）	美國梭心製造 （貝克工業）	20.00	1940
EASTERN GAS & FUEL 6% PFD.	東部天然氣燃料公司	19.75	1943
ZENITH RADIO	天頂電子	19.75	1948
AMERADA CORP. （Amerada Hess）	阿美拉達石油天然氣集團公司 （阿美拉達赫斯公司）	18.50	1933
BABCOCK & WILCOX	巴布柯克─威爾科斯公司	18.50	1934
WINN & LOVETT GROCERY （Winn-Dixie Stores Class B Conv.）	溫拉維特雜貨 （溫迪克西商店）	18.00	1942
CARNATION COMPANY	康乃馨煉乳公司	17.88	1938
AMERICAN HIDE & LEATHER 7% PREFERRED （Tandy common）	美國皮革公司 （坦迪皮革）	17.75	1934
McDONNELL AIRCRAFT （McDonnell Douglas）	麥克唐納飛行器公司 （麥克唐納道格拉斯）	17.00	1950
MOORE CORP. LTD.	摩爾公司	17.00	1935
SQUARE D CLASS B COMMON	適貴第	17.00	1935
BLACK & DECKER	百得	16.50	1944
TAMPAX	丹碧絲	16.50	1949
DR. PEPPER	胡椒博士集團	16.00	1935
AETNA CASUALTY & SURETY （Aetna Life & Casualty）	安泰意外災害保險公司 （安泰生命與意外災害保險公司）	15.00	1932
CLARK EQUIPMENT	克拉克設備公司	15.00	1939
KIRSCH CO. PFD. （Kirsch Company common）	基爾施公司 （基爾施公司）	14.00	1946
VIRGINIA IRON COAL & COKE 5% PREF. （Bates Mfg.）	維吉尼亞鐵煤炭公司 （貝茨製造公司）	14.00	1942
AMERICAN HIDE & LFATHER 7% PREFERRED （Tandy common）	美國皮革公司 （坦迪皮革）	13.50	1933
CHICAGO FLEXIBLE SHAFT （Sunbeam）	芝加哥軟軸公司 （夏繽家電）	13.50	1935
PLOUGH （Schering-Plough）	葆雅 （先靈葆雅製藥）	13.25	1945
PANHANDLE PRODUCING & REFINING 8% PREFERRED （American Petrofina Class A）	潘漢德爾生產＆精煉公司 （美國石油金融公司）	13.00	1940

英文公司	中文公司	價格	購買年份
J.C. PENNEY CO.	傑西潘尼百貨	13.00	1932
ABITIBI POWER & PAPER CO., LTD. 7% PFD.（$100 PAR）（Abitibi Paper Common）	阿比提比電力和造紙有限公司（阿比提比造紙）	12.50	1943
SEARS ROEBUCK & CO.	西爾斯百貨	12.50	1933
AMERICAN HIDE & LEATHER 6% CONV PREFERRED（Tandy common）	美國皮革公司（坦迪皮革）	12.00	1938
DIEBOLD, INC.	迪堡公司	11.63	1950
EDDY PAPER CORP.（Weyerhaeuser）	艾迪紙業公司（惠好紙業公司）	11.50	1940
NEWMONT MINING	紐曼礦業公司	11.50	1933
PHILIP MORRIS	菲利浦‧摩里斯國際公司	11.50	1934
SHARP & DOHME $3.5 CONV. PFD. A（Merck common）	夏普多姆公司（默克藥廠）	11.50	1932
BAXTER LABORATORIES	百特醫療產品	11.25	1956
MOTOROLA	摩托羅拉	11.25	1948
INTERNATIONAL COMBUSTION ENGINEERING CV. PFD. CTFS.（Combustion Engineering Inc.）	國際燃燒工程（燃燒工程公司）	11.00	1933
UNIVERSAL WINDING（Leesona）	環球紡織（利森納公司）	11.00	1934
OUTBOARD MOTORS CLASS A（Outboard Marine）	舷外機動（舷外機公司）	11.00	1936
SKYLINE HOMES（Skyline Corp.）	天際之家（天際房屋集團）	11.00	1963
GENERAL FIRE EXTINGUISHER（International Telephone & Telegraph）	通用消防（ITT公司）	10.63	1943
FOOD MACHINERY（FMC）	食品機械公司（富美實）	10.50	1934
MONROE AUTO EQUIPMENT	門羅汽車配件公司	10.50	1959
GOODYEAR TIRE & RUBBER	固特異輪胎與橡膠公司	10.25	1942
AMERICAN POWER & LIGHT $6 PFD.	美國電力公司	10.13	1935
HART SCHAFFNER & MARX	哈特‧沙夫納‧馬克思	10.00	1939
HOBART MANUFACTURING	亞伯製造	10.00	1933
REECE BUTTON HOLD MACHINE（Reece Corp.）	里斯鈕扣機公司（里斯公司）	10.00	1934

英文公司	中文公司	價格	購買年份
SIGNODE STEEL STRAPPING（Signode Corp.）	信諾封條機公司（信諾公司）	9.75	1942
FEDDERS	飛達仕	9.50	1945
NOBILITT-SPARKS INDUSTRIES（Arvin Industries）	NOBLITT-SPARKS 電器工業（阿爾文工業公司）	9.50	1933
GEORGIA-PACIFIC	喬治亞太平洋	9.25	1953
DODGE MANUFACTURING（Reliance Electric）	道奇製造（瑞恩電器）	9.13	1942
ALOE（A.S.）CO.（Brunswick）	（賓士域）	9.00	1934
MILTON BRADLEY	米爾頓布萊德利公司	9.00	1957
NATOMAS CO.	納托馬斯石油公司	9.00	1932
PACIFIC WESTERN OIL（Getty Oil）	太平洋西部石油公司（蓋蒂石油）	9.00	1943
MELVILLE SHOE	梅爾維爾製鞋公司	8.75	1933
SHARP & DOHME（Merck）	夏普多姆公司（默克藥廠）	8.63	1943
EMERSON ELECTRIC	艾默生電氣公司	8.50	1949
McGRAW-HILL	麥格羅希爾出版公司	8.50	1943
LANE BRYANT	萊恩布萊恩特	8.38	1942
AETNA LIFE（Aetna Life & Casualty）	安泰人壽（安泰生命與意外災害保險公司）	8.25	1932
HOLIDAY INNS	假日酒店	8.13	1958
MASONITE	美森特	8.25	1933
NATIONAL CONTAINER $2 CONV. PFD.（Owens-Illinois-Glass）	國家貨櫃（歐文斯伊利諾伊玻璃製造）	8.13	1932
THOMPSON PRODUCTS（TRW）	（歐文斯伊利諾伊玻璃製造）	8.13	1938
AMERICAN AIRLINES	美國航空	8.00	1938
DELTA AIR LINES	達美航空	8.00	1942
EDISON BROS. STORES	愛迪生兄弟百貨	8.00	1934
TRANE	英格索蘭	8.00	1943
GROWN CORK & SEAL	皇冠製罐公司	7.88	1932
EMERY AIR FREIGHT	艾莫利快遞	7.88	1955
HENRY HOLT & CO.（Columbia Broadcasting System）	亨利霍爾特公司（哥倫比亞廣播公司）	7.88	1953

英文公司	中文公司	價格	購買年份
FEDERATED DEPARTMENT STORES	聯盟百貨公司	7.50	1933
GARDNER-DENVER	格蘭登福	7.50	1933
BRIGGS & STRATTON	百力通公司	7.25	1933
NATIONAL STANDARD	國家標準公司	7.25	1932
AMERICAN HOME FIRE ASSURANCE（American International Group）	美國產物保險（美國國際集團AIG）	7.00	1949
AUTOMATIC DATA PROCESSING	自動資料處理公司	7.00	1965
ELECTRIC POWER & LIGHT $7 SECOND PREFERRED（Middle South Utilities and Pennzoil）	電力照明公司（中南公用事業公司＆彭澤爾公司）	7.00	1943
NATIONAL HOMES	全國營造	6.75	1945
GENERAL AMERICAN OIL	美國通用石油	6.50	1937
HOLOPHANE（Johns-Manville）	HOLOPHANE燈具（約翰曼菲爾公司）	6.50	1936
KENDALL CO.	肯達爾公司	6.50	1942
SKELLY OIL	斯凱利石油公司	6.50	1935
APEX ELECTRICAL MANUFACTURING（White Consolidated inc.）	艾沛斯電器製造（懷特綜合工業公司）	6.25	1941
MASCO SCREW PRODUCTS（Masco Corp.）	馬斯科螺旋產品公司（馬斯科公司）	6.25	1961
VAN DORN IRON WORKS（Van Dorn Co.）	范多恩鋼鐵（范多恩公司）	6.25	1950
CONTAINER CORP.（Marcor）	（馬蔻公司）	6.13	1934
PHILLIPS-JONES（Phillips-Van Heusen）	菲利普瓊斯（PVH集團）	6.13	1942
AMERICAN CONSTITUTION FIRE INSURANCE（American International Group）	美國產物保險（美國國際集團AIG）	6.00	1932
ELECTRIC SHOVEL COAL PREFERRED（American Metal Climax）	電器煤鏟公司（美國克萊梅克斯金屬公司）	6.00	1942
PACIFIC MILLS（Burlington Industries）	太平洋紡織（柏林頓工業）	6.00	1933
INDUSTRIAL ACCEPTANCE		5.90	1942
BURLINGTON MILLS（Burlington Industries）	柏林頓紡織（柏林頓工業）	5.75	1937
DEERE & COMPANY	迪爾公司	5.75	1933
HUNT BRO. PACKING（Norton-Simon）	亨特兄弟包裝公司（諾頓西蒙食品公司）	5.75	1944

英文公司	中文公司	價格	購買年份
BRUNSWICK-BALKE-COLLENDER（Brunswick Corp.）	布倫瑞克—巴爾克—柯林德公司（賓士域集團）	5.50	1938
CATERPILLAR TRACTOR	開拓重工	5.50	1933
SIGNAL OIL & GAS CLASS A（Signal Cos.）	信號石油天然氣公司（信號公司）	5.50	1935
UNION BAG & PAPER（Union Camp）	聯合紙袋公司（聯合紙漿造紙公司）	5.50	1933
GREYHOUND CORP.	灰狗巴士	5.25	1934
MARION STEAM SHOVEL 7% PFD.（Merritt-Chapman & Scott）	馬里昂挖掘機公司（梅里特—查普曼和斯科特）	5.25	1932
LOUISIANA LAND	路易斯安那地產公司	5.13	1943
WEST VIRGINIA COAL & COKE（Eastern Gas & Fuel）	西維吉尼亞煤炭焦炭公司（東部天然氣燃料公司）	5.13	1944
WESTERN AUTO SUPPLY CLASS A（Beneficial Corp.）	西方汽車設備公司（利益公司）	5.13	1932
AMERICAN METER（Singer）	美國儀表（勝家縫紉機）	5.00	1993
CHICAGO, ROCK ISLAND & PACIFIC CONVERTIBLE 4.5% 1960（Union Pacific）	芝加哥、岩島和太平洋鐵路（聯合太平洋）	5.00	1940
CONTINENTAL CASUALTY（CNA Financial）	大陸保險（CNA金融公司）	5.00	1933
DOUGLAS AIRCRAFT（McDonnell Douglas）	道格拉斯飛行器公司（麥克唐納—道格拉斯公司）	5.00	1932
EMPORIUM CAPWELL（Broadway-Hale Stores）	卡普威爾百貨（百老匯哈爾百貨）	5.00	1934
GENERAL ALLIANCE（General Reinsurance）	通用聯盟保險（通用再保險公司）	5.00	1933
GOVERNMENT EMPLOYES LIFE INSURANCE	政府員工保險公司	5.00	1949
KIRSCH CO. COMMON B（Kirsch Co. common）	基爾施公司（基爾施公司）	5.00	1946
MAGNAVOX	美格福斯	5.00	1949
NINETEEN HUNDRED（Whirlpool）	（惠而浦公司）	5.00	1942
SIMPLICITY PATTERN	簡單花樣公司	4.88	1954
GILLETTE	吉列	4.75	1943

英文公司	中文公司	價格	購買年份
HONOLULU OIL	檀香山石油	4.75	1932
PYRENE MFG.（Baker Industries）	庇利牛斯消防製造公司（貝克工業）	4.75	1940
CONTINENTAL BAKING（International Telephone）	大陸烘焙公司（ITT公司）	4.50	1935
NEW ENGLAND LIME（Pfizer Inc.）	新英格蘭大理石採石場（輝瑞）	4.50	1948
NOXZEMA CHEMICAL（Noxell）	諾西瑪化工（諾克賽爾）	4.50	1944
INTERSTATE CO（Host International）		4.38	1955
MILLER WHOLESALE DRUG（American Home Products）	米勒藥品公司（美國家庭用品公司）	4.38	1940
ASSOCIATED DRY GOODS	聯合百貨公司	4.25	1942
MAGMA COPPER（Newmont Mining）	岩漿銅業（紐曼礦業公司）	4.25	1932
NEHI（Royal Crown Cola）	尼希汽水（皇家皇冠汽水）	4.25	1936
REALTY OPERATORS（Southdown）	地產營運公司（南斯頓公司）	4.25	1944
ARMSTRONG CORK	阿姆斯壯軟木塞公司	4.13	1933
AYSHIRE PATOKA COLLIERIES（American Metal Climax）	（美國克萊梅克斯金屬公司）	4.00	1942
COLUMBIA RIVER PACKERS（Castle & Cooke）	哥倫比亞河捕撈協會（卡庫公司）	4.00	1939
GENERAL CABLE CLASS A（General Cable common）	通用電纜公司（通用電纜公司）	4.00	1935
LERNER STORES	勒納百貨	4.00	1933
PHILADELPHIA LIFE INSURANCE	費城人壽保險	4.00	1945
NORTH AMERICAN CAR（Flying Tiger Line）	北美汽車（飛虎航空）	3.88	1942
STONE & WEBSTER（Stone & Webster）（Gulf States Utilities）（El Paso Electric）（Virginia Electric & Power）（Sierra Pacific Power）	石威（石威）（灣區公用事業公司）（阿爾帕索電力）（塞拉太平洋電力公司）	3.76	1935
BIRTMAN ELECTRIC（Whirlpool）	柏特曼電器公司（惠而浦公司）	3.75	1933

英文公司	中文公司	價格	購買年份
BRACH（E. J）& SONS （American Home Products）	BRACH（E.J.）& SONS 糖果公司 （美國家庭用品公司）	3.75	1933
CESSNA AIRCRAFT	西斯納航空	3.75	1941
EX-CELL-O	Ex-Cell-O 機械公司	3.75	1934
HANCOOK OIL（Signal Cos.）	漢考克石油（信號公司）	3.75	1933
INTERNATIONAL UTILITIES CLASS A （common）	國際公用事業公司	3.75	1943
MC GRAW ELECTRIC（McGraw-Edison）	麥格羅電器 （麥格羅愛迪生電器設備）	3.75	1934
SLOSS-SHEFFIELD STEEL & IRON （A-T-O Inc.）	斯洛斯─謝菲爾德鋼鐵公司 （埃特莫斯能源公司）	3.75	1932
BROADWAY DEPARTMENT STORE （Broadway-Hale Stores）	百老匯百貨 （百老匯哈爾百貨）	3.63	1941
DISNEY（WALT）PRODUCTIONS INC.	華特迪士尼製作公司	3.63	1954
LINE MATERIAL（Mc-Graw-Edison）	線材公司 （麥格羅愛迪生電氣設備）	3.63	1935
AMERICAN MANUFACTURING	美國製造公司	3.50	1935
ARMOUR & CO.（ILLINOIS）PREFERRED （Greyhound）	裝甲食品公司 （灰狗巴士）	3.50	1932
CLIFFS CORP.（Cleveland Cliffs）	克里夫公司 （克里夫蘭克里夫公司）	3.50	1933
COOPER INDUSTRIES	庫珀工業	3.50	1937
CUTLER-HAMMER	卡特勒漢默公司	3.50	1932
LION OIL（Monsanto）	獅子石油（孟山都）	3.50	1935
U.S. FREIGHT	美國物流	3.50	1932
WALKER（HIRAM）GOODERHAM & WORTS	沃克（海勒姆）古德漢沃茲釀酒廠	3.50	1933
WESTON ELECTRICAL INSTRUMENT （Schlumberger）	韋斯頓電器儀器中心 （斯倫貝謝有限公司）	3.50	1933 P 61. 表格 1 $2.50 /1933
BORG-WARNER	博格華納公司	3.38	1932
UNITED CHEMICALS（FMC）	聯合化學（富美實）	3.25	1939

英文公司	中文公司	價格	購買年份
U.S. STORES $7 FIRST PREFERRED （Thorofare Markets）	美國百貨公司 （索羅法爾市場）	3.25	1941
ENGINEERS PUBLIC SERVICE （Virginia Electric & Power） （El Paso Electric） （Gulf States Utilities）	工程公眾服務公司 （維吉尼亞電力公司） （阿爾帕索電力） （灣區公用事業公司）	3.15	1934
AMERICAN METAL CLIMAX	美國克萊梅克斯金屬公司	3.13	1933
EATON MANUFACTURING （Eaton Yale & Towne）	伊頓製造 （伊頓耶魯＆湯恩）	3.13	1933
INTERNATIONAL VITAMIN （American Home Products）	國際維他命 （美國家庭用品公司）	3.13	1941
KERLYN OIL CLASS A（Kerr-McGee）	科林石油 A 股 （科麥奇）	3.13	1943
SWEET CO. OF AMERICA （Tootsie Roll Industries）	美國糖國公司 （寶貝捲糖業公司）	3.13	1942
TENNESSEE CORP.（Cities Service）	田納西公司 （城市服務公司）	3.13	1934
AMERICAN INVESTMENT CO. OF ILLINOIS	美國伊利諾州投資公司	3.00	1933
CHICAGO RIVET & MACHINE	芝加哥機械公司	3.00	1932
COLLINS & AIKMAN	柯林斯＆艾克曼公司	3.00	1933
ELECTRIC POWER & LIGHT $7 PFD. （Middle South Utilities and Pennzoil）	電力照明公司 （中南公用事業公司＆彭澤爾公司）	3.00	1935
FEDERAL-MOGUL	美國輝門公司	3.00	1934
GOODRICH（B.F.）COMPANY	百路馳輪胎	3.00	1933
INTERCONTINENTAL RUBBER （Texas Instruments）	美國洲際橡膠 （德州儀器公司）	3.00	1952
STARRETT（L.S.）	史塔雷精密工具	3.00	1932
WESTVACO CHEMICAL（FMC）	維實偉克化學製造 （富美實）	3.00	1932
BALDWIN（D.H.）CO.	鮑德溫鋼琴公司	2.88	1939
GENERAL AMERICA CORP.（Safeco）	通用美國 （塞費柯保險）	2.75	1934
PACIFIC PORTLAND CEMENT （Ideal Basic Industries）	太平洋波特蘭水泥公司	2.75	1944
RAYTHEON	雷神技術公司	2.75	1943

英文公司	中文公司	價格	購買年份
WARNER BROS. PICTURES, INC.（Kinney National Service）	華納兄弟影業（金尼國家公司）	2.75	1941
J.S. FOIL B（Reynolds Metals）	（雷諾金屬公司）	2.63	1943
WHITE SEWING MACHINE（White Consolidated Industries）	懷特縫紉機公司（懷特綜合工業公司）	2.63	1943
CARRIER CORP.	開利公司	2.50	1932
DOBECKMAN（Dow Chemical）	多貝克曼（道氏化學）	2.50	1941
ELECTRIC POWER & LIGHT $6 PFD.（Middle South Utilities and Pennzoil）	電力照明公司（中南公用事業公司&彭澤爾公司）	2.50	1935
MAYTAG	美泰克	2.50	1943
PARKER PEN	派克筆公司	2.50	1932
REMINGTON RAND（Sperry Rand）	雷明頓蘭德公司（史派裏蘭德公司）	2.50	1933
SHELL UNION OIL（Shell Oil）	殼牌聯合石油（殼牌石油）	2.50	1932
TEXAS PACIFIC COAL & OIL	德州太平洋煤炭&石油公司	2.50	1934
RAPID ELECTROTYPE（Rapid-American）	迅捷金屬製造（迅捷美國）	2.38	1943
EVERSHARP（Warner-Lambert）	常利（華納—蘭伯特公司）	2.25	1942
HOUSTON OIL	休士頓石油	2.25	1942
SAVAGE ARMS（Emhart）	薩維奇武器公司（埃姆哈特公司）	2.25	1933
CHICAGO PNEUMATIC TOOL	芝加哥氣動工具公司	2.13	1933
CITIES SERVICE	城市服務公司	2.13	1942
S.R. DRESSER MANUFACTURING CLASS B（Dresser Industries）	（德萊賽工業公司）	2.13	1933
GIMBEL BROTHERS	金伯爾兄弟公司	2.13	1935
MC LELLAN STORES PREFERRED（McCrocy Corp. common）	麥克萊倫百貨（麥克羅伊公司）	2.13	1933
SPERRY（Sperry Rand）	史派理公司（史派理蘭德公司）	2.13	1933
ABITIBI POWER & PAPER CO., LTD. 6% PFD.（$100 PAR）（Abitibi Paper commom）	阿比提比電力和造紙有限公司（阿比提比造紙）	2.00	1940

英文公司	中文公司	價格	購買年份
CHICAGO & SOUTHERN AIR LINES（Delta Air Lines）	芝加哥和南方航空公司（達美航空）	2.00	1942
FAIRCHILD AVIATION（Fairchild Camera）	費爾柴德航空（費爾柴德相機儀器公司）	2.00	1938
LEHIGH VALLEY COAL CORP. 6%（$50 PAR）CONVERTIBLE PFD.（Lehigh Valley Industries）	利哈伊煤礦公司（利哈伊工業）	2.00	1940
MIDLAND STEEL PRODUCTS（Midland-Ross）	米蘭德鋼鐵產品（米德蘭—羅斯公司）	2.00	1932
PHILLIPS PETROLEUM	菲利普斯石油公司	2.00	1932
PITNEY-BOWES	必能寶公司	2.00	1933
PLACER DEVELOPMENT	普萊瑟開發	2.00	1937
TEXAS GULF PRODUCING	德州灣區生產	2.00	1942
THATCHER MANUFACTURING（Dart Industries）	柴契爾玻璃製造（達特工業）	2.00	1932
UNION GAS OF CANADA	加拿大聯合瓦斯公司	2.00	1934
INTERTYPE（Harris-Intertype）	英特泰排版公司（哈里斯英特泰公司）	1.88	1933
KINNEY（G.R.）& CO.（Brown Shoe）	金尼公司（布朗鞋業）	1.88	1943
LINDSAY CHEMICAL（Kerr-McGee）	林賽化學（科麥奇）	1.88	1939
UNITED PIECE DYE WORKS 6.5% PREFERRED（United Piece Dye Works common）	聯合染料公司（聯合染料公司）	1.88	1943
WHITMAN & BARNES（TRW, Inc.）	惠特曼&邦森製造公司（天合汽車集團）	1.88	1934
NEW YORK DOCK（Questor）	紐約碼頭公司（魁司特公司）	1.75	1939
PITTSTON CO.	皮茨頓公司	1.75	1943
AMERICAN CHAIN & CABLE	美國連鎖電纜公司	1.63	1933
AMERICAN CYANAMID	美國氰氨公司	1.63	1932
UNITED-CARR FASTENER（TRW Inc.）	聯合卡爾扣件公司（天合汽車集團）	1.63	1933
VAN RAALTE CO.（Cluett, Peabody & Co.）	范拉爾特公司（克盧特皮博迪公司）	1.63	1933

英文公司	中文公司	價格	購買年份
VENTURES（Falconbridge Nickel）	創業投資 （福爾肯布里奇鎳礦） *美國基金	1.57*	1940
INDIANA STEEL PRODUCTS （Electronic Memories & Magnetics）	印地安納鋼鐵 （電子記憶磁鐵公司）	1.50	1940
INTERNATIONAL TELEPHONE & TELEGRAPH	ITT公司	1.50	1942
SETON LEATHER （Seton Co.）	塞頓皮革公司 （塞頓公司）	1.50	1933
SUNSTRAND MACHINE TOOL （Sunstrand Corp.）	松德斯特蘭德機床公司 （松德斯特蘭德航空工業公司）	1.50	1933
FALCONBRIDGE NICKEL	福爾肯布里奇鎳礦有限公司 #美國基金	1.43#	1940
YELLOW TRUCK & COACH （General Motors）	黃色卡車製造公司 （通用汽車）	1.38	1932
AUSTIN, NICHOLS & CO. （Liggett & Myers）	奧斯汀尼可斯酒業 （吉特＆梅爾菸草公司）	1.25	1942
BEECH AIRCRAFT	比奇飛機公司	1.25	1938
CELANESE CORP.	塞拉尼斯公司	1.25	1932
ELECTRIC POWER & LIGHT COMMON （Middle South Utilities and Pennzoil）	電力照明公司 （中南公用事業公司＆潘佐公司）	1.25	1943
GENERAL CABLE COMMON	通用電纜公司	1.25	1933
MC CORD RADIATOR & MANUFACTURING （McCord Corp.）	麥科德散熱器製造公司 （麥科德公司）	1.25	1943
NATIONAL DEPARTMENT STORES 7% 1st PFD.（International Mining）	全國百貨公司 （國際礦業）	1.25	1933
NORTH AMERICAN AVIATION （North American Rockwell）	北美航空 （北美洛克威爾）	1.25	1932
UNITED STATES RUBBER（Uniroyal）	美國橡膠公司（美國橡膠）	1.25	1932
COPPER RANGE		1.13	1932
HOOVER BALL & BEARING	胡佛機械軸承公司	1.13	1934
INDIAN REFINING（Texaco）	印度精煉公司 （德士古公司）	1.13	1933
SMITH（HOWARD）PAPER MILLS （Domtar）	霍華史密斯造紙 （唐塔造紙）	1.13	1933

英文公司	中文公司	價格	購買年份
SOSS MANUFACTURING（SOS Consolidated）	索斯製造（SOS綜合）	1.13	1941
AIR PRODUCTS & CHEMICALS	三福氣體公司	1.00	1946
ALLEN INDUSTRIES（Dayco）	艾倫工業（岱高）	1.00	1933
CONSOLIDATED AIRCRAFT（General Dynamics）	團結飛機公司（通用動力公司）	1.00	1933
CROWN ZELLERBACH	皇冠澤勒巴赫造紙集團	1.00	1933
DAYTON RUBBER MANUFACTURING CLASS A（Dayco）	岱頓橡膠製造（岱高）	1.00	1933
ELECTRIC BOAT（General Dynamics）	電船公司（通用動力公司）	1.00	1933
FLYING TIGER LINE	飛虎航空	1.00	1949
HOUDAILLE-HERSHEY CLASS B（Houdaille Industries）	霍代爾—赫希（霍代爾工業公司）	1.00	1933
HUSSMAN-LIGONIER（Pet Milk）	（寵物牛奶）	1.00	1934
LINEN SERVICE CORP. OF TEXAS（National Service Industries）	（國家服務產業公司）	1.00	1939
MEGEL（Marcor）	門格爾公司（馬蔻爾公司）	1.00	1932
MESABI IRON（Mesabi Trust）	梅薩比鋼鐵（梅薩比信託）	1.00	1943
NATIONAL SHIRT SHOPS（McCrory Corp. common）	全國服飾（麥克羅伊公司）	1.00	1934
PITTSBURGH RAILWAYS（CITIZENS TRACTION COMMON）（Pittway Corp.）	匹茲堡鐵路（公民牽引公司）（皮特威公司）	1.00	1940
SCULLIN STEEL $3 PREFERENE（Universal Marion）	斯庫林鋼鐵公司（馬里恩環球公司）	1.00	1932
SELECTED INDUSTRIES $1.50 CONVERTIBLE STOCK（Tri-Continental）	中選工業（三洲投資管理公司）	1.00	1942
SOUTH COAST（Jim Walter）	南岸公司（吉姆華特公司）	1.00	1941
SPIEGEL, MAY, STERN（Beneficial Corp.）	斯皮革爾—梅—施特恩公司（利益公司）	1.00	1933
TUBIZE CHATILLON（Celanese）	圖比茲·查特爾公司（塞拉尼斯公司）	1.00	1932

英文公司	中文公司	價格	購買年份
TUNG-SOL ELECTRIC（Studebaker-Worthington）	東索爾電力公司（斯圖貝克沃辛頓汽車製造公司）	1.00	1932
U.S. BOBBIN & SHUTTLE（Baker Industries）	美國梭管公司（貝克工業）	1.00	1941
VIRGINIA CAROLINA CHEMICAL（Mobil Oil）	（美孚石油公司）	1.00	1942
VIRGINIA IRON , COAL & COKE（Bates Manufacturing）	維吉尼亞鐵煤炭公司（貝茨製造公司）	1.00	1943
WILCOX（H.F.）OIL & GAS（Tenneco）	威爾科斯石油天然氣（天納克）	1.00	1935
AIR INVESTORS（American Manufacturing）	（美國製造）	0.94	1942
OGDEN CORP.（Syntex）（Ogden Corp.）（Bunker Ramo）	奧格登公司（辛泰製藥）（奧格登公司）（邦克‧拉莫公司）	0.94	1951
LOCKHEED	洛克希德	0.90	1934
AMERICAN SEATING	美國座椅	0.88	1933
BULOVA WATCH	寶路華鐘錶	0.88	1933
ELECTRIC BOND & SHARE（Boise Cascade）	電氣債券和股份公司（博伊斯凱斯凱德公司）	0.88	1942
EVANS PRODUCTS	伊凡斯汽車產品	0.88	1933
GROCERY STORE PRODUCTS（Clorox）	雜貨店產品公司（高樂氏）	0.88	1942
MIDDLE STATES PETROLEUM CLASS A（Tenneco）	中州石油（天納克石油）	0.88	1935
RELIABLE STORES	可靠商店	0.88	1933
JEANETTE GLASS	珍妮特玻璃公司	0.82	1942
AMERICAN LABORATORIES（American Medical International）	美國實驗室公司（美國醫療國際公司）	0.75	1964
AMERICAN MACHINE & METALS（Ametek, Inc.）	美國機械金屬公司（阿美特克公司）	0.75	1932
BUTLER BROS.（McCrory Corp.）	巴特勒兄弟（麥克羅伊公司）	0.75	1932
INSPIRATION CONSOLIDATED COPPER	因斯派里申合併銅製公司	0.75	1932

英文公司	中文公司	價格	購買年份
LOFT（Pepsico）	LOFT糖果公司 （百事公司）	0.75	1938
RUSTIESS IRON & STEEL（Armco Steel）	不鏽鋼鐵公司 （AK鋼鐵控股）	0.75	1935
ST. LAWRENCE CORP.（Domtar）	聖羅倫斯印刷公司 （唐塔公司）	0.75	1942
SELECTED INDUSTRIES（Tri-Continental common & warrants）	中選工業 （三洲投資管理公司）	0.75	1944
SHAMROCK OIL & GAS（Diamond Shamrock）	三葉草石油&天然氣公司 （鑽石三葉草煉油公司）	0.75	1935
VENEZUELAN PETROLEUM（Atlantic Richfield）	委內瑞拉石油公司 （阿科石油）	0.75	1941
VENEZUELAN PETROLEUM（Sinclair Oil）	委內瑞拉石油公司 （辛克萊石油公司）	0.75	1941
TRI-CONTINENTAL WARRANTS	三洲投資管理公司	0.69	1944
ARMOUR & CO.（ILLINOIS）CLASS A（Greyhound）	裝甲食品公司 （灰狗巴士）	0.63	1932
ART METAL WORKS（Ronson Corp.）	藝術金屬製品公司 （朗森公司）	0.63	1933
BLISS（E.W.）（Gulf & Western）	（海灣與西方公司）	0.63	1932
DUNHILL INTERNATONAL（Questor）	登喜路國際 （魁司特公司）	0.63	1932
EASTERN STATES CORP.（St. Regis Paper）	東州公司（瑞吉紙業）	0.63	1944
OUTBOARD MOTORS CLASS B（Outboard Marine）	舷外機動（舷外機公司）	0.63	1935
SNIDER PACKGING FOODS（General Foods）	施奈德包裝食品（通用食品）	0.63	1933
TRI-CONTINENTAL COMMON	三洲投資管理公司	0.63	1941
U.S. HOME & DEVELOPMENT	美國居家&開發公司	0.63	1967
ABITIBI POWER & PAPER COMMON（Abitibi Paper common）	阿比提比電力和造紙有限公司 （阿比提比造紙）	0.50	1942
BUTTE COPPER & ZINC（Jonathan Logan）	布特銅鋅 （強納森羅根金屬）	0.50	1933
BYRON JACKSON（Borg Warner）	拜倫傑克森公司 （博格華納公司）	0.50	1932

英文公司	中文公司	價格	購買年份
CELOTEX（Jim Walter）	先路達電子 （吉姆華特公司）	0.50	1933
DUVAL TEXAS SULPHUR（Pennzoil United）	（潘佐聯合）	0.50	1933
INTERNATIONAL PAPER & POWER CLASS A COMMOM（International Paper）	國際紙業&電子公司 （國際紙業公司）	0.50	1933
JOHNSON MOTOR（Outboard Marine）	強生機動 （舷外機公司）	0.50	1932
MARCHANT CALCULATING MACHINE（SMC）	MARCHANT計算機公司 （SMC）	0.50	1933
NATIONAL AUTOMOTIVE FIBERS（Chris-Craft Industries）	國家汽車纖維 （克里斯克拉夫特公司）	0.50	1932
NATIONAL FIREPROOFING（Fuqua Industries）	全國防火 （富卡工業）	0.50	1944
SYMINGTON（Dresser Industries）	辛明頓 （德萊賽工業公司）	0.50	1932
UNITED PAPERBOARD（United Board & Carton）	聯合紙板公司 （聯合紙板&紙箱公司）	0.50	1933
OCCIDENTAL PETROLEUM	西方石油公司	0.45	1956
CHEMICAL RESEARCH（General Development）	化學研究公司 （通用開發）	0.41	1941
DEVELOPMENT CORP. OF AMERICA	美國開發公司	0.38	1967
EASON OIL COMPANY	伊森石油公司	0.38	1942
MC CRORY STORES（McCrory Corp.）	（麥克羅伊百貨（麥克羅伊公司）	0.38	1933
MERRITT-CHAPMAN & SCOTT	梅里特—查普曼和斯科特	0.38	1932
WARREN BROTHERS（Ashland oil & Refining）	華納兄弟媒樂公司 （亞士蘭德煉油公司）	0.38	1941
MICHIGAN BUMPER（Gulf & Western）	密西根保險槓公司 （海灣與西方公司）	0.32	1943
PARMELEE TRANSPORTATION（Checker Motors）	帕爾梅利運輸公司 （查克汽車公司）	0.32	1942
STARRET CORP.（Recrion）	史塔雷特公司 （Recrion）	0.32	1943
U.S. & FOREIGN SECURITIES（U.S. & International Securities）	美國海外證券 （美國國際證券）	0.32	1933

英文公司	中文公司	價格	購買年份
AMERICAN BEET SUGAR （American Crystal Sugar）	美國甜菜糖公司 （美國冰糖公司）	0.25	1932
BURRY BISCUIT （Quaker Oats）	伯里餅乾公司 （桂格燕麥公司）	0.25	1942
FANSTEEL	FANSTEEL航空製造	0.25	1932
GODCHAUX SUGARS （Gulf States Land & Industries）	高德修糖業公司 （灣區土地＆工業公司）	0.25	1933
MC LELLAN STORES（McCrory Corp.）	麥克萊倫百貨 （麥克羅伊公司）	0.25	1933
NESTLE-LE MUR	雀巢—LE MUR	0.25	1938
SUNRAY OIL（Sun Oil）	陽光石油公司 （太陽石油公司）	0.25	1933
TRUAX TRAER COAL （Consolidation Coal）	TRUAX TRAER煤炭公司 （綜合煤炭公司）	0.25	1932
GENERAL SHAREHOLDINGS （Tri-Continental）	（三洲投資管理公司）	0.19	1942
ALLEGHANY CORP. COMMON	阿勒格尼控股公司	0.13	1941
NATIONAL BELLAS HESS CO., Inc. 7% PFD. （National Bellas Hess, Inc. common）	全國貝拉斯西斯公司 （全國貝拉斯西斯公司）	0.13	1932
REPUBLIC GAS（Republic Natural Gas）	共和國媒氣公司 （共和國天然氣公司）	0.13	1932
WAHL（Schick）	華爾公司 （舒適牌）	0.13	1932
UNITED PIECE DYE WORKS COMMOM	聯合染料公司	0.10	1943
OLD BEN COAL NEW COMMON （Standard Oil of Ohio）	老班媒炭公司新普通股 （美國俄亥俄州標準石油）	0.05	1935
INTERNATIONAL UTILITIES CLASS B	國際公用事業公司	0.04	1942

第二十章

遠離一切

　　有時候投資問題似乎是如此難以解決，我們決定不再參與其中的方式，是將錢轉向國外投資。對大多數人來說，在國外投資，某種程度上等於是以他們看不見的風險，來逃避他們能看見的風險，這種資金的流動往往是後見之明的美化，而不是遠見的彰顯。

　　我記得很清楚，在 1930 年代看到所謂「老練」的投資者將錢匯至阿根廷和法國，以逃避新政和美國貶值的危機，雖然我沒有紀錄可以證明這一點（比起損失，人們更愛暢談他們所贏得的），但我非常懷疑他們之中的任何一個人在國外投資所賺到的錢，會比他們若在自己國家以擁有絕佳交易的優勢所賺到的錢還要多。

　　十幾歲時，我在明尼蘇達州的農場度過夏天，那時我學到一件事，在蒼翠茂盛牧場上的牛會破壞帶刺的鐵絲網，想要到更遠處的草地，對牠們來說，圍籬另一邊的草看起來更翠綠，之於牠們的主人也是如此，距離讓一切看似迷人。

　　第二次世界大戰期間，我學到了另一個要小心國外投資的理由。我的一些客戶是英國公民，在 1942 年市場底谷時，英國政

府「扣押」了英國公民擁有的美國證券，並將其出售以獲得美元來幫助支付戰爭所需費用。

我的結論是：

1. **除非你準備好要跟著你的錢一起走了**，否則切勿以國外投資來逃避國內的風險。
2. 不然，只有當國外的機會似乎比你在國內能找到的任何機會都好太多時，才考慮國外投資。所謂的「好太多」要涵蓋你比較對本國情況的了解，與一個你可能只去過幾次，並斷斷續續從遠處研究所希望了解的國家之間的差異。

你可能會這麼想，「那當革命來臨時，那些因為在法國投資而拯救了他們自己的白俄羅斯人呢？還有那些在國外投資的德國猶太人，讓他們能夠脫離希特勒的控制範圍另闢新的起點，又怎麼說呢？」這兩者都是從國外投資中獲利，只因他們都願意並且能夠跟著他們的錢一起走。

「但是，」有些人可能會爭論說，「當對這些國外投資的需求變得明確時，就已經錯過投資時機了。」

這只不過是對所有投資問題的論述。當需求或機會明確時，潛在利潤就在價格之中。

理想情況下，國外投資應該是在全球範圍內尋找最佳相對價值的結果，因此，從國內社會和政治發展的災難性所得到的保障實際上是免費的，而免費的保障總是很划算。

如果英國進入共同市場，就像現在看來已經確定的那樣，而

如果歐洲眾國的經濟和／或政治發展起來，那麼新的超級大國應該會提供巨大的投資機會。

在世界的另一端，有一個證明自然界裡不存在真空的大陸：澳洲。

澳洲股市在過去七十五年中上漲了60倍，是道瓊工業平均指數的2倍多。在1929至32年全球經濟蕭條之後，美國、加拿大和英國股市花了二十五年時間才又回到1929年的高點，而澳洲股市卻處於五年來的新高點，為什麼？

澳洲很大，有多大？這或許可以幫助你意會，在美國買下阿拉斯加之前，我們最大的州是德州，如果把德州放到澳洲最廣大之州西澳的陸地上，其周圍還有足夠的空間放入阿拉斯加，然後還多出了100,000平方英里。

澳洲不僅很大，還相對空曠。在我們買下阿拉斯加和夏威夷之前，澳洲的面積大約等於美國的面積，然而美國的人口是澳洲人口的16倍。

澳洲不僅大而空曠，還是未開發的，它是在五月花朝聖者（Pilgrams）登陸普利茅斯岩（Plymouth Rock）的150年後才被發現的，所以美國比澳洲早了150年，在許多方面，它的發展仍然落後於美國半個世紀或更長時間，澳洲的勘探極度不足就是一個例子，到目前為止，在這個像美國這麼大的國家，鑽探了2,000口油井，而我們早已鑽探了超過2,000,000口油井了。澳洲300萬平方英里的陸地面積和100萬平方英里的大陸棚，理應要有更大規模的地方勘探，提供可觀的回報才是。

到目前為止，澳洲許多大發現都是針對人類的，而不是來自

密集、技術先進的探索，而這只是個開端。

澳洲人說了一個有趣故事，是關於位在西卡彭塔利亞灣（Gulf of Carpentaria）的戈夫半島（Gove）鋁土礦床。二戰期間，他們在那裡建造了一個臨時飛機跑道，為了建造簡易機場，他們必須要用推土機把那些紅色的東西挖掉，戰爭期間那裡有5,000人，有澳洲人、英國人和美國人，沒有人想過要問那紅色的東西到底是什麼。

戰後一兩年，聽說澳洲北部一些島嶼上存在著鋁土礦的傳聞，於是一群地質學家飛過去尋找，途中飛機發生了引擎故障，飛行員記得那個現今已廢棄的簡易機場，於是折返回去先行降落，飛機的引擎狀況很糟，以至於他們不得不在那裡待上四至五個小時，地質學家為了伸展雙腿，於是下飛機四處走動，其中一個人看了看他們腳下的東西，因此，他們「發現」了5億噸的鋁土礦。

幾乎同樣引人注目的是，發現者在西澳發現了鐵礦石，發現的朗‧漢考克（Lang Hancock）獲得了從哈默利斯（Hamersley）運送的所有鐵礦石總收入的1-1/2%，他是澳洲稅收最大的來源。他的故事是，他和他的妻子在季末從該地區以北的一個車站（牧場）向南飛行，當時遇到了一場猛烈的暴風雨，他沒有可根據儀表操縱飛行的儀器，必須要貼近地面以免迷路，暴風雨太猛烈了，他在山間飛來飛去，當他沿著並閃躲山丘前進時（當時下著滂沱大雨），他看到一座山坡上有一道道的鏽跡，他記下了地理位置，隨後在能夠返回的第一時間，在那裡發現了一座幾乎是純氧化鐵的山，整座山的氧化鐵純度比整個國家的高爐還高。

　　澳洲不僅大、空曠及未開發，而且還是科學技術進步的主要受益者，新技術使許多資源的開發變成可能，這些資源在相對較短的時間內，即使是已知的，也會被忽視，因為以當時可用的方法和工具來說，這些是達不到經濟效益的。

　　他們以鏈條連接履帶式拖拉機清理土地，不像我們的祖先在佛蒙特州和新罕布夏州那樣一次砍伐一棵樹，然後在一兩年後挖出樹墩，而是像拔野草一樣的拔樹，然後將樹木堆放在田野邊燃燒，兩個人一天可以清理 500 英畝的土地。

　　哈默利斯和紐曼山（Mount Newman）的鐵礦石採集若在擁有現今開發的種種設備之前，工作起來是不經濟的（每鏟一口可拾起 24 噸礦石的鏟子，卡車每次裝載 100 噸——四個大鏟子可裝滿一輛卡車，一個人鏟石，另一個人開卡車，將卡車倒入壓碎機，然後倒入由兩人駕駛的 150 節車廂的火車上）。

　　航空運輸是現代技術開啟從前無法進入和不經濟的地區營運的另一個很好的例子，現代技術使澳洲到紐約的旅行時間比起二十五或三十年前紐約到加州的時間更短。

　　另一個技術為澳洲做到的例子，是地下水的開發，在一個五十年至一百年前人們會死於口渴的地區，他們現在可以從地表下僅 300 英尺的地方汲取水，而且是好水，無需抽泵即可流動。

　　空調也正徹底變革了該國的潛能，特別是處於熱帶的北部地區，在過去，熱帶地區的白人男性是無法從事農業的，因為涉及艱苦的體力勞動，而且氣候也不利於他們的婦女和兒童，但現今，一切都有了空調，甚至是機器設備上的駕駛室。

　　澳洲這些大型開發項目大部分資金是來自於日本，尤其是鐵

礦石、鋁土礦和煤炭等開發。對於未來的一個重大投資問題是，「日本人將如何處理他們簽訂的廉價澳洲原物料？」日本人是一個非常聰明的民族，第二次世界大戰，他們駕著轟炸機前往澳洲達爾文，擊沉了大量船隻，戰爭結束後，他們又來了，買了殘骸，將它們打撈起來，帶回日本當廢鐵。

投資沒有什麼是絕對的，但可能性似乎有利於進一步迅速開發這片土地的自然資源，這片土地很容易成為世界上溫帶地區最大、且人口稀少的土地，擁有英國律法的背景和對私有財產權的尊重，提升了其中的潛能。

地獄之城

貨幣、利息和通貨膨脹都對你投資偏好的投資環境有著重要影響，但最重要的因素，還是人以及其觀點，他們的希望是什麼？他們的目標是什麼？他們的信念是什麼？他們希望自己的孩子過著什麼樣的生活？在什麼樣的國家？他們為了什麼而戰？我們當中有多少人正在盡己所能的來幫助我們的地球治癒它的傷口，讓生活在這裡的人們擁有更好的生活？

第二次世界大戰前，一些投資人常常會用調查教堂的數量以及其成員，來評估社區債券的各種因素，現今可能有些人會認為這樣的想法太守舊及老掉牙，但它是明確和積極的，而不是模糊和不確定的。財產權與人權在當時對我們來說意義不大，因為我們無法想像沒有財產權的任何重要人權（甚至是自由）。對我們大多數人來說，對與錯之間的區別似乎非常明確，違法犯罪者受

到懲罰，卻沒有深思過社會或許要為其失職負責。

從那之後，事情漸漸變得模糊不清，就像現在的空氣污染讓乘坐飛機抵達的遊客，很難從城市上空的黃褐色雲層看到曼哈頓林立的高塔一樣，道德污染也使人們難以區分對錯，尤其是當錯誤是許多人一致協同行動的結果時。

這情況在我們的大城市中最為明顯，大都市所提供的，是接近隱形的匿名性，這意味著公民可以在他們知道無人在看的情況下行事，如果美國出現道德崩潰，最先表現出來的地方就是大城市，沒有任何其他地方的相互依存關係如此緊密，也沒有那麼多機會騙取未被察覺的專利。沒有任何其他地方的大規模生產及專業化優勢，會這麼嚴重地被無效率的治安和審查成本上升所抵銷。

將不幸的黑人視為囚犯和奴隸帶到美國的這份貪婪，種下了種族緊張局勢的種子，破壞了我們今日國家的統一。當貧困人口湧入，這些邀請他們其貧困後代在抵達大城市的那一天開始領取救濟的政策，加速了居住納稅人的外流。1960年代，紐約市失去了617,127名白人，增加了702,903名非白人。在直到1971年11月為止的十年間，救濟人數增加了892,917人，總數達到1,242,785人。要估算出救濟中的白人和非白人的數量是「不可行的」。

為了不要讓支持現況的人們指控我抨擊幫助窮人，同時還正寫著如何從股市中賺到百萬獲利，我所譴責的是救濟標準和補助的地域性差異對於大規模移民不經濟且無情的鼓勵，如果我們的救濟措施沒有為窮人提供搬到大城市的經濟誘因，我猜他們是不

會湧入地鐵之上的巴格達（Bagdad-on-the-Subway，譯按：美國短篇小說家歐亨利替紐約曼哈頓取的綽號），因為在那裡，這些父母自身往往缺乏教育和工作上的培訓，無法從事他們急需的工作。國會還要多久才會承認，他們並未看出這個國家本質上的問題？

悲觀主義者說，大城市已經過時，因為通訊和交通的發達，注定不再需要大城市，（他們應該嘗試通勤）也許有更好的東西會取代大城市。不過，有兩個考量應該讓投資者先停下來，第一是證據顯示，我們的大城市與其說是死亡，不如說是被謀殺，第二是城市的歷史，一直被視為所有國家文明的焦點所在。

在一個極為真實的意義上，偉大的城市一直是各個時代的政治機構首腦。如果頭斷了，身體還能活嗎？

清楚的定義問題，你就解決了一半的問題。如果大城市的危機真有像我認為的那麼嚴重，不僅對他們，且對整個國家來說，人們肯定將很快看到其中的問題，並開始採取有效措施。工業和商業的後果可能會是非常可怕的，尤其是對公共交通、居住、教育和健康而言。

不要賣空大城市，黎明升起前總是最黑暗的。

第二十一章

為時不晚

　　未來十年、二十年、三十年或四十年的前景與過去有何不同？事後看來我們得知，從1932至67年間幾乎任何一年，透過買對並持有，我們可以多麼簡單就賺到一百萬美元，而今我們還能做到嗎？還是我們已錯過了機會？

　　可以肯定的是，有一些非常重要的因素改變了。股票價格的大幅上漲始於1932年7月8日，當時道瓊平均工業指數處於40.56的盤中低點，並在1966年2月9日達到最高峰，同樣的平均指數達到1,001的盤中高點，這是由於：

1. 從不景氣心理到景氣心理的巨大轉變。

　　1932年，道瓊工業平均指數以帳面價值的半價出售。

　　1966年，其股價是帳面價值的2倍。

　　1932年，股票的殖利率是債券的2倍。在1969年的高峰時期，他們賣出的殖利率約為債券的一半。當人們對商業前景感到悲觀時，他們偏愛債券而不是股票，即使債券的殖利率只有股票的一半，但「公司債券更安全」。當人們對商業前景持樂觀態度並擔心通貨膨脹時，即使債券殖利

269

率幾乎是股票的2倍，他們還是會更偏好股票，「因為股票收益和股利會增長」。

即使自1932年以來沒有任何其他改變，僅是這種關係的轉變就可以讓股市上漲4倍。未來幾年，股市無法從這種轉變中受益，因為它早已經從中獲益了。

2. 第二次世界大戰浪費了除了美國外所有先進大國的大部分生產力。

戰爭結束後，美國不僅要滿足國內延緩的需求，還要幫助重建英國、法國、德國和日本的生產設施，更不用說我們對許多較小的開發中國家的援助。

美國遠遠不指望在未來幾年出現任何此類的刺激措施，而是現在正面臨並敏銳地感受到，那些受我們幫助而重新站起來的國家所帶來的競爭。

3. 戰爭結束後，美國持有世界上大部分的貨幣性黃金（價值超過260億美元），這足以讓我們能為政府巨額赤字融資多年，且不會明顯削弱美元的外匯價值。當我們的貨幣性黃金儲備減少到100億美元時，我們暫停了黃金支付，我們不能再指望我們國際性的入不敷出了。

4. 我們提供了總計1,400億美元的援助計畫促進消除貿易壁壘的國際合作，當合作顯然符合他們的直接自身利益時，人們總是願意合作的。而今施捨正在減少，人性開始重新確定自己的地位，國際貿易戰的危險是真實存在的。競爭性的保護貿易主義，代表著世界貿易的減少和普遍的通貨緊縮。

　　我們不能擁有這四個因素對股市造成的刺激作用，就跟我們不能兩者兼得的理由是一樣的，我們本來曾經是擁有的。

　　那我們還能有什麼？

　　十五年前，在日內瓦召開的第一屆原子能和平用途（Atoms-for-Peace）會議上，印度著名的原子科學家、會議主席霍米‧巴巴（Homi Bhabha）說，人類經歷了三個偉大的時代，第一個，持續了數萬年，以肌肉力量為基礎；第二個，持續了大約300年，是化學能的時代；不到30年前，在芝加哥斯塔格球場（Stagg Stadium）誕生的第三個時代是，原子能的時代。（譯按：人類歷史上第一個核子反應爐芝加哥1號堆〔Chicago Pile-1〕，於1942年誕生）

　　巴巴先生說，人類從第一個時代進入第二個時代所帶來的改變是難以想像的，但與我們進入第三個時代所帶來的變化相比，它們相形見絀。

　　會議中預測了原子能的三大發展方向。

1. 力量：當核融合獲得控制時，力量是無限的。
2. 新物質：輻射帶來物質分子結構的不可逆變化。
3. 透過輻照植物和動物「種子」加速進化過程而產生的新生命形式。

　　地球這艘太空船，就像我們的潛水艇一樣，最終必須是靠原子動力的，如果這個不斷擴增的「船員」使用更多的能量，必須要有足夠的氧氣來維持和改善生活品質。

　　較少報導但可能同樣重要的，是新物質和新生命形式的預言。

　　百倍獲利的投資機會應該在這三者中找到，因為他們幾乎在過去每一個重大的新發展中都存在：電燈、機動車、飛機、廣播和電視，還有避孕藥。

　　假如，正如亨利‧凱澤（Henry J. Kaiser）所說，困難只是穿上工作服的機會，那麼污染減量將為某人提供重大的投資機會，更廣泛的一次性用品的生產也將如此。

　　雷射的潛力才正開始受到質疑，即使在軍隊中也是如此。戰爭史認為，今日不可抗拒的進攻力量，將再次屈服於明日堅不可摧的防禦，就像過去的進攻已經屈從於防禦一樣。進攻性的火藥戰勝了防禦性的城堡、護城河和盔甲。第一次世界大戰中，防禦戰壕戰勝了火藥，洲際彈道飛彈恢復了進攻的霸主地位，但他們的曙光也將落下，並且在落下時，為新防禦能力的其他百倍獲利投資機會，投下一片玫瑰色的光芒。

　　全像投影（Holography）使我們能夠以彩色及三維方式看到遠距離的人，這可能會減少旅行「見面」或舉行商務會議（「天氣決策」除外）的需求和期望。

　　理論上，以幾乎零功率損耗傳輸電子的過冷電纜，已經開闢了新道路，對於一個由少數幾個發電站供電的國家電子網來說，其功率和效率是做夢都想不到的。

　　機器識別所有主要語言的印刷和筆跡，將它們轉化為我們電腦可以理解和整理的電磁脈衝。

　　工廠製作的餐點，可能比許多媽媽們付出巨大辛勞和低效率

做出的餐點（可以並且將會）更好吃。要試圖提供一個完整的記載是瘋狂的，沒人會知道，在此只有幾個比較明顯的前景。

只有一個圈套，亞當和夏娃的兒女們一直在努力要回到伊甸園的大門，在那裡，所有人都可以過著富足的生活，除了被揀選出來鍛鍊身心之外，不會有更多的事了。除非我們把所有力氣都花在爭論誰先行，否則我們一定可以撐起門閂，重新進入！

有遠見，不切實際，水晶球，歡欣鼓舞的胡說八道？或許吧，但不要忘了，過去四十年，由於缺乏信念和想像力，懷疑論和犬儒主義讓我們付出了多少代價。

就跟世界末日賭上這麼一次，如果你輸了，周遭也將不會有人了。

當你讀到這裡時，股市的表現越差，買對並持有這個建議就越好。為什麼羅斯柴爾德家族會在滿街都是血的時候買入？不是因為他們喜歡血，僅僅是因為當事情變得糟糕時，他們必須讓自己變得更好，否則什麼都不重要了。我希望並祈禱你和我都不會遇到這樣的投資機會。但是，假如我們遇到了，千萬不要放掉它！

第二十二章

為年輕一代加油

一隻飢餓的狼在一條小溪邊遇到了一隻正在喝水的小羊。

「你弄髒了我要喝的水，」野狼咆哮著，「憑這點，我要吃掉你。」

「我怎麼會弄髒你的水，」小羊回答，「我在你的下游。」

「你昨天就把水弄髒了，」狼說，「憑這點，我要吃掉你。」

「我不可能在昨天把水弄髒啊，」小羊解釋著，「我今天早上才出生的。」

「那就是你媽媽，」狼說，「憑這點，我要吃掉你。」根據伊索寓言，接著，他真的這麼做了。

我引用這個故事是為了每一位讀者，給那些可能認為他出生得太晚，不會因為錯過股市中這些百倍獲利的機會而感到愧疚的人。過去十年，我記得有七次這樣的機會，無庸置疑的，一定還有更多。

人生中，命運就是狼，為了戰勝牠，我們必須採取行動，而不是為自己找藉口。

你和我本可以在1961年購買馬斯科螺旋產品公司（Masco Screw Products）的股票，到了1971年，將我們每1美元的投資

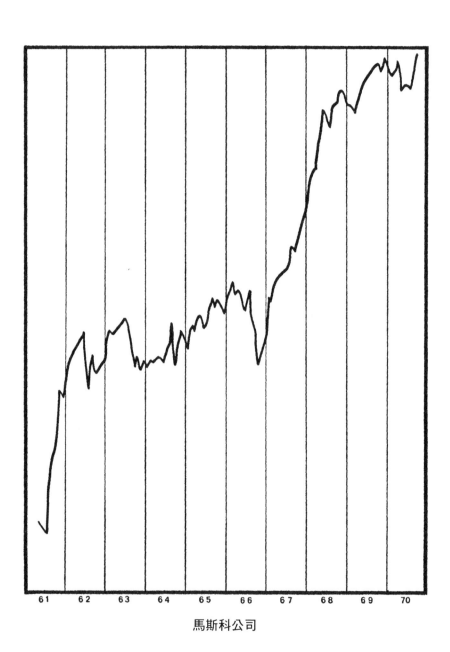

61   62   63   64   65   66   67   68   69   70

馬斯科公司

變成100美元。

　　我們可以購買以下股票得到同樣的結果，1963年的天際之家（Skyline Homes）、1964年的美國實驗室公司（American Laboratories）、1965年的自動資料處理公司（Automatic Data Processing）、1966年的弗利特伍德企業（Fleetwood Enterprises）或美國居家開發公司（U.S. HOME）或1967年的美國開發公司（Development Corporation of America），在所指出的年份中，只需將10,000美元投資到這七檔股票中任何一檔，到了1970年其獲利已增長至超過一百萬美元。

　　這七檔股票中的一檔，本可以在底特律證券交易所購買，一檔在美國證券交易所購買，另外五檔在櫃買市場上購買。

　　我們要怎麼預見到這些機會？首先，讓我們看看這七家公司做了什麼，以及當他們的銷售額低於去年高點的1%時，它們的表現如何。或許我們就能推斷出一種思路，這將有助於我們發現下一個百倍股的機會。

　　1961至71年這十年間上漲了百倍的七檔股票中，有五家公司是營建業；第六家是自動化薪酬管理和人力資源紀錄保存業務；第七家，現在是美國醫療國際公司（American Medical International），擁有並管理急症護理醫院，還營運一個中央醫學實驗室，提供吸入治療設備，並製作病人諮詢影片。

　　讓我們依年代時間順序來研究一下，我們本來可以怎麼購買，能將1美元變成100美元：

　　1961年2月，馬斯科螺旋產品公司股票本可以在底特律證券交易所以每股6.26美元的價格購買，到現在每股股票會變成18

股，去年的最高市值為729美元，是1961年成本的116倍。

　　如果我們在1961年之前買進這檔股票，其股價可能會超過百倍更多。自1937年以來，馬斯科一直在底特律證券交易所交易。1938和39年，它以每股55美分的價格出售，任何以這個價格買進並持有至1971年的人，都能看到他的1美元投資增長到1,325美元。這樣的收益將使10,000美元的投資變成13,250,000美元。

　　要持有該股票那麼久需要非凡的堅持，特別是在它跌至每股55美分的低點之後的20年間，它在1946年的最高價格是每股5美元，到1949年，它又下跌了75%，股價為1.25美元。這是一檔幾乎讓每個人都精疲力盡的股票，到了1961年，證券分析師必須做什麼呢？

　　這家公司的銷售額在1953年高達900萬美元，但到了1956年下降了不止一半，至1960年只恢復到640萬美元，每股盈餘在1952年達到1.07美元的最高點，在1956年跌至11美分，隨後達到1960年的新高1.28美元。

　　在這些數據中，可以看到關於馬斯科大好時代的真實消息：

	每股 投入資本	每股 帳面價值	投入資本 報酬率	帳面價值 報酬率	每投入 1美元資本 的營收
1956	$6.16	$6.16	1.7%	1.7%	$1.80
1957	$6.32	$6.32	6.7%	4.7%	$2.20
1958	$6.52	$6.80	5.0%	4.5%	$1.60
1959	$7.36	$7.64	13.2%	12.9%	$2.00
1960	$8.72	$8.44	15.1%	15.1	$2.00

　　從 1956 到 60 年，每股帳面價值成長了 37%，每股投入資本成長了 41%，每股價格從 10.88 美元上升到 17.44 美元，即 60%。然而，儘管有這般顯著的成長，1960 年，馬斯科的股價從當年盈餘的 2.7 倍成長至 6.9 倍。

　　1961 年，股價開始大幅上漲，股價從當年盈餘的 2.9 倍上漲至 26.9 倍。1969 年，馬斯科的股價超過盈餘的 38 倍。

　　我們再次看到，在盈餘低的時候購買股票，而不是等到它們變得昂貴時購買股票的重要性。從 1960 到 69 年，即使盈餘根本沒有增加，馬斯科本益比（價格除以每股盈餘）的上升使其股票價格上漲了 14 倍。（實際上，在那段時間裡，盈餘急劇上升。）但關鍵是，如果每 1 美元盈餘的股價上漲至一開始的 14 倍，那麼盈餘本身只需上漲 7 倍多一點，就可以讓股價上漲至百倍（14×7 ＝ 98）。另一方面，如果本益比維持不變，則盈餘必須提高至起始數字的 100 倍，才能使股票價格上漲 100 倍。

　　有些分析師傾向於關注營業收入和淨利率，而不是投入資本和報酬率，這真的沒有太大的差異，營業收入乘以淨利率必須等於投入資本乘以報酬率，這些都只是以不同方式表示（和分析）相同盈餘數據罷了。（10 美元的營收乘以 30% 的稅前淨利率 ＝ 3 美元乘以 50% 的稅後 ＝ 1.50 美元的淨利。7.5 美元的投入資本乘以 20% 的報酬率 ＝ 1.50 美元。）

　　馬斯科在 1956 至 60 年間的數據成長如果沒有持續下去，就不會產生如此戲劇性的股市結果。以下是過去十年間的一些相同數據：

	投入資本報酬率	股東權益報酬率	每投入1美元 資本的營收
1961	20.0%	20.2%	$1.80
1962	26.7%	27.5%	$2.10
1963	27.7%	27.6%	$2.20
1964	29.8%	29.8%	$2.20
1965	28.4%	28.3%	$2.20
1966	26.9%	26.2%	$2.30
1967	21.9%	24.4%	$2.00
1968	22.7%	23.5%	$2.20
1969	12.2%	20.7%	$1.20
1970	11.0%	18.5%	$1.10

　　「投入資本報酬率」衡量所有投資於企業資金的獲利能力，無論該資本在資產負債表上顯示為債券、特別股或普通股及公積金。「股東權益報酬率」衡量投資於企業的任何資金，在資產負債表上顯示為普通股和公積金的獲利能力。

　　如果一家公司既沒有發行債券也沒有發行特別股，那麼其投入資本報酬率和股東權益報酬率當然會是一樣的。當股東權益報酬率高於投入資本報酬率時，這意味著公司在其資本上，任何以債券和特別股形式獲得的收益，都高於優先資本的成本，如果一家公司為其債券支付5%的利息，和為其特別股支付5%的股利，同時從其投入資本中獲利10%，就會出現這種情況。相反的，當一家公司為其優先證券支付的利息或股利，高於其投入資本的收益時，其股東權益報酬率必然低於其投入資本報酬率。

　　銷售額與投入資本的比率（每投資1美元的銷售額）有時會顯示出競爭壓力增加的早期預警。當管理階層發現自己被迫要投入大量資金「以保持競爭力」，而不是增加產量時，忙碌高壓的苦日子就來了。

　　我已經提到了初始的低本益比對於尋找百倍增長股票的重要性。一旦達到了高本益比，買家就無法再從該比率的上升中獲利，其他人已經從中獲利了。同樣地，雖然投入資本的低報酬率不是個好徵兆，但報酬率從低數據升到高數據，可能對公司的盈餘非常有利，當然，一旦達到了高報酬率，透過由低報酬率提升到高報酬率而獲利的機會就消失了。

　　數字永遠不能反映任何公司的整體情況。直到1959年，《穆迪工業手冊》都將馬斯科描述為「從事汽車和其他行業的螺絲產品製造」。到了1961年，水龍頭的銷售已成為其主要收益來源，主要原因是馬斯科子公司得而達（Delta）單把手水龍頭的成功，該公司現在也有一條中等價位的雙把手產品線。

　　過去十年的其他六個大贏家呢？天際之家建造移動式房屋、旅行拖車和帳篷露營車，也讓組合式房屋更適合永久居住，該公司股票在1963年1月以每股11美元的低點出售，同年天際之家的每股盈餘為1.7美元，因此，這檔百倍股的初始本益比低於6-1/2。1963年的1股如今已變成19.8股，去年的價值為1,183美元，截至1971年5月31日，該股票的獲利為38倍。

　　現今的美國醫療國際公司，在1964年以每股75美分的低點出售，不到當年公布盈餘的4倍。到了1971年，1964年的1股變成了3.4股。1971年，股價是1970年最新公布盈餘的44倍，由

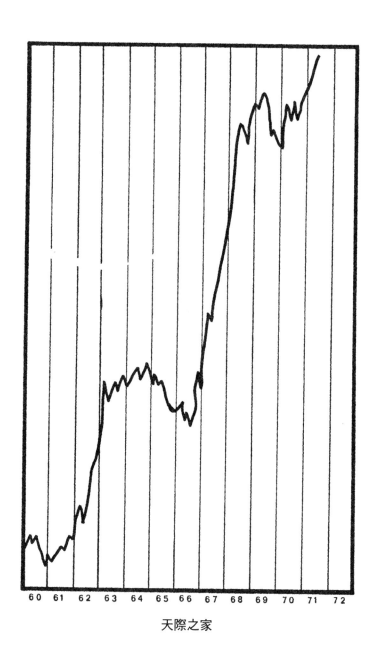

60 61 62 63 64 65 66 67 68 69 70 71 72

天際之家

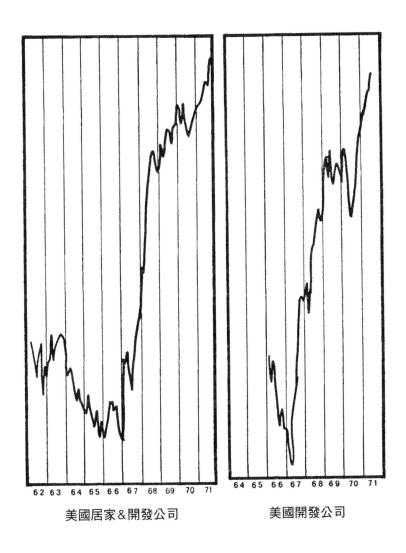

美國居家＆開發公司　　　　　美國開發公司

於 1971 年的本益比是 1964 年的 11 倍，盈餘本身必須上升至 1964
年的 9 倍，才能使股票價格上漲至百倍。實際上，盈餘成長不止
於此，因此該股在 1971 年的最高價，是 1964 年最低價的 172 倍。

　　自動資料處理公司在薪資處理，和人力資源業務紀錄的自動化處理這方面非常出色。1965年，該股票在櫃買市場的股價為每股7美元的低點，當時的1股變成現在的9股，去年的價格高點為704美元。1965年，該公司的每股盈餘為56美分，因此在7美元時，股票本益比為12-1/2。1963年，它的股價低至1-1/2。在1971年的高點，該股價是其截至1971年6月30月止盈餘的90倍。

　　另一家住房開發公司股票，弗利特伍德企業生產製造移動式房屋和旅行拖車。1966年，這檔股票的股價是當年盈餘的6倍多。到了1971年底，當年的1股變成了16股，股價是最新公布盈餘的37倍，大約是1966年乘數的4倍，因此，這檔股票大幅上漲的最大原因，是來自於更高的盈餘。

　　美國居家&開發公司在紐澤西州和佛羅里達州建造獨棟家庭住宅和公寓大樓，並投資和開發土地。1965年該股票的櫃買市場最低股價，為每股56-1/4美分，1966年每股50美分，1967年為62-1/2美分。1967年時，當年的1股現在變成了2股，1971年最高市值為78美元，截至1967年2月28日的每股盈餘是20美分，因此，當年低股價的本益比略高於3。

　　美國開發公司在紐澤西州和佛羅里達州建造獨棟家庭住宅公寓和社區，並從事房地產業務，還生產鋁門窗。1967年，該股票在櫃買市場上以38美分的低價報價，然而當年的1股如今變成了2.2股，1970年的市價為74美元。

　　1963年，美國開發公司以每股1美元的價格，從一個前主管手上購回297,582股的股票，這表明了所謂的內線消息價

值有限，這些股票現在將成為654,680股，去年的最高市值為22,000,000美元。

在1967年的低點，美國開發公司股價僅為1966年盈餘的3倍多，不到1967年每股盈餘的2倍。在1971年的最高點，其股價是1970年盈餘的67倍，即每股盈餘50美分，但該公司已經公布1971年前九個月的每股盈餘為1.07美元。

寓意再次明確：過去十年中，沒有一檔百倍獲利的股票是在機會來臨時以高本益比買入的。它們的價格大幅上漲是由於盈餘成長與乘數成長的複合。盈餘上升，這些盈餘每1美元的市場價格也上漲了。（這並不代表以高本益比購買的股票不可能實現百倍獲利，只是意味著，當你幾乎無法指望乘數成長時，你必須預見到更大的盈餘成長，才能保證價格上漲百倍。）

一切都只是運氣嗎？

對於那些以低於1971年價值1%的價格買入，並持有這七檔股票中任何一檔的人們來說，這當然不全然只是運氣，任何能夠在面對所有建議和誘惑下，還能堅定持有以確保利潤證明的人，都擁有一種與眾不同的思維心態。但是，在一開始就買了這些股票只是運氣嗎？

在我回顧著模組化建築房屋公司的股票情況，過時的建築規範和建築工人飆漲的工資造成了數百萬人負擔不起他們曾經擁有的定制住房，真正驚奇的並不在於工廠建造的模組化房屋變得受歡迎，而是花了這麼長的時間才這麼做。

工廠建造的房屋公司股票上漲的普遍性加強了這一推測。全國營造（National Homes）就在百倍股的名單上（詳見表格1的

1945年處），它是世界最大的工廠建造模組化組裝房屋營造商。另一個冠軍住宅營造公司（Champion Home Builder）雖然不在百倍股名單中，它的股價在1971年是1967年低點的43倍。

如此大規模的群體行動，強調了概念投資有別於統計投資的重要性。當你可以證明工廠建造的模組化住房是未來的潮流時，能從中賺大錢的機會早就不復存在了。

如果你可以預知解決方案，那麼每個人的問題都是一個投資機會，除非為了防小偷，還有誰會買鎖？

第二十三章

如何避免下一次錯失良機

　　為什麼年復一年有那麼多大好機會擺在我們面前，我們卻很少有人從中善用？

　　答案並不簡單，我能想到六種解釋，而且可能還有更多。

　　我們之中很少有人以投資1美元賺到100美元的基本原因是，我們從未嘗試這麼做。就某種意義上，我們已經被洗腦成專去尋找及遵從某種類型的資訊，而這些資訊跟如何讓一個人的投資增加至百倍幾乎沒有關聯。我們就像小男孩，在滿是熟瓜之地興奮地尋找一兩粒花生。興趣這部分沒有什麼好爭論的，如果我們喜歡營業利益更勝於發財，那就這樣吧。但是，一個成熟的甜瓜包含的經濟熱量，遠勝過一粒、兩粒甚至是三粒花生。

　　我敢肯定，很多人從未開始尋找將他們的資本變成百倍的方式，是因為他們不知道那是可以實現的目標。

　　從一個想要增加資本而非「投資股票市場」的角度來看，許多投資研究都被誤導了，許多人都必須為這個嚴酷的現實承擔起責任——投資者、經紀人、金融服務、新聞媒體，甚至可能是我們學校的老師，他們的罪過（如果有的話）是疏忽。

　　經紀人靠交易佣金為生，我之所以知道，是因為我當了十一

年的經紀人，也是其中的合夥人。主要產生佣金業務的方式有兩種，一是提供好的服務，包括投資建議，讓越來越多的人來找證券經紀人進行買賣交易；另一種方法是對公司現有客戶指出，應該賣掉他們手上的股票並買入其他股票的理由，我曾經試著兩者都做。以稅收目的用接近年底的虧損來抵銷今年早期累積的利潤，就是一個很好的例子，較有可能的是說，從成長型經理人那邊產生的佣金業務是一個早期警告，表示他喜歡的一檔成長型股票將要進入更新前的一波暫停。沒有什麼比在50點時賣出50,000股股票，然後在一兩個月內看到股票變成40點更令人得意的了。實際上，在他以非常低的價格替換股票並付完所產生的資本利得稅和佣金之前，賣家其實並不真正知道他究竟是賺還是賠，正如烏龜對兔子說的，在越過終點線之前，誰領先並不重要。人生的終點線是死亡，在當時，至少是根據1971年的法律，未實現收益的所有潛在資本利得稅義務都得到免除。

當我說新聞媒體對一些無益的過度交易負有責任時，我想到的是一些人自吹自擂影響市場走向的故事，當然，這個推論是，假如你讀了《普林斯頓克拉里恩日報》（*Daily Clarion*），你可以藉著在壞消息時賣出和在好消息時買入而在股票市場上賺錢，短線交易這樣的行動通常會產生好消息和壞消息的預期結果，預期使它成真。

對於真正的長期投資者來說，這些消息大部分都是無關緊要的。有些新聞與其看似明顯的意義相反，敏銳的投資者會將壞消息視為以低價買入好股票的機會，這就是為什麼在一般市場大跌後，我們往往看到最好的股票會首先上漲。

　　請理解我並不是要批評或詆毀新聞媒體。就某種意義上，新聞是文明社會的神經系統。我所要告誡的是，不要產生一種假如你有了消息，也就自然而然地有了投資決策這樣的錯覺。

　　新聞常常為從一檔股票轉換到另一檔股票提供理由或藉口，理論上，賣出一檔好股票再買入一檔更好的股票當然是有可能的，然而，常常被忽視的是，新買的股票究竟要好到多好，對這樣的轉換才是有利。例如，假設你以100美元買入一檔股票並以1,000美元賣出，雖然州稅不盡相同，但可以合理地假設聯邦、州以及可能會有的城市，對資本利得徵稅，連同所涉及的佣金，至少占毛利的30%，於是你的淨收益將不到730美元，如果你以1,000美元賣出的股票，又再上漲50%，你之前的持股將價值1,500美元，為了跟上這個步伐，代表你以730美元淨收益再買入的股票，必須要上漲105%以上。換句話說，你所轉手的股票，必須比你原先賣出的股票再上漲2倍以上才能達到平衡。

　　這並不是在反對脫手不值錢的東西，重點很簡單，當你試圖用一檔更好的股票來代替你手上原本獲利豐厚的好股票，如果你要賺到錢，替換來的這檔股票一定要比大多數人意識到的要好得多。

　　一個悖論是，尋求將資本變成百倍的投資者，實際上比試圖賺取5點甚至雙倍本金的投資者風險要小，至少有五個原因可以說明：

1. 最好的東西總是有市場的，因為識貨的人似乎總是有錢。股票和債券就像房地產和古董一樣。

2. 為了最大長期成長而買，可以避免掉低估他人的陷阱，當你買股票是因為你預計未來二十年、三十年或四十年的收益和股利將增加到百倍時，你不會打算將股票賣給不如自己聰明的人。

3. 當你買入一檔高獲利率、高於平均水準的投入資本報酬率、營收增長速度快於整個行業或整個國家的股票時，你就有了充裕的時間。千萬不要把賭注押在可能性而非確定性上，時間在前進，並且將一直前進，這是肯定的。如果你的股票在其指示增長上沒有現有的上限，那麼時間會修正你在初始投資時所犯下的許多錯誤。

4. 有一句俗諺，是關於製作一個更好的捕鼠器，世界將通往你的家門，那可能很老套，但它老套的很營養。有時候人們會詆毀，如果沒有麥迪遜大道的幫忙，再好的捕鼠器發明都只會默默無聞，在現實生活中，任何聰明到去製作更好捕鼠器的人，絕不會止步於此。

5. 「不要嫁給一個男人來改變他，」一位睿智的母親勸告她的女兒。嫁給一檔股票來改變它也很少會有利可圖，有時候，就像丈夫一樣，盼望的轉變永遠不會到來，即使它有一天真的來到，往往也是拖到久得可憐。希望的拖延會讓心生病，改變你命運的候選人價格可能會倍增，但如果你必須等待數年才能實現的話，你的年複合成長率僅為7.2%。

或許購買沒有現有增長上限的優質股票最大優勢在於，當我

們這麼做的時候，我們有機會從無法預料及無法計算的事物中獲利。年復一年，人類實現了不可能的事，卻始終低估在未來能做的及將要做的事情。一個來自火星的人可能會猜測，若把足夠多的人送到月球組成俱樂部，我們人類會相信我們可以做到任何我們認為必要或想要的事情，但如果他了解我們的歷史，他會了解到更多。一百年前，官僚主張關閉專利局，因為所有一切都是發明出來的；八十年後，羅傑斯與漢默斯坦（Rodgers and Hammerstein）將此事譜寫成音樂劇：「堪薩斯城的一切都是最新的，他們已經盡其所能。」（譯按：1943 年創作的音樂劇《Oklahoma!》，1955 年改編成同名電影。）

　　我的老朋友彭德爾頓・達德利（Pendleton Dudley），也是前《華爾街日報》員工，在晚期他很開心地回憶起他在 1905 年左右為一家紐約銀行做的宣傳廣告，在對新的無馬車工業進行深入分析時，銀行的經濟學家得出的結論是，這個國家所能負擔的最多是 500,000 輛汽車，也是所有道路能容納的數量。當我第一次聽到這個故事時，我覺得很有趣。我有把握，在這個國家擁有3,000 萬甚至 4,000 萬輛汽車和卡車之前，汽車工業是不會達到巔峰的，而今眾所周知，我們現在擁有 1 億多輛汽車了。

　　每天，我們乘坐比「五月花號」更大噸位的飛機飛越大西洋。我們已經證明並實際應用了愛因斯坦方程式，即能量等於質量乘以光速的平方，我們已經把可怕的音波障礙（音速）變成了速度儀錶；我們從太空衛星監測雲層並不斷增加對氣象的控制；我們在辨識和影響生命過程方面取得的進展使哈維發現了血液循環理論，彷彿是史前時代的事了。（譯按：威廉・哈維〔William

Harvey〕於1628年提出的科學概念）然而，就像鳥兒第一次飛行一樣，我們飛得越高，似乎就越害怕我們一定會跌落。

也許我們真的走到了一個時代的盡頭，也許人類在生理上已被上個世紀的成就對人類神經系統所強加的空前需求給消耗殆盡，也許我們需要一個新的黑暗時代藉此休息一下。當然，這不是我們初次這麼認為。作為《巴倫周刊》的編輯，我在1930年代中期和一名哈佛教授一起研究商業指數，他最後的結論是，美國的長期趨勢是略微向下傾斜的。

大約同一時期，羅斯福總統的社會安全委員會估計，到了1980年，我們的總人口數將達到1.5億，該委員會由部長帕金斯、摩根索和華勒斯，司法部長卡明斯和聯邦緊急救援署長霍普金斯組成，現今，我們的人口已經超過2億。

重點是不要取笑任何人的錯誤，如果全知者想讓我們人類能夠看到未來，祂會賦予我們另一種能力。重點只是我們不知道、從來未能知道，也永遠無法知道未來會是什麼。如果可能，未來應該比最聰明的人所能預見的要好得多，只要善用一種投資策略，這個策略就是「買對並持有」。

任誰都不喜歡覺得自己應該要為自己的不幸負責。就算無關我們自身的經濟利益，但怪罪於他人會讓我們的自負感覺好一些。我為這本書所做的研究，對我自身的經濟傷口撒上了大把的鹽。我一直抗拒這樣的想法，就是如果我採用並遵循不同的投資原則，我可能會做得更好。我的一個朋友試圖安慰我，他大聲地說：「這整個方法都是不切實際的，沒有人會在最底部買入。就算假設他確實試圖買對並持有，卻發現他高高興興地在1961年

以每股66美元買入的Stop & Shop超市集團股票，到了1971年的最高點時只值每股28.5美元，卻為時已晚？」

聽完他說的我覺得好多了，但後來我變得好奇，就算股價是1941年10美元低點的2倍，我曾經會有多少機會可以買入Stop & Shop超市的股票？可悲的是，我發現從1938到45年，每一年我都可以用低於20美元的價格買入，更糟糕的是，在這些年中該股票最高的價格是19美元。

「但是，」我安慰自己說，「如果我在19美元時買進這檔股票，就算到了1961年的歷史高點，我也不會獲利百倍。」進一步核對證明我是完全正確的，如果我以自1938年開始的七年內的最高價格買進，那麼我在1961年最高點時的投資價值僅是我當初投資的65倍，此外，我告訴自己：「為了獲得那樣的利潤，我本會是抱著堅持下去的決心而買，所以我到了1971年仍然會持有這檔股票，那麼我一半以上的帳面利潤將會消失。」

「終究，我不是個笨蛋，」我會恭喜我自己，「如果我在這七年的最高點時買入股票並堅持下去，我在去年最高點的投資將只值……」——在這裡我不得不停下來重新計算一下，答案是我投資的28倍。要藉由交易獲得這般規模的利潤，總是需要長期的資本利得，我必須進行六次不一樣的買賣交易，每次都將我的錢提升至二倍再多一點，這個比較是假設我從未損失，也從未失敗過，才能從中獲得至少百倍的利潤。

算術計算是避不可免的。要藉由交易獲得100%的長期資本利得，將10,000美元變成100萬美元，你必須連續八次將你的資金倍增，然後在你的最終交易中賺到60%以上，而且其中不能

有任何差錯。若要將你的單一檔股票投資從10,000美元增加到100萬美元，你必須找到一檔能夠倍增再倍增至超過6.5倍的股票。以下是以表格形式呈現的數據：

	交易帳戶	投資帳戶
起始資本	$10,000	$10,000
1.	$17,000*	$20,000
2.	$28,900*	$40,000
3.	$57,800*	$80,000
4.	$83,521*	$160,000
5.	$141,986*	$320,000
6.	$241,377*	$640,000
7.	$410,341*	$1,280,000
8.	$697,580*	$2,560,000

*每個數據皆代表前一個數據的2倍扣除30%的資本利得稅和佣金。

　　要使左邊欄位在扣除資本利得稅和佣金後達到100萬美元，第九筆交易必須要有62%的毛利，同樣百分比的增長也將使右邊欄位達到4,147,000美元，即使在那時扣除30%的稅，投資帳戶也將達到近3,000,000美元。

　　這些數據只是提出一個問題，每個投資者都必須要自己回答。如果他的目標是在股市中發大財，哪個方式更容易成功？如表所示，透過交易，他需要在連續八次的交易中讓資金倍增，並在第九次獲得62%的毛利；如果他試圖買對並持有，他必須找到一檔能夠倍增再倍增至超過6.5倍的股票，任一方都將是困難

的，如果賺錢很容易，那人人都是有錢人了。

正如紀錄所顯示的，過去四十年，有數百個機會將 10,000 美元投資於一檔股票中，並且在 1971 年其投資價值將超過 100 萬美元，很可能也有交易者這麼做到了。兩條路都是開放的，每個投資者必須自己回答的問題是，如果他要以 10,000 美元的股份賺到 100 萬美元，那麼在**所有條件**都必須正確的情況下，做出一個重大決定跟做出九個小決定，哪一個會比較容易，哪一個會比較困難呢？

選擇不是只介於暴跌和分散投資之間。交易者可以每次都把他所有的錢放在一檔股票上，試圖買對並持有的投資者，可以買入盡可能合乎他心意的不同股票，差異不在於投入的資本，而在於買方的意圖。交易者相信，在瞬息萬變的世界裡，可見度總是有限的，比起試圖決定哪些公司在未來二十年內表現良好，他寧可做出一連串的投資交易，成功的機會更大。而致力於買對並持有的投資者會慎選管理、產品和進程，他認為能夠應對無法預料的情況。

事後看來，自三十多個不同年份中的任一年開始，有超過 365 檔不同的股票，本可以為買對並持有的投資者帶來財富。交易更有趣——這是毫無疑問的，當然也更專業。買對並持有可以讓局外人盡可能接近於不賺不賠，這麼說很容易完全抓錯重點，我見過有經驗的人需要幾個月的時間才能做出長期承諾的決定，但是，一旦做出決定，就不會再時時狂熱關注著每日的變化，而那正是交易者賴以為生的命脈。

即使是那些決定進行交易的人，如果他們採取絕不買他們不

願意無限期持有的股票這個原則，那或許也是可行的。離別是那
麼甜蜜的悲傷，尤其是當一個人跟可觀的利潤離別時。

　　每個人的主要投資目標之一，應該是盡可能地多賺錢，並且
依當時任何的有效律法付出盡可能少的稅款。早在1940年代，
維克多・沙遜爵士（Sir Victor Sassoon，編按：猶太富商沙遜家
族第四代成員）就告訴過我這個寶貴的忠告：「在未來的歲月裡
賺錢很容易，」他說，「但要證明你聰不聰明，就看你稅後還剩
下多少。」

　　我想不到任何比在一家長期存在、穩健發展的公司中的未實
現升值更有效的避稅天堂了。然而，萬分之一中也沒有一個人會
確定這樣的投資目標並堅持下去，儘管其中有著獲利、得到更好
的、或只是分散投資的種種誘惑。

　　對於那些接受這個目標及論點的人來說，有一個簡單的投資
效率測試，許多經紀人對此是非常不歡迎的，（請記住，我本人
曾在一家大型經紀公司擔任了十一年合夥人。）這項投資效率測

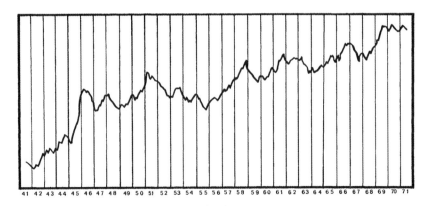

41 42 43 44 45 46 47 48 49 50 51 52 53 54 55 56 57 58 59 60 61 62 63 64 65 66 67 68 69 70 71

輝瑞

試，是計算經紀佣金與已實現及未實現的資本淨利之比率。以加勒特先生在全錄的資產來說，這個比率幾乎為零。比率越高，投資決策就越差，因為每筆交易都代表或應該代表承認最初購買中的錯誤，或後來發現了更好的替代選擇。

我自己有沒有遵循這個原則？可惜的是，答案是否定的。我們老得太快、聰明得太晚了。好的判斷來自於經驗，經驗來自於錯誤的判斷，我有很多這樣的經驗。

你或許想知道，為什麼金融界很少有人建議你堅定持有。

最重要的原因很可能是我們不讓他們這麼做。投資者已經徹底接受了逐季甚至逐年衡量績效的荒謬想法，以至於如果投資顧問或投資組合經理未能擺脫超過一兩年皆表現不佳的股票，他們就會勃然大怒。想想輝瑞（Pfizer），從1946年8月到1949年5月，以及從1951年8月到1956年9月，該股票相對於道瓊工業平均指數是下跌的，注重績效的客戶可能會好好教訓讓他們困在這個局勢中的投資顧問。理論上，可能會在1951年8月賣掉輝瑞，然後在1956年9月買回，然而，事實是，任何在1942年買進輝瑞並持有至今的人，其資本都會乘以141。可能有一些交易者獲得的利潤比這更好，但如果是這樣，他們一定是深藏不露。確定的是，沒有哪家基金在公開紀錄中表現得如此出色。隨附是輝瑞股票在過去二十五年的相對價格圖表，足以勝過千言萬語，來說明投資者想將其投資增加至百倍所需的勇氣和耐心。

輝瑞價格波動的表面下究竟怎麼了？

以下是輝瑞過去二十年的盈餘、股息、營收和股東權益報酬率：

	每股盈餘	股利	每股營收	每股帳面價值	股東權益報酬率
1970	$1.28	.63	$13.68	$7.67	16.6%
1969	$1.13	.57	$12.73	$6.94	16.2%
1968	$1.03	.50	$11.85	$6.77	15.6%
1967	$0.96	.48	$10.47	$6.11	15.6%
1966	$1.02	.48	$10.32	$5.49	18.6%
1965	$0.90	.43	$9.01	$4.89	18.3%
1964	$0.76	.38	$8.04	$4.48	16.8%
1963	$0.69	.35	$7.01	$4.29	16.0%
1962	$0.64	.32	$6.64	$4.16	15.3%
1961	$0.58	.28	$5.69	$3.56	16.2%
1960	$0.52	.27	$5.37	$3.34	15.7%
1959	$0.50	.27	$5.12	$3.03	16.5%
1958	$0.49	.25	$4.56	$2.73	18.0%
1957	$0.47	.23	$4.24	$2.49	18.8%
1956	$0.37	.19	$3.75	$2.25	16.5%
1955	$0.33	.17	$3.66	$1.93	17.1%
1954	$0.33	.15	$3.29	$1.75	18.8%
1953	$0.30	.14	$2.88	$1.58	18.9%
1952	$0.24	.13	$2.44	$1.53	15.7%
1951	$0.27	.18	$2.05	$1.42	19.0%

　　一個商人會只看這些數據就決定頻繁交易股票嗎？我對此深表懷疑。但每個投資者都必須自行判斷，主要是因為他比任何人都更了解自己。尋找百倍股的成功秘訣，在於專注在獲利能力而非價格上，你做得到嗎？

　　你要怎麼為自己取得這些數據？大多數公司會定期向你報告，你只需逐年地記錄下來。《穆迪手冊》和《標準普爾》都有提供，一些經紀人也會依需求提供這些資訊。

　　每股營收，就是總營收除以流通在外股數；股東權益報酬率，就是每股盈餘除以每股帳面價值。（1.28 美元除以 7.67 美元＝ 0.166 或 16.6%。）

　　為什麼這麼多投資者要求逐季績效？

　　有兩種可能的答案。一是他們相信超人的存在。他們告訴自己，在某個地方有個人比其他人都聰明，於是他可以挑到這個月會上漲和下個月會下跌的股票。這個人比其他人都聰明，他總是做正確的事，而其他人總是做錯誤的事。簡單的邏輯就是，由這樣一個超人所管理的投資組合，無論好壞都應該會優於所有其他投資組合。每當事與願違的時候，補救措施很簡單：「我的超人失去他的能力了，再給我一個新的。」

　　一些投資者堅持按照季度表現判斷結果的第二個原因是：他們認為，如果他們的投資顧問無法提前看到三個月的未來，肯定也看不到五年或十年的未來。這就像是在爭論，在網球比賽中，即使我知道這兩名球員過往紀錄，如果我不知道誰會贏得下一分，當然就無法預測誰會贏得比賽。應用於股票時，謬誤在於，雖然從長期來看，價格上升必須反映盈餘和股利的增加，但短期價格變動可以是完全無關的，而且通常是完全無法預料的因素，例如大型投資組合的財困清算、罷工、或一些過度宣傳的新競爭。

　　我曾經有個客戶，他以幾百萬美元的價格賣掉了他的私人企業，將收益投資於股票市場，有一天他非常焦慮地來找我，抱怨他的股票部位讓他緊張到無法入睡。

　　「有一天我賺了 50,000 美元，」他說，「隔天我損失了 100,000

美元，我不採納的消息總是奏效，我採納的那些卻讓我賠錢，我真希望能夠回到我所有的錢都在我自己生意上時的內心平靜！」

「那時你的股票就不在市場了，」我提醒他，「你又怎麼知道你生意做的如何？」

「簡單，」他回答，「我看我的月銷售數據，我的開銷比，只要我的生意有在增加，我的淨利率保持不變，我就能睡得像個嬰兒。」

「我們可以針對你的投資組合提供這樣的報告，」我說，「不過，除非你能保證不去看《華爾街日報》的報價頁，否則這對你沒有任何幫助。」

他自己也很誠實，他回答道：「我做不到。」

投資者之所以要求交易的另一個原因在於，就算那只會對他們的經紀人有利，也是因為他們從未學會區分交易和結果的差異。當我還是個孩子時，一位為我父親工作的木匠說出一句睿智的言論：「好的木工身邊並不會有很多刨花。」

除非投資者了解到他的工作也服務那些只會站著等的人，否則放任其自轉的顧問市場就不會活躍興盛。

當然，並不是所有的錯都在投資者身上。金融界不建議也不幫助投資者持有好股票的一個明顯原因是，華爾街以交易為生，每筆交易都有佣金，既然客戶要求交易，既然交易可以付房租，為什麼不給他們，他們想要的呢？

即使在金融界最具高尚情操的人當中，也存在著永遠無法確認任何事情的問題。投資者對未知的未來進行交易，忽略看似短暫威脅的決定可能會是災難性的。在情況明朗之前從受威脅的股

票中撤出不僅對業務有利，還可以拯救客戶的焦慮。如果經紀人或投資顧問建議賣出，他至少表明了他清楚世界上正在發生的事情，不採取行動很可能會失去客戶，特別是如果股票在接下來的一兩年間表現不佳時。

1949年，我還是股票經紀人時，我因為頑固地堅持認為股價便宜不應該賣出，而損失一位價值數百萬美元的客戶。在《財富》雜誌上發表了一篇名為「顛倒的1929年」文章後，我幾乎是無力回天。

「每個人都叫我要兌現，」我的客戶在我們最後一次開會時說，「你憑什麼認為你懂得比他們多？」

為了得到他賣出數千股股票的訂單，我要做的就只是依規定行事，當我拒絕這麼做的時候，我的客戶離開了我，而且再也沒有回來。

我的情況就像是一個在車禍中喪生的人，當時是綠燈：「他是對的，絕對是對的，但就跟他是錯的一樣死透了。」

而下一次，我可能就錯了。

第二十四章
不斷練習「買對並持有」

　　除了保羅‧加勒特，達瑞爾先生的不具名客戶，和一些我在《華爾街日報》的老同事等少數人外，我無法引用任何「業績紀錄」來證明買對並持有的獲利能力。任何試圖以這種方式操作的公開基金，其管理階層都將會因偷懶而被解僱，只有最傑出的人，才有這般意志力採用這樣的方法，並在幾乎每一次股價大幅上漲的不順遂歲月中堅持下去。

　　赫伯特‧崔普（Hulbert W. Tripp）是一位接近於買對並持有的基金經理人，去年春天，他從羅徹斯特大學（University of Rochester）投資委員會主席一職退休。

　　雖然並不完全認同買對並持有是致富之道的觀點，但崔普先生的行動勝於語言。羅徹斯特大學1970年的年度投資報告列出了27檔普通股，其中超過一半（27家中有14家）與1966年的年度投資報告裡出現的公司相同，當時，投資組合持有29檔不同的股票。

　　少量持有反映出崔普先生的理念，即過度的投資多元化，是在閃躲而非解決投資問題。當持有的股票數量與1970年年終股票投資組合價值相關時，他強調的投資選擇就變得更加清楚明瞭

了。這所大學投入於每支普通股的平均金額接近一千萬美元。

這樣的政策結果如何？截至1970年6月30日止的財政年度收入，占捐款歷史帳面價值的11.12%，相較二十年前的數字是4.31%。投資委員會公布，同時期捐款歷史帳面價值增加了59.5%，實際收到的收入增長了327.3%。

至1951年初，該大學的捐款基金投資中，只有不到45%是普通股，二十年後，超過72%的投資組合市值來自於股票。

直到1954年，這所大學的投資市值達到1億美元，到1969年底為4.15億美元，到1971年底為3.76億美元。

根據他自己反映投資績效的「股份計算」方法，崔普先生的分數從1957年底的1.64美元增加到1970年底的4.46美元，這些數據會根據新的資金遺贈和撥款進行相關調整。

一些全普通股的基金表現更好，例如，同一時期，SSC資產管理公司的特別基金從10.33美元上漲至76.29美元。由於羅徹斯特大學免繳稅，因此作為資本利得分配收到的股票價值不包括資本利得稅，但在平衡基金、平衡機構投資組合中，羅徹斯特大學的「買對並持有」創造了不俗的成績。

崔普先生不會100%依賴選擇和保留，我也不會。「當心那個只有一種答案的人！」在無限複雜的投資未知及不可知未來的業務中，這是最為合理的規則之一。然而，人們不必過分強調買對並持有，且要從中獲益的想法。高爾夫球選手的握桿姿勢和站姿只要稍有變化，就可以提高他的比賽水準，因此，多著重於買入並持有，且在不要僅僅因為價格的上漲而受到誘惑賣掉你手上的大贏家時多一點決心，都可能讓你的投資組合獲利更高。它也

可能會讓你付出代價（就像它讓我付出了代價一樣），但嘗試總好過從不嘗試。

第二十五章

自己做？

律師界有一句話，任何試圖成為自己的律師的人，就客戶而言就是個傻瓜。但是，為什麼人們只是想要買對並持有也需要專業的協助？保羅・加勒特就是靠自己發了大財，你為什麼不能？

也許你可以，在你決定靠自己之前，應該先問問自己以下這些問題：

1. 我在金融和企業領域的教育、訓練及人脈是否能讓我在投資自己資金這部分做得比平均水準還高？還是我只是在玩他人的遊戲？

   人生是無比複雜的。在文明社會中，有無數種賺錢的方式，有些人很幸運，沒有具備任何條件就成功了（他們的號碼中了樂透）。但大多數時候，錢是被那些比他們的對手、競爭者懂得更多、工作得更努力、想得更遠的人所賺走的。在一門生意中擁有這樣的優勢，他們會堅持下去，而不是冒著風險在其他沒有優勢的地方競爭。

   1940年代的一個星期六下午5點左右，我有一個關於阿美拉達石油天然氣集團（Amerada Petroleum）的問題，

我知道阿美拉達的總裁阿爾弗雷德‧雅各布森（Alfred Jacobsen）是一個工作勤奮的人，我打電話到總公司，希望有人會在，阿美拉達的總機是關閉的，但雅各布森先生親自接聽了電話，他甚至沒有停下來翻找任何資料，就直接回答我關於威利斯頓盆地的開發問題，甚至還告訴我目前正在鑽的幾口井的深度，以及遭遇到的沙地厚度。這件事讓我理解到為什麼阿美拉達常常在新的石油開採區佔據關鍵位置。

保羅‧加勒特能夠肯定地回答我第一個問題，你可以嗎？

2. 我是不是準備好要進行大量且必要的篩選，以找到具有百倍潛力的股票？加勒特先生並沒有閉上眼，緊盯著《紐約時報》的報價版然後找到了哈羅。金融界的朋友幫助他從 50,000 多檔股票中篩選出 50 檔股票，然後他孜孜不倦地審查和分析這 50 份資料，直到他將名單縮小至三個，最後他深入研究這三家公司，最終他選擇了哈羅，也就是現在的全錄。我準備好並且有能力做這麼多工作來展開行動了嗎？還是我想專注在我的事業、專業及愛好，交由別人來為我挑選投資選擇呢？

3. 我在經濟上和情感上是否足夠強大，可以冒著對我自己選擇的一檔甚至二三檔股票進行重大投資的風險？或是我會在市場第一次下跌時對自己所做的判斷失去信心，即使在股票最終會上漲至百倍的情況下也是如此？

寶麗萊從 1946 年的 50 以上下跌到 1949 年的 20 以下，由此產生了「只有英雄才配美人」的說法。

老牌帕卡德汽車（Packard automobile）的廣告口號，「問一問擁有它的人」，就具備良好的心理基礎。我們大多數人都需要在我們所做的投機活動中得到公司的保證。成功的「自己做」投資者，絕大部分是必須靠自己單打獨鬥的。如果股票變得熱門，那麼其中的機會肯定就會減少或可能完全消失；如果股票是由一些具遠見的專業投資者所累積起來的，你可以確定他們不會慫恿你（一個非客戶）在與之競爭的情況下買進。

再問問你自己：在艱難的時候，我有辦法獨自前行嗎？

4. 那假如儘管我盡一切努力去「買對」，但最終還是買錯了怎麼辦？我是否有足夠的能力和專業知識，去留意我所選擇的一檔或多檔股票及其競爭對手，以便在一切都賠掉之前發現我的錯誤？

加勒特先生的哈羅幾乎自第一天就成功了，但許多百倍獲利的股票在開始大漲之前，會非常考驗持有者的勇氣和耐心，而也有很多可能會是百倍股的股票，到頭來根本就沒有成功。

固執不能代替精明的投資。

問問你自己：我知道堅定信念的勇氣，與拒絕承認及糾正錯誤的固執己見之間的區別嗎？

除非你能決斷地回答這些問題，否則你應該尋求專業指導。那麼你應該要從哪裡找起？

你怎麼決定你的律師或你的醫生？或許是你的朋友推薦，他們多年來都一直跟著他並且成果都不錯。非常好，對入門者來說

是如此。

　　你如何決定是否要繼續和他一起共事？他應該為你做些什麼？

　　最簡單的測試之一是「優點—缺點」，不僅基於市場價格，還基於利潤和股利或利息。改變投資唯一正當的理由，是讓你變得更富有。持續追蹤已賣出的，將你沒有賣出時所擁有的，跟賣出後擁有的進行比較，但不要只做一年，好的投資投策通常需要長時間的評估，有時甚至需要兩三年或甚至更久才能得到證實。最後，將你過去幾年的整體業績，與優良的一般市場平均指數（像是道瓊或標準普爾的平均指數）相比對，但不要把債券投資結果與股票平均指數，或將股票投資表現與債券平均指數拿來相比較！

　　如果經過這麼一段時間後，你發現你買進的股票漲幅低於你賣出的股票，請諮詢你的理財醫生進行解釋，他也許能夠向你說明，你已經獲得的利潤和股利，即使市場上還未認出這樣的成長。

　　你有權利期望你所持有證券的一切變化，在合理的時間內使你獲利，如果它們沒能達到，你應該問問你自己，你是否因不明智的建議或要求而搖擺不定，如果你可以很誠實地說你沒有這樣做，那麼你或許會得出這個結論，你需要換一個理財顧問了。

　　檢查你財務醫生有個好方法，即將他**對你**所做的事，和他**為你**所做的事連結起來。一位西岸的寡婦失去了一半的財產，而她的證券經紀顧問正從她的帳戶中獲取佣金。如果她同時運用「優點—缺點」和「對你—為你」來評估她的財務醫生，她或許至少

可以挽救一部分的痛苦。

　　前面提到的第三個顧問效率指標是交易額，正如你所見，股票市場中蘊藏著數百個機會，可以透過買對並持有讓1美元成長為100美元。許多不到1美元的其他股票已經失去了百倍獲利的機會，有上百檔已經上漲至50倍，甚至還有更長的名單也已增加了25倍。

　　如果你的目標是在未來十年或二十年內實現最大的資本利得，那麼每次買進都應該以此目標堅定持有。每一筆賣出都應該被視為是錯誤的承認（失去了一次機會）。當然，將會有很多這樣的錯誤產生，賺錢不容易，也永遠不會是容易的事。但是有了正確的目標，保持思路清晰，將有助於努力賺錢。

　　至少，如果你要買一檔在四十年內成長至百倍的股票，你必須買一檔以每年12.2%的年複合成長率上漲的股票，如果它在一年內低於這個比率，則必須在另一年補回來。

　　即使你打算買一檔在四十年內價值成長50倍的股票，你也必須找到一檔年成長率為10-1/4%的股票。

第二十六章

價值觀

所有成功的投資都基於遠見，但單憑遠見是不夠的，另一個基本要素是價值觀。許多人都靠救濟生活，因為他為了自己的明確預測付出太多代價。如果一個人支付的價格是當前收益的4倍，而他預見到這檔股票的收益將增加至3倍，這對他有什麼好處？答案是：沒有，除非他能在預期實現時，找到其他人以高於其價值的價格收購。

時間是一個常常被忽略的價值元素。五年後你得到的1美元在今日價值78美分；十年後你得到的1美元在今日可能價值61美分，這兩個數字都沒有考慮到通貨膨脹，它們只是你必須以每年5%的年複合成長（稅後淨額）所投資的金額，以便在五年或十年後擁有1美元。按9%而不是5%的折扣，五年後你會得到的1美元現在只值65美分，而不是78美分。十年後到期的1美元現在只值42美分，而不是61美分。難怪在預期未來五年或十年內賣出的股票之價格，會隨著1970年長期利率的上升而下跌！

過早地正確跟錯誤一樣令人痛苦。事實上，這是投資錯誤的眾多方式之一。

電話電視領域的投資者，以及致力於將口語翻譯成電子印刷

品之設備的公司已經賺了很多錢。但是由於太快，可能會造成很多損失，並且毫無疑問的，有些已經損失了。這個三方面發展的想法已經有九十多年的歷史，塔夫茨大學（Tufts College）的阿莫斯・多爾貝爾（A.E Dolbear）教授在1878年出版的一本小冊中說：

「機械是我們和空中導航之間唯一的障礙；所有以書面形式再現人類語言所需的；以及完全實現『圖形』的預言圖像所需的一切，演說家將同時對世界上每個城市的聽眾發表演講。」

投資中最重要的問題是：

1. 我預期發生的事情，會在多大程度上增加我正考慮買入資產的現狀價值？
2. 要花多久的時間？
3. 我預期增長的現值是多少？
4. 我必須支付的價格中，已經包含了多少預期價值增長？
5. 我預期的價值增長與我現在必須支付的預期增長之間，是否有足夠的差距，如果我是對的，我會獲得利潤，如果我是錯的，還留有犯錯的餘地嗎？

現狀價值（Status quo value）指的是如果事情維持現狀，你對資產所給予的價值。你支付的任何費用，都意味著你在你的雞蛋孵化之前就在你的雞群中切割賣家，且在他停止承擔任何風險的那一刻這麼做。這麼說來，似乎就像「一鳥在手，勝於二鳥在林（最好滿足於現有的，以免因貪心而失去一切）」一樣簡單明

瞭。認真想想，把手中的一隻鳥，換成林中的一隻鳥的錯誤，如果你認為沒有人會那麼愚蠢，那再看看股票市場吧，這種情況隨時都在發生。

你懷疑嗎？讓我們換個方式看：當你用1美元買東西時，雜貨店老闆不會問你錢是從哪裡來的。一檔股票或債券的1美元，對他來說，與其他人的1美元一樣值錢。那麼，為什麼我們從一個來源為美元所支付的費用，會比為另一個來源的美元所支付的費用要多呢？唯一合理的原因是，我們預計從來自第一個來源的美元流量，將趕上並超越來自第二個來源的美元流量。

如果我們用母雞和雞蛋來比喻，或許更容易理解。一群100隻母雞每天生80顆蛋，另一群同樣100隻的母雞每天生40顆蛋，如果我們只對以最少的錢得到最多的雞蛋感興趣，而如果假設的母雞會自己拚命生蛋，我們無須考慮到照顧的成本，那麼生出大量雞蛋的母雞價值，似乎是另一群生出較少雞蛋母雞價值的2倍。如果以這種方式來定價，那麼1美元可以從一個雞群中購買的，與從另一群雞群中購買到的是一樣盡可能多的雞蛋。

但讓我們假設有40顆蛋的雞群有一天突然生出80顆蛋，我們可能會擔心利率會下降一些，為了確保自己免受這種可能性的影響，我們可能只願意為40顆雞蛋的雞群，支付80顆雞蛋的雞群價格的四分之一，以這樣的價格，就算較便宜的母雞產蛋率從40顆下降到20顆，我們依然可以從便宜的雞群那邊得到與從較貴的雞群那邊一樣多的雞蛋。如果我們能以80顆雞蛋的四分之一價格買下這40顆雞蛋，那麼賣家實際上將免費給我們他們一天中生下的20多顆雞蛋。如果40顆雞蛋的母雞產蛋率下降一

半，我們將一無所獲。假如它們的產蛋率沒有下降，而是維持在原來的水準，我們應該得到我們所支付的2倍。而假如這40顆蛋的雞群每天的產蛋率提高至60顆甚至80顆，我們應該會得到比我們所支付的多3至4倍的蛋。換句話說，如果產蛋率維持不變，我們的「雞蛋利潤」將會是100%，因為我們每天只需支付20顆雞蛋的錢，就可以得到40顆雞蛋。如果我們認為雞群每天生下80顆蛋的機率，跟完全停止生蛋的機率是一樣的，那我們的機會風險比將會是4比1。

由於沒有人可以確切地預測未來，因此在賣方承受不利局面時試圖買入、而在買方願意將我們對未來的希望轉化為當下現金時賣出是合理的。

在自由社會中，人生就是一連串的交易。我們每個人都不斷在用我們所擁有的或可以提供的東西，來交換我們能夠從別人身上得到的東西。無論我們是掘溝工人、交響樂團指揮、傳福音的牧師或應召女郎，情況都是如此。

在這樣的交換中，少數的一群人是怎麼得到比其他人還要多的東西？你有聽說過有一個人，他不用馬鞍的騎著一匹跛腳老馬去了鄉村市集，透過一整天活躍的交易，當晚就駕了一輛由灰斑馬群拉著的新馬車回家？那就是人生。那些付錢給《湯姆歷險記》主人公湯姆・索亞（Tim Sawyer），讓他們粉刷湯姆被處罰要粉刷的圍欄的男孩們，自願付出他們的勞力和金錢，換取他們在湯姆指出之前沒有想到的滿足，那就是推銷。

在我們當中，很少有人能誠實地說自己從未做過糟糕的交易，我們所有人幾乎都曾為了能夠粉刷他人圍欄的特權付出了代

價，我們為什麼會這麼做呢？

　　大多數情況下，我猜想，是因為我們沒有停下來思考。糟糕的交易最常見的情況之一，是因為便宜而買，正如約翰‧拉斯金（John Ruskin）所言：「幾乎所有東西都可以做得差一點、賣得便宜一點，僅根據價格購買的人，就是那些人的合法獵物。」除了與我們用錢得到的東西相比，沒有什麼是便宜或昂貴的。

　　那些只根據價格購買的人，也可能會被高價誤導。幾年前，有人寫了一部受歡迎的劇本，描述一個年輕人透過將皂塊切成兩半並將價格翻倍，為陷入困境的肥皂業注入新的活力。有相當多的人認為，價格較高的肥皂一定對他們的皮膚更好，使得他們成為他詭計之下熱切的受害者。

　　我們當中有些人會被價格變動所誤導。我們買糖、股票或佛羅里達州的土地，是因為今天的價格高於昨天，因為明天的價格必定會高於今天。當我們這麼做的時候，顯示出我們的智商比我前面提到的那條可憐的魚還要低，那條魚之所以會被抓住，是因為它咬住了移動的東西，而沒有先停下來檢查一下。但魚是需要玩機率遊戲的，如果它先停下來評估視線範圍內的每一樣小東西，它會餓死。但我們不用這樣，我們不必咬住所有會移動的東西，才能轉虧為盈——恰好相反。

　　我們在人生中做出糟糕交易的其他原因，還反映出一個事實，就是人們不僅僅是靠麵包而活。我們買了我們不想要的東西，是因為我們經常錯信這麼做代表著我們是有眼光的人。換句話說，當我們模仿我們想成為的人的消費模式時，我們事實上是努力在增強我們那搖搖欲墜的自我。當我們不知道或不承認自己

想要什麼或為什麼想要它的時候,幾乎是不可能做出好交易的。

當然,人生是無比複雜的。即使購買的產品或服務本身的價值可能低於我們為其支付的價格,但以時尚或領先於人群而進行的交易,可能是一筆十分划算的交易。

許多看似糟糕的交易,是為了贖罪的心靈滿足而達成的。股票市場有其受虐狂,也有其自大者和自我主義者。股市中的受虐狂,似乎很享受反覆虧損的痛苦,越殘酷越好。他的主題曲是:

> 我很倒霉,是最倒霉的人
> 出生在6月13日星期五下午。
> 如果天空下著湯,我肯定有一把叉子。

股票市場上的自大者,數量多得是,寧願靠自己的想法賠錢,也不願靠別人的想法賺錢。我已經在〈萬能的自我 vs. 萬能的美金〉一章中討論過自我主義者。

這部分,就像在許多其他方面一樣,股票交易更多的是心理學研究,而不是金融或經濟學。有時候,它似乎最能吸引到那些性格最不合格的人取得成功。

有一個真實的故事可以說明如何成為一名好的交易者。幾年前的一場午餐會議上,當保齡球道和自動擺瓶機的製造商賓士域(Brunswick)正是市場寵兒時,一家大型保險集團的投資經理彼得·福克(Peter Falk)說,他剛剛以每股70美元的價格賣出了自己手上的賓士域股票。

「為什麼?」我問。所有的消息都是正面的。

「保齡球道太多，它太熱門了。」他回答道。

四年後，賓士域以每股6美元的價格出售。

第二十七章

是什麼讓股票成長

是什麼讓股票成長？來看看這些可能性：

1. 以固定或上升的投入資本報酬率將盈餘再投資，高於目前約9%的平均水準，詳見下圖。
2. 用借來的錢去投資賺取超過借貸成本的金額。
3. 藉由以低於被收購公司本益比的股票交換收購其他公司。
4. 在不增加投入資本的情況下增加營收，通常是遠低於產能的公司會這麼做以獲得最有利機會，提高效能的新方法可能會產生相同的效果。
5. 發現自然資源，例如大型的新油田、金礦或鎳礦床。
6. 新發明、新製程或新方案，用於提供以前無法達到滿足的人類需求，或以提供能更好、更快和／或更廉價完成重要既有工作的東西。
7. 為他人（通常是政府）操作設施的合約。
8. 本益比上升。

一個簡單的計算方法是，如果一家公司的帳面價值為每股

10美元，如果不支付股利，其投入資本報酬15%將在一年結束時擁有每股11.50美元的帳面價值；在第二年底其帳面價值為13.22美元，第三年底為15.20美元，五年後，公司的帳面價值將增為2倍，十年後將增為4倍，三十三年後，將增加至100倍。

同一家公司，將其三分之一盈餘用來支付股利，每年以帳面價值的10%將盈餘再投資，其帳面價值將在十五年後增為4倍，而不是十年。三十三年後，將增加至23.2倍，而不是100倍。

顯然，對於尋求最大成長的投資者來說，股利是一種昂貴的奢侈品。如果你必須要從中得到收入，就不要指望你的財務醫生能夠達成在沒有股利的情況下可能獲得的資本利得。當你買了一頭乳牛時，就別指望牠會跑得比隔壁鄰居的馬還快。

對投資者來說，以借來的錢評估一家公司的成長和前景具有三個意義。

首先讓我們假設一家公司的帳面價值有1億美元，其收益為10%，沒有負債而且只有一類股票。假設這家公司以5%的利率

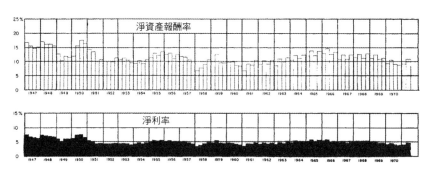

淨資產報酬率──淨利率
扣除聯邦所得稅後

借款5000萬美元，並用這筆錢投資獲得10%的收益，即每年500萬美元，由於貸款利息只需250萬美元，因此將另外的250萬美元加到股票盈餘中，由此，帳面價值報酬率將從10%上升至12-1/2%，儘管這家公司的資產收益仍然與之前相同。

這是將借入的資金加到公司資本化中的第一個意義。盈餘似乎有所成長，而企業所用資產的獲利能力卻沒有任何成長。

第二個意義是，將借入的資金加到公司的資本化中，所帶來的收益成長可能是非經常性的（non-recurring）──任何一家公司可以使用的優惠利率借款皆有其限度，一旦借了那麼多錢，就不能指望借貸能對盈餘有進一步的幫助。

第三個意義是，所有借貸都會增加企業風險。一個風險是，當債務到期時，利率可能已經上升，因為，原先以5%借得的貸款必須以10%的利率再融資；另一個風險是，資產的獲利能力可能會低於借入資金的成本，進而導致貸款出現虧損；第三個風險（也是最糟的）是貸款可能在公司無法再融資時到期，結果便是：破產及重組，往往是將公司移交給債權人。

很清楚地，因增加債務所帶來的盈餘增加，其價值低於增加帳面價值所帶來的盈餘增加。

藉由在盈餘20倍的時候交換股票，以此在盈餘10倍的時候收購公司這遊戲本身，說明了幾年前圍繞在企業集團收購上的某種氛圍。為了詳盡闡述，讓我們假設擁有5,000,000股股票的A公司藉著其成長型股票聲望，以20倍的每股盈餘1美元賣出，將其股票換成B公司10倍的每股盈餘2美元的全部2,000,000股股票。假設合併是在同等市場價值的基礎上進行的，A公司的流通

股比之前增加了40%，而新組合的盈餘比之前增加了80%。假設合併後雙方公司的收益率繼續維持不變，A公司公布其每股盈餘增長了12.8%，因此，只在意盈餘的投資者會被誤導，認為他們的成長型股票持續在成長，事實上，組成公司的基本獲利能力，根本沒有顯示出任何獲利。

將閒置廠房設備投入工作所產生的盈餘成長概念，是最容易理解的概念之一。這很簡單，就像飯店住滿房時比一半房間空置時賺的錢更多。透過這類成長而賺錢的機會，通常只有在一個行業或整個經濟陷入蕭條時才會發生。

藉由發現自然資源而賺錢是非常幸運的，但不全然只靠運氣，正如我之前所說，積極尋找的公司總好過那些完全不嘗試的公司，就像一些獵人和漁民一直都做得比其他人更好一樣，一些公司的勘探工作似乎比其他公司更容易成功，就像在生活中的方方面面一樣，下賭注在贏家身上一定是門好生意。

標準真空石油公司（Socony-Vacuum，現在的美孚石油）曾經說過，如果我們事先知道一個研究項目將有所回報，那就不是研究，那只是產品開發。如果公司自己都不知道他們的研究方向在哪裡，投資者又怎麼會知道呢？很顯然地，他無法得知。在此，就像發現自然資源一樣，賺錢取決於持續不斷革新的紀錄，期望它們將會一次又一次地做到。至於在自由社會中不斷產生的那些無法預料的新發明、新製程和新方案，對於投資者，我所知道唯一能夠從中取得優勢的方法就是，在聽到它們的消息後，儘快評估其中潛力，很少有人有辦法為自己做到這點。

根據第1點到第7點所述，股票市場對盈餘上升的影響，

通常會因不斷上升的本益比而倍增，甚至可能會增加到3倍或4倍。要從此因素中受益，投資者必須要有好的運氣或良好的判斷力，才能在本益比相對較低時買入股票。對一般投資者來說，有一個簡單的指南，就是觀察每週一在《華爾街日報》和《巴倫周刊》上發布的道瓊工業平均指數的本益比，如果數字是15，而他正在考慮買入的股票價格大致相同或者更低，那麼他就可以放心地假設他對這股票的熱忱尚未得到廣泛認同。如果他對股票盈餘增加的期望是合理的，那麼他可以預期隨著時間的推移，這些盈餘將獲得越來越高的乘數。以每股盈餘1美元的15倍計算，一檔股票的價格為15美元。以每股盈餘3美元的45倍計算，同一檔股票的價格將會是135美元，盈餘增加了3倍，但市場價格上漲了9倍。

第二十八章

真正的成長是：如何發現並評估它

　　股票漲跌有很多原因皆與獲利能力的變化無關，甚至它們的盈餘也可能因為許多原因而上升或下降，這也與它們的獲利能力無關。任何希望藉由盈餘成長在股票市場中獲利百倍的人，都必須專注在**獲利能力**上。

　　盈餘（earnings）和獲利能力（earning power）有什麼不同？

　　盈餘只是財報上的利潤，無論是如何獲得的，正如我們已經看到的那樣，盈餘可能會因突然的、非經常性的需求而激增，因為價格上漲、因為會計實務上的改變、因為總體業務上的改善（允許利用以前過剩的生產能力）而增加。這些因素都無法反映出獲利能力，就像軟木塞漂向下游的移動，也不足以證明它的原動力一樣。

　　獲利能力就是競爭力，它反映在高於平均水準的投入資本報酬率上、高於平均水準的營收淨利率上、高於平均水準的營收成長率上，它在新興或不斷擴大的市場中，展現出最大的優勢。

　　未能區分短暫的盈餘波動和獲利能力的基本變化，導致過度交易，使得許多人失去了在股市中獲利百倍的機會。

　　在華爾街有太多研究甚至沒有指出這樣的區別，為什麼會這樣？因為客戶往往不會理解或賞識，而且，即使他們理解了，比起關注於可能的盈餘波動，因這類研究所產生的業務相較之下少了許多。藉由投資在獲利能力上賺錢需要時間。

　　個人投資者要如何區分盈餘和獲利能力？這不是一本證券分析教科書，想要看教科書的人應該要去讀葛拉罕與陶德所撰寫的《證券分析》（*Security Analysis*），其餘的人應該要注意：

1. 營收成長率
2. 淨利率
3. 帳面價值報酬率（股東權益）
4. 投入資本報酬率
5. 營收與投入資本比率
6. 帳面價值的增加

　　藉由逐年記錄這些數據所得到的理解，投資者會自我警惕值得注意的趨勢變化。

　　許多人寧願、且應該要寧願讓他們的財務顧問為他們留意獲利能力。「一知半解、只懂皮毛是件危險的事。」就像計程車上的乘客一樣，乘客的角色是說出他想去的目的地，然後交由司機開車抵達，但當他被帶著繞遠路時，應該要有所覺察。

　　如果你懷疑你的財務顧問是否有如你期望的那樣著重於競爭力，你可以要求他證明這一點，或另覓其他的財務醫生。這些數據很容易從統計計算中取得，如果你的業務內容有包含這部分的

費用，都可以要求任何具備專業知識的經紀人、銀行員或投資顧問，回答這類特定問題。

絕對不要只看一年的數據，趨勢走向很重要。相對於任何良好的股票市場平均水準，如道瓊指數或標準普爾指數，無論是在絕對基礎還是相對基礎上，十年為期的紀錄都是值得的。

如果股票的帳面價值藉由保留盈餘而增加，而投入資本報酬率保持不變，那麼實際成長就會像算術一樣簡單而明確。為了詳細說明，讓我們假設我們公司的帳面價值為每股10美元，沒有優先證券，而每股的資本報酬率同樣為15%。讓我們進一步假設我們公司不支付股利。

第一年結束時每股帳面價值為10美元加上10美元的15%，即11.50美元。第五年底帳面價值為20美元，第十年底帳面價值為40美元，如果我們公司的投入資本能夠繼續以同樣的報酬率獲利，那麼十年後的盈餘將是起始數字的4倍。

如果我們公司將其盈餘的三分之一支付股利，則每年再投資的金額將是每股帳面價值的10%，按照這個報酬率，帳面價值和盈餘將需要近十五年，而不是十年才能增加至4倍。

以15%的收益且不支付股利，我們的股票將在三十三年內增至100倍；以15%的收益和三分之一盈餘支付股利，我們的股票需要超過四十八年，才能將其資產和盈餘增加至100倍。

丹碧絲（Tampax）是計算成長的一個絕佳例子，因為它的數據沒有因債務或特別股而變得複雜，以下是過去十五年的數據資料。

	投入資本報酬率	每股帳面價值	每股盈餘	每股股利	每股再投資盈餘
1970	36.7%	$17.89	$6.58	$4.10	$2.48
1969	34.6%	$15.41	$5.34	$3.55	$1.79
1968	35.3%	$13.62	$4.82	$3.10	$1.72
1967	36.6%	$11.90	$4.36	$2.80	$1.56
1966	36.8%	$10.34	$3.81	$2.50	$1.31
1965	37.6%	$ 9.03	$3.39	$2.00	$1.39
1964	36.0%	$ 7.63	$2.15	$1.75	$0.40
1963	34.1%	$ 6.63	$2.26	$1.35	$0.91
1962	37.4%	$ 4.92	$1.84	$1.18	$0.66
1961	37.9%	$ 4.26	$1.61	$1.03	$0.58
1960	38.8%	$ 3.67	$1.42	$0.93	$0.49
1959	37.4%	$ 3.35	$1.25	$0.80	$0.45
1958	37.5%	$ 2.90	$1.08	$0.70	$0.38
1957	39.0%	$ 2.52	$0.97	$0.63	$0.34
1956	39.7%	$ 2.18	$0.86	$0.56	$0.30

如果其投入資本報酬率保持穩定，任何此類股票的成長，都將與其帳面價值的成長一樣快。

從1956年底到1970年底，丹碧絲的帳面價值從每股2.18美元增加到每股17.89美元，是起始數字的8.2倍，同一時期的盈餘成長了7.6倍，其中的差異，在於報酬率從年初的39.7%下跌到去年的36.7%，如果報酬率保持在39.7%，丹碧絲在1970年的每股盈餘將是7.10美元，而不是6.58美元。7.10美元的每股盈餘，是1956年每股盈餘86美分的8.6倍，當然，這跟帳面價值的成長相同。（每股盈餘數據已針對1962年1拆成3的比例做了調整。）

15.71美元的帳面價值成長（確切地說是14.46美元）幾乎全

部都是來自於保留盈餘，即每股盈餘和每股股利之間的差額，顯然，如果丹碧絲每年將股利減少到足以將保留盈餘增加50%，那麼丹碧絲的盈餘成長將比原先快50%——假設丹碧絲能夠以相同的報酬率投資額外的資金。

丹碧絲也是計算投資者心理的一個好例子。1956年，丹碧絲股票以9-1/2低點和11.66高點賣出，這些價格分別是1956年盈餘的11和13-1/2倍。在1970年盈餘的11倍時，丹碧絲的價格將是76，而不是1970年實際低點的146；在1970點盈餘的13-1/2倍時，丹碧絲的價格將是89，而不是1970年實際高點的228。其中的差異完全在於，投資者願意對未來所預期的丹碧絲成長做出支付。

1971年丹碧絲的高點為329，其價格是1970年盈餘的50倍。

在尋找有朝一日可能以100倍價格賣出你所買入的股票時，你買入當時的本益比非常重要。如果你可以預測本益比從10上升到40，那麼你的股票收益只需上升到你起始水準的25倍，就可以讓你以1美元的投資變成100美元；另一方面，如果你以40倍的本益比買入，但本益比下降到20倍，那麼你起始的收益水準必須乘以200，才能以1美元的投資獲利100美元。

如果不詆毀丹碧絲的業務前景，說股票價格的進一步上漲，似乎可能取決於營收和盈餘的進一步成長，而本益比的進一步上升，相對而言則是幾乎沒有任何幫助。

要以購買獲得大規模成長，最重要的兩個問題是：

1. 公司與其他競爭對手的「門檻」有多高、多強？如果其他

人可以輕易進入這個行業，那麼上述的平均報酬率勢必會減少。

2. 營收成長的前景如何？無論報酬率有多高，如果公司已經有足夠的能力滿足所有可預見的市場，就無法憑藉再投資盈餘來獲得成長。

從1964年到1970年，丹碧絲的銷售額在六年內翻倍。

從丹碧絲學到的最後一課是，要買高收益證券的方法，就是購買成長型股票。丹碧絲在1956年的高點，當年支付股利的股利率為4.8%，但持有的買家在1970年的股利率為35%。

你要如何評估這樣一檔股票？

對數學感興趣的人開發出表格，有助於量化關於未知未來的假設——關於利率和一般行業盈餘的假設，關於稅收的假設。基本上，他們做的就是將估算除以猜測，並將答案精算到小數點後4位。

股票交易者有時會基於更簡單的基礎，他們預測，一檔股票的利潤將再以15%的速度成長，他們預測，隨著持續成長，本益比將維持或上升，做出這兩個假設後，他們得出一個必然發生的結論，就是股票價格在一年後將上漲至15%或甚至更多。

要從再做一年這樣的假設到再做兩年、三年、五年甚至十年是很容易的，如果你接受這些假設，從邏輯上是無法反駁的。

這讓我想到一張照片，一個中國的智者在他的書房，突然抬起頭來並驚呼，「我證明了，蒙古人是無法通過萬里長城的。」在他身後站著一個緊閉雙唇的蒙古武士，舉劍，準備砍下他的

頭。

數學做不到的，常識往往可以。在許多情況下，百倍股的股票在大幅上漲之前就已經上市，本益比低於一般市場水準。在更多情況下，這些初出茅廬的超級巨星們的價格折扣，不會超過未來一兩年可能預見的獲利成長。對於有遠見的買家來說，這是難得的大好機會，根本不需要數學分析。買方的期望值與股票市場折現值之間的價差，大到足以彌補買方期望值中任何可能的錯誤。

許多事情是無法預料甚至是無法想像的。藉此得利的一個方法就是買入最好的股票，或買那種在它們變糟之前你不打算賣出的股票。如果歷史有任何指導意義的話，那麼有些股票最終就會出現在你最高價的股票資產中。

經過漫長而迂迴的路程，我們來到了我們的起點。

過去四十年，股票市場中蘊藏著數百個將10,000美元變成100萬美元的機會。

許多其他股票的成長率如果持續下去，將在接下來的二、三或四年內產生同樣的百倍升值。在一個自由和以研究為導向的社會中，這樣的機會似乎注定會一次又一次的出現。

我們當中很少有人能從百倍股票中獲利的兩個原因，首先是，我們沒有嘗試這麼做，其次是，即使我們夠聰明或夠幸運地買入，我們也不會堅定持有。

買對需要的是遠見和勇氣──信念就是未見之事的證據，是無法用數學證明的事物。

實現百倍獲利需要的是耐心、非凡的韌性──堅持下去的意

志。

　　在愛麗絲夢遊仙境的故事中，你必須跑得越來越快才能保持在原地不動。在股票市場上，有證據顯示，一個人如果買對股票，就必須靜靜持有，才能獲得高額的回報。

附錄

表格3

股市中的增殖反應器

將1股變成很多股、將10,000美元變成1,000,000美元的365檔不同證券

在1971年，下列每一種證券的售價均超過在其所示年份可買入價格的100倍。此表按現今公司名稱的字母順序排列，並以大寫字母列出。

ABBOTT LABORATORIES
1934年的1股 = 1971年的50.4股
1934年的成本40美元，於1971年價值
4,302美元

Abitibi Power & Paper普通股 ——
ABITIBI PAPER
1942年的1股# = 1971年的6股*
1942年的成本50美分，於1970年價值
52美元
#Abitibi Power & Paper普通股
*Abitibi Paper普通股

Abitibi Power & Paper Co., Ltd. 6%可
轉換特別股（面值100美元）——
ABITIBI PAPER
1940年的1股# = 1971年的40.6股*
1940年的成本2美元，於1971年價值
355美元†
#Abitibi Power & Paper Co., Ltd. 6%可
轉換特別股

*Abitibi Paper普通股
†假設於1954年7月30日收到100美金，並於隨後在高點投入Abitibi普通股。

Abitibi Power & Paper Co., Ltd. 7%可
轉換特別股（面值100美元）——
ABITIBI PAPER
1943年的1股# = 1971年的183.6股*
1943年的成本12.50美元，於1971年
價值1,606美元†
#Abitibi Paper普通股
†假設於1949年8月1日收到187.50美金，並於1949年8月5日以當周高點每股12.25美元投入Abitibi普通股。

Aetna Casualty & Surety——AETNA
LIFE & CASUALTY
1932年的1股# = 1971年的28½股*
1932年的成本15美元，於1971年價值
1,998美元

#Aetna Casualty & Surety
*Aetna Life & Casualty

Aetna Life──AETNA LIFE &
CASUALTY
1932年的1股# = 1971年的13⅓股*
1932年的成本8.25美元,於1971年價
值934美元
#Aetna Life
*Aetna Life & Casualty

AIR PRODUCTS & CHEMICALS
1946年的1股# = 1971年的2.5股*
1946年的成本1美元,於1971年價值
144美元
#Reynolds & Co., New York,於1946年
5月6日,以每股1元放出150,000股

ALLEGHANY CORP.普通股
1941年的1股# = 1971年的1股
1941年的成本1美元,於1971年價值
18美元

Amerada Corp.──AMERADA HESS
1933年的1股# = 1971年的36股*
1933年的成本18.50美元,於1971年
價值2,574美元
#Amerada Corp.
*Amerada Hess

AMERICAN AIRLINES
1938年的1股 = 1971年的20股
1938年的成本8美元,於1971年價值
877美元

AMERICAN CHAIN & CABLE
1933年的1股 = 1971年的6.4股
1933年的成本1.63美元,於1971年價
值194美元

American Beet Sugar──AMERICAN
CRYSTAL SUGAR
1932年的1股# = 1971年的3股*
1932年的成本25美分,於1971年價值
80美元
#American Beet Sugar
*American Crystal Sugar

AMERICAN CYANAMID
1932年的1股# = 1971年的8股*
1932年的成本1.63美元,於1971年價
值303美元
#B股
*普通股

Amerex Holding Corp.─AMERICAN
EXPRESS
1948年的1股# = 1971年的18股*
1948年的成本21.50美元,於1971年
價值2,448美元
#Amerex Holding Corp.
*American Express

AMERICAN HOME PRODUCTS
1938年的1股 = 1971年的36股
1938年的成本30.75美元,於1971年
價值3,384美元

Branch (E.J.) & Sons——AMERICAN
HOME PRODUCTS
1933年的1股# = 1971年的8.4股*
1933年的成本3.75美元，於1971年價
值789美元
#Brach (E.J.) & Sons
*American Home Products

International Vitamin——AMERICAN
HOME PRODUCTS
1941年的1股# = 1971年的4.5股*
1941年的成本3.13美元，於1971年價
值423美元
#International Vitamin
*American Home Products

Miller Wholesale Drug——AMERICAN
HOME PRODUCTS
1940年的1股# = 1971年的7.4股*
1940年的成本4.38美元，於1971年價
值695美元
#Miller Wholesale Drug
*American Home Products

American Constitution Fire
Insurance——AMERICAN
INTERNATIONAL GROUP
1932年的1股# = 1971年的11.4股*
1932年的成本6美元，於1971年價值
1,105美元
#American Constitution Fire Insurance
*American International Group

American Home Fire Assurance——
AMERICAN INTERNATIONAL
GROUP
1949年的1股# = 1971年的10.9股*
1949年的成本7美元，於1971年價值
1,043美元
#American Home Fire Assurance
*American International Group

Globe & Rutgers Fire Insurance——
AMERICAN INTERNATIONAL
GROUP
1949年的1股# = 1971年的32.8股*
1949年的成本27美元，於1971年價值
3,198美元
#Globe & Rutgers Fire Insurance
*American International Group

AMERICAN INVESTMENT CO. OF
ILLINOIS
1933年的1股 = 1971年的17.5股
1933年的成本3美元，於1971年價值
347美元

AMERICAN MANUFACTURING
1935年的1股 = 1971年的16股
1935年的成本3.5美元，於1971年價
值712美元

Air Investors——AMERICAN
MANUFACTURING
1942年的1股# = 1971年的2.5股*
1942年的成本94美分，於1971年價值
111美元

#Air Investors
*American Manufacturing

American Laboratories——AMERICAN
MEDICAL INTERNATIONAL
1964 年的 1 股 # = 1971 年的 3.4 股 *
1964 年的成本 75 美分，於 1971 年價值
129 美元
#American Laboratories
*American Medical International

AMERICAN METAL CLIMAX
1933 年的 1 股 = 1971 年的 8.44 股
1933 年的成本 3.13 美元，於 1971 年價
值 315 美元

Ayrshire Patoka Collieries——
AMERICAN METAL CLIMAX
1942 年的 1 股 # = 1971 年的 13.5 股 *
1942 年的成本 4 美元，於 1971 年價值
504 美元
#Ayrshire Patoka Collieries
#American Metal Climax

Electric Shovel Coal 特別股 ——
AMERICAN METAL CLIMAX
1942 年的 1 股 # = 1971 年的 27.1 股 *
1942 年的成本 6 美元，於 1971 年價值
1,012 美元
#Electric Shovel Coal 特別股
*American Metal Climax

Panhandle Producing & Refining 8% 特別
股 ——AMERICAN PETROFINA A 股
1940 年的 1 股 # = 1971 年的 54.4 股 *
1940 年的成本 13 美元，於 1971 年價值
1,598 美元
#Panhandle Producing & Refining 8% 特
別股
*American Petrofina A 股

AMREICAN POWER & LIGHT 6 美元
特別股
1935 年的 1 股 = 1971 年時的：
4.9 股 (a)
1.2 股 (b)
3.7 股 (c)
8.9 股 (d)
2.3 股 (e)
1935 年的成本 10.13 美元，於 1971 年
價值 1,160 美元
(a) Florida Power & Light 普通股
(b) Minnesota Power & Light 普通股
(c) Montana Power 普通股
(d) Texas Utilities 普通股
(e) Washington Water Power 普通股

AMERICAN SEATING
1933 年的 1 股 = 1971 年的 6.4 股
1933 年的成本 88 美分，於 1971 年價值
138 美元

American Machine & Metals——
AMETEX, INC.
1933 年的 1 股 # = 1971 年的 8 股 *

1933年的成本75美分，於1971年價值153美元
#American Machine & Metals
*Ametex, Inc.

ANHEUSER-BUSCH
1935年的1股＝1971年的236.7股
1935年的成本98美元，於1971年價值13,610美元

Rustless Iron & Steel——ARMCO STEEL
1935年的1股#＝1971年的4.8股*
1935年的成本75美分，於1971年價值111美元
#Rustless Iron & Steel
*Armco Steel

ARMSTRONG CORK
1933年的1股＝1971年的12股
1933年的成本4.13美元，於1971年價值550美元

Noblitt-Sparks Industries——ARVIN INDUSTRIES
1933年的1股#＝1971年的23.3股*
1933年的成本9.5美元，於1971年價值955美元
#Noblitt-Sparks Industries
*Arvin Industries

Warren Brothers——ASHLAND OIL & REFINING
1941年的1股#＝1971年的1.3股*

1941年的成本38美分，於1971年價值39美元
#Warren Brothers
*Ashland Oil & Refining

ASSOCIATED DRY GOODS
1942年的1股＝1971年的9股
1942年的成本4.25美元，於1971年價值535美元

Pan-American Petroleum (of Cal.) Cv. 6s 1940 (Certificates of Deposit)——ATLANTIC RICHFIELD
1932年的1張1000美金債券#＝1971年的147.7股*
1932年的成本40美元，於1971年價值11,557美元
#Pan-American Petroleum (of Cal.) Cv. 6s 1940
*Atlantic Richfield

Richfield Oil of California 1st Cv. 6s 1944 (Certificates of Deposit)——ATLANTIC RICHFIELD
1932年的1張1000美金債券#＝1971年的164.9股*
1932年的成本50美元，於1971年價值12,903美元
#Richfield Oil 1st Cv. 6s 1944
*Atlantic Richfield

Venezuelan Petroleum——ATLANTIC RICHFIELD
1941年的1股#＝1971年的1 16股*

1941年的成本75美分，於1971年價值83美元†

\#Venezuelan Petroleum

*Atlantic Richfield

†假設於1976年接受Atlantic Richfield每股3美元的可轉換特別股

Sloss-Sheffield Steel & Iron——A-T-O, INC.

1932年的1股# = 1971年的5股*

＋1988年A-T-O 500美元債權

＋A-T-O 20美元權證

1932年的成本3.75美元，於1971年價值411美元†

\#Sloss-Sheffield Steel & Iron

*A-T-O, Inc.

†假設於1988年收到以68美元售出的A-T-O債權

AUTOMATIC DATA PROCESSING

1965年的1股 = 1971年的9股

1965年的成本7美元，於1971年價值704美元

AVON PRODUCTS

1955年的1股* = 1971年的84.2股

1955年的成本83美元，於1971年價值9,430美元

*股票1拆2之前

BABCOCK & WILCOX

1934年的1股 = 1971年的50.1股

1934年的成本18.5美元，於1971年價值2,135美元

Pyrene Manufacturing——BAKER INDUSTRIES

1940年的1股# = 1971年的22.9股*

1940年的成本4.75美元，於1971年價值543美元

\#Pyrene Manufacturing

*Baker Industries

U.S. Bobbin & Shuttle——BAKER INDUSTRIES

1941年的1股# = 1971年的5.4股*

1941年的成本1美元，於1971年價值128美元

\#U.S. Bobbin & Shuttle

*Baker Industries

U.S. Bobbin & Shuttle特別股 —— BAKER INDUSTRIES

1940年的1股# = 1971年的87.3股*

1940年的成本20美元，於1971年價值2,073美元

\#U.S. Bobbin & Shuttle特別股

*Baker Industries

BALDWIN (D.H.) CO.

1939年的1股 = 1971年的8.2股

1939年的成本2.88美元，於1971年價值463美元

Virginia Iron, Coal & Coke——BATES MANUFACTURING

1943年的1股# = 1971年的7.2股*

1943年的成本1美元，於1971年價值143美元

#Virginia Iron, Coal & Coke
*Bates Manufacturing

Virginia Iron, Coal & Coke 5%特別
股──BATES MANUFACTURING
1942年的1股# = 1971年的101股*
1942年的成本14美元，於1971年價值
2,007美元
#Virginia Iron, Coal & Coke 5%特別股
*Bates Manufacturing

BAXTER LABORATORIES
1956年的1股 = 1971年的32股
1956年的成本11.25美元，於1971年
價值1,260美元

BEECH AIRCRAFT
1938年的1股 = 1971年的10.7股
1938年的成本1.25美元，於1971年價
值231美元

Spiegel, May, Stern──BENEFICIAL
CORP.
1933年的1股 = 1971年的5.9股
1933年的成本1美元，於1971年價值
402美元
#Spiegel, May, Stern
*Beneficial Corp.

Western Auto SupplyA股 ──
BENEFICIAL CORP.
1932年的1股# = 1971年的13.7股*
1932年的成本5.13美元，於1971年價
值935美元

#Western Auto Supply A 股
*Beneficial Corp.

BLACK & DECKER
1938年的1股 = 1971年的22.7股
1938年的成本16.5美元，於1971年價
值1,835美元

Electric Bond & Share──BOISE
CASCADE
1942年的1股# = 1971年的1.3股*加
上公用事業股的無課稅股利
1942年的成本88美分，於1971年價值
115美元
#Electric Bond & Share
*Boise Cascade

Minnesota & Ontario Paper 6s A 股，
1931-45──BOISE CASCADE
1932年的1張債券# = 1971年的110.3
股*
1932年的成本40美元，於1971年價值
5,501美元†
#Minnesota & Ontario Paper
*Boise Cascade
†於1941年收到面額500美金的5%債
券，以及7.5元現金

BORG-WARNER
1932年的1股 = 1971年的12股
1932年的成本3.38美元，於1971年價
值387美元

Byron Jackson———BORG-WARNER
1932 年的 1 股 # = 1971 年的 2.2 股 *
1932 年的成本 50 美分,於 1971 年價值
70 美元
#Byron Jackson
*Borg-Warner

BRIGGS & STRATTON
1933 年的 1 股 = 1971 年的 24 股
1933 年的成本 7.25 美元,於 1971 年價
值 888 美元

Broadway Department Store———
BROADWAY-HALE STORES
1941 年的 1 股 # = 1971 年的 10 8 股 *
1941 年的成本 3.63 美元,於 1971 年價
值 489 美元
#Broadway Department Store
*Broadway-Hale Stores

Emporium Capwell———BROADWAY-
HALE STORES
1934 年的 1 股 # = 1971 年的 10.9 股 *
1934 年的成本 5 美元,於 1971 年價值
527 美元
#Emporium Capwell
*Broadway-Hale Stores

Kinney (G.R.) & Co.———BROWN
SHOE
1943 年的 1 股 # = 1971 年的 6.1 股 *
1943 年的成本 1.88 美元,於 1971 年價
值 256 美元
#Kinney (G.R.) & Co.

*Brown Shoe

Aloe (A.S.) Co.———BRUNSWICK
1934 年的 1 股 # = 1971 年的 27.7 股 *
1934 年的成本 9 美元,於 1971 年價值
1,073 美元
#Aloe (A.S.) Co.
*Brunswick

Brunswick-Balke-Collender———
BRUNSWICK
1938 年的 1 股 # = 1971 年的 19.4 股 *
1938 年的成本 5.5 美元,於 1971 年價
值 571 美元
#Brunswick-Balke-Collender
*Brunswick Corp.

BULOVA WATCH
1933 年的 1 股 = 1971 年的 9.9 股
1933 年的成本 88 美分,於 1971 年價值
271 美元

Burlington Mills———BURLINGTON
INDUSTRIES
1937 年的 1 股 # = 1971 年的 13.2 股 *
1947 年的成本 5.75 美元,於 1971 年價
值 656 美元
#Burlington Mills
*Burlington Industries

Pacific Mills———BURLINGTON
INDUSTRIES
1933 年的 1 股 # = 1971 年的 14.5 股 *
1948 年的成本 6 美元,於 1971 年價值

721美元
#Pacific Mills
*Burlington Industries

CARNATION COMPANY
1938年的1股＝1971年的18.4股
1938年的成本17.88美元，於1971年
價值1,872美元

CARRIER CORP.
1932年的1股＝1971年的6.6股
1932年的成本2.5美元，於1971年價
值320美元

Columbia River Packers──CASTLE &
COOKE
1939年的1股#＝1971年的15.9股*
1939年的成本4美元，於1971年價值
429美元
#Columbia River Packers
*Castle & Cooke

CATERPILLAR TRACTOR
1933年的1股＝1971年的25.9股
1933年的成本5.5美元，於1971年價
值1,447美元

CELANESE CORP.
1932年的1股＝1971年的2.8股
1932年的成本1.25美元，於1971年價
值223美元

Tubize Chatillon A股　──CELANESE
1932年的1股#＝1971年的6.6股*
1932年的成本1美元，於1971年價值

523美元
#Tubize Chatillon A股
*Celanese

CESSNA AIRCRAFT
1941年的1股＝1971年的14⅓股
1941年的成本3.75美元，於1971年價
值418美元

Parmelee Transportation──CHECHER
MOTORS
1942年的1股#＝1971年的2.8股*
1942年的成本32美分，於1971年價值
81美元
#Parmelee Transportation
*Checker Motors

CHICAGO PNEUMATIC TOOL
1933年的1股＝1971年的7.6股
1933年的成本2.13美元，於1971年價
值343美元

CHICAGO RIVET & MACHINE
1932年的1股＝1971年的11¼股
1932年的成本3美元，於1971年價值
337美元

National Automotive Fibres A股　──
CHRIS-CRAFT INDUSTRIES
1932年的1股#＝1971年的5.6股*
1932年的成本50美分，於1971年價值
55美元
#National Automotive Fibres
*Chris-Craft Industries

CITIES SERVICE
1942年的1股＝1971年的5.7股
1942年的成本2.13美元，於1971年價
值282美元

Tennessee Corp.──CITIES SERVICE
1933年的1股#＝1971年的7.5股*
1948年的成本3.13美元，於1971年價
值372美元
#Tennessee Corp.
*Cities Service

CLARK EQUIPMENT
1939年的1股＝1971年的33股
1939年的成本15美元，於1971年價值
1,637美元

Cliffs Corp.──CLEVELAND CLIFFS
1933年的1股#＝1971年的4.5股*
1933年的成本3.5美元，於1971年價
值357美元
#Cliffs Corp.
*Cleveland Cliffs

CLOROX
1942年的1股＝1971年的44.3股
1942年的成本24美元，於1971年價值
2,696美元

Grocery Store Products──CLOROX
1942年的1股#＝1971年的2.5股*
1942年的成本88美分，於1971年價值
145美元
#Grocery Store Products

*Clorox

Van Raalte Co.──CLUETT,
PEABODY & CO.
1933年的1股#＝1971年的7.3股*
1933年的成本1.63美元，於1971年價
值198美元
#Van Raalte Co.
*Cluett, Peabody & Co.

Continental Assurance──CNA
FINANCIAL
1943年的1股#＝1971年的172.7股*
1943年的成本40.5美元，於1971年價
值4,403美元
#Continental Assurance
*CNA Financial

Continental Casualty──CNA
FINANCIAL
1933年的1股#＝1971年的29.6股*
1933年的成本5美元，於1971年價值
754美元
#Continental Casualty
*CAN Financial

COLLINS & AIKMAN
1933年的1股＝1971年的12股
1933年的成本3美元，於1971年價值
372美元

Henry Holt & Co.──COLUMBIA
BROADCASTING SYSTEM
1953年的1股#＝1971年的15.8股*

1953年的成本7.88美元，於1971年價值835美元†
#Henry Holt & Co.
*Columbia Broadcasting System
†包含Viacom International配股

International Combustion Engineering Cv. Pfd. Ctfs.──COMBUSTION ENGINEERING INC.
1933年的10股加上1美元#＝1971年的18.9股*
1933年的成本11美元，於1971年價值1,332美元
#International Combustion Engineering Cv. Pfd. Ctfs.
*Combustion Engineering Inc.

Connecticut General Life Insurance──CONNECTICUT GENERAL INSURANCE
1943年的1股#＝1971年的48股*
1943年的成本27.63美元，於1971年價值3,756美元
#Connecticut General Life Insurance
*Connecticut General Insurance

Truax Traer Coal──CONSOLIDATION COAL
1932年的1股#＝1971年的2.4股*
1932年的成本25美分，於1971年價值61美元†
#Traux Traer Coal
*Consolidation Coal

†取1966年清算分配時的市價，加上5年的5％年複合報酬率

COOPER INDUSTRIES
1937年的1股＝1971年的10股
1937年的成本3.5美元，於1971年價值375美元

COPPER RANGE
1932年的1股＝1971年的3.3股
1932年的成本1.13美元，於1971年價值139美元

CROWN CORK & SEAL
1932年的1股＝1971年的40股
1932年的成本7.88美元，於1971年價值935美元

CROWN ZELLERBACH
1933年的1股＝1971年的4.9股
1933年的成本1美元，於1971年價值186美元

Crum & Forster Insurance Shares──CRUM & FORSTER
1932年的1股#＝1971年的12.1股*
1932年的成本3美元，於1971年價值428美元
#Crum & Forster Insurance Shares
*Crum & Forster

CUTLER-HAMMER
1932年的1股＝1971年的8股
1932年的成本3.5美元，於1971年價值362美元

Thatcher Manufacturing──DART
INDUSTRIES
1932年的1股# = 1971年的5.2股*
1932年的成本2美元，於1971年價值
252美元
#Thatcher Manufacturing
*Dart Industries

Allen Industries──DAYCO
1933年的1股# = 1971年的16.4股*
1933年的成本1美元，於1971年價值
358美元
#Allen Industries
*Dayco

Dayton Rubber Manufacturing A股 ──
DAYCO
1933年的1股# = 1971年的5½股*
1933年的成本1美元，於1971年價值
119美元
#Dayton Rubber Manufacturing A股
*Dayco

DEERE &COMPANY
1933年的1股 = 1971年的12.3股
1933年的成本5.75美元，於1971年價
值668美元

DELTA AIR LINES
1942年的1股 = 1971年的28.1股
1942年的成本8美元，於1971年價值
1,443美元

Chicago & Southern Air Lines──
DELTA AIR LINES
1942年的1股# = 1971年的11.2股*
1942年的成本2美元，於1971年價值
575美元
#Chicago & Southern Air Lines
*Delta Air Lines

DEVELOPMENT CORP. OF AMERICA
1967年的1股 = 1971年的2.2股
1967年的成本38美分，於1971年價值
74美元

Shamrock Oil & Gas──DIAMOND
SHAMROCK
1935年的1股# = 1971年的4.5股*
1935年的成本75美分，於1971年價值
113美元
#Shamrock Oil & Gas
*Diamond Shamrock

DIEBOLD, INC.
1950年的1股 = 1971年的28.1股
1950年的成本11.63美元，於1971年
價值1,594美元

DISNEY (WALT) PRODUCTIONS INC.
1954年的1股 = 1971年的11.4股
1954年的成本3.63美元，於1971年價
值1,630美元

DR. PEPPER
1935年的1股 = 1971年的48股
1935年的成本16美元，於1971年價值

1,938美元

Empire Trust Co.──DOME
PETROLEUM, LTD.
1943年的1股# = 1971年的99.1股*
1943年的成本43.5美元，於1971年價
值4,681美元
#Empire Trust Co.
*Dome Petroleum, Ltd.

Smith (Howard) Paper Mills──
DOMTAR
1933年的1股= 1971年的14股
1933年的成本1.13美元，於1971年價
值218美元
#Smith (Howard) Paper Mills
*Domtar──未開放給美國公民的股
權交換

St. Lawrence Corp.──DOMTAR
1942年的1股# = 1971年的5.5股*
1942年的成本75美分，於1971年價值
85美元
#St. Lawrence Corp.
*Domtar

DOW CHEMICAL
1932年的1股= 1971年的23.9股
1932年的成本21.13美元，於1971年
價值2,854美元

Dobeckman──DOW CHEMICAL
1941年的1股# = 1971年的4股*
1941年的成本2.5美元，於1971年價

值313美元
#Dobeckman
*Dow Chemical

S. R. Dresser Manufacturing B股──
DRESSER INDUSTRIES
1933年的1股= 1971年的8股
1933年的成本2.13美元，於1971年價
值300美元

Symington A股──DRESSER
INDUSTRIES
1932年的1股# = 1971年的1.4股*
1932年的成本50美分，於1971年價值
52美元
#Symington A股
*Dresser Industries

EASON OIL COMPANY
1942年的1股= 1971年的36股
1942年的成本38美分，於1971年價值
100美元

Eastern Gas & Fuel 6%特別股──
EASTERN GAS & FUEL
1943年的1股# = 1971年的45.2股*
1943年的成本19.75美元，於1971年
價值2,322美元
#6%特別股
*Eastern Gas & Fuel普通股

West Virginia Coal & Coke──
EASTERN GAS & FUEL
1944年的1股# = 1971年的9.7股*

1944年的成本5.13美元，於1971年價
值503美元
外加50美元†
共553美元
#West Virginia Coal & Coke
*Eastern Gas & Fuel
†免課稅股利總和

EASTMAN KODAK
1933年的1股＝1971年的64.8股
1933年的成本46美元，於1971年價值
6,480美元

Eaton Manufacturing——EATON YALE
& TOWNE
1933年的1股#＝1971年的8股*
1933年的成本3.13美元，於1971年價
值359美元
#Eaton Manufacturing
*Eaton Yale & Towne

EDISON BROS. STORES
1934年的1股＝1971年的27.2股
1934年的成本8美元，於1971年價值
1,199美元

Indiana Steel Products——
ELECTRONIC MEMORIES &
MAGNETICS
1940年的1股#＝1971年的9½股*
1940年的成本1.5美元，於1971年價
值166美元
#Indiana Steel Products
*Electronic Memories & Magnetics

EMERSON ELECTRIC
1949年的1股＝1971年的11.3股
1949年的成本8.5美元，於1971年價
值912美元

EMERY AIR FREIGHT
1955年的1股＝1971年的10.6股
1955年的成本7.88美元，於1971年價
值829美元

Savage Arms——EMHART
1933年的1股#＝1971年的6.2股*
1933年的成本2.25美元，於1971年價
值275美元
#Savage Arms
*Emhart

Engineers Public Service——GULF
STATES UTILITIES
EL PASO ELECTRIC
VIRGINIA ELECTRIC & POWER
1933年的1股#＝1971年的8.4股*
1933年1股普通股#加上0.1137375股
美股5美元特別股#＝1971年的：
5股Gulf States Utilities
2.55股El Paso Electric
8.4股Virginia Electric & Power
1.04現金
1934年的成本3.15美元，於1971年價
值387美元
#Engineers Public Service

EVANS PRODUCTS
1933年的1股＝1971年的13.5股

1933年的成本88美分，於1971年價值367美元

EX-CELL-O
1934年的1股 = 1971年的15.9股
1934年的成本3.75美元，於1971年價值389美元

Fairchild Aviation──FAIRCHILD CAMERA
1938年的1股 # = 1971年的6.6股 *
1938年的成本2美元，於1971年價值320美元
#Fairchild Aviation
*Fairchild Camera

FALCONBRIDGE NICKEL
1940年的1股 = 1971年的1股
1938年的成本1.43美元，於1971年價值153美元
#U.S. funds.

Ventures, Ltd.──FALCONBBRIDGE NICKEL
1940年的1股 # = 1971年的1.04股 *
1940年的成本1.57美元†，於1971年價值159美元†
#Ventures, Ltd.
*Falconbridge Nickel
†U.S. funds

FANSTEEL
1932年的1股 = 1971年的4.2股
1932年的成本23美分，於1971年價值67美元

FEDDERS
1945年的1股 = 1971年的20股
1945年的成本9.5美元，於1971年價值1,000美元

FEDERAL-MOGUL
1934年的1股 = 1971年的11.8股
1934年的成本3美元，於1971年價值377美元

FEDERATED DEPARTMENT STORES
1933年的1股 = 1971年的19.2股
1933年的成本7.5美元，於1971年價值1,027美元

FIDELITY UNION LIFE INSURANCE
1949年的1股 = 1971年的100股
1949年的成本42美元，於1971年價值4,425美元

FLYING TIGER LINE
1938年的1股 = 1971年的2.5股
1938年的成本1美元，於1971年價值123美元

North American Car──FLYING TIGER LINE
1942年的1股 # = 1971年的6.4股 * 加上3股權證
1942年的成本3.88美元，於1971年價值409美元
#North American Car
*Flying Tiger Line

Food Machinery──FMC
1934 年的 1 股 # = 1971 年的 40.2 股 *
1934 年的成本 10.5 美元，於 1971 年價
值 1,226 美元
#Food Machinery
*FMC

United Chemicals──FMC
1939 年的 1 股 # = 1971 年的 14.3 股 *
1939 年的成本 3.25 美元，於 1971 年價
值 436 美元
#United Chemicals
*FMC

Westvaco Chemical──FMC
1932 年的 1 股 # = 1971 年的 15 股 *
1932 年的成本 3 美元，於 1971 年價值
457 美元
#Westvaco Chemical
*FMC

National Fireproofing──FUQUA
INDUSRIES
1944 年的 1 股 # = 1971 年的 3.1 股 *
1944 年的成本 50 美分，於 1971 年價值
82 美元
#National Fireproofing
*Fuqua Industries

GARDNER-DENVER
1933 年的 1 股 = 1971 年的 20¼ 股
1933 年的成本 7.5 美元，於 1971 年價
值 1,012 美元

GENERAL AMERICAN OIL
1937 年的 1 股 = 1971 年的 17.1 股
1937 年的成本 6.5 美元，於 1971 年價
值 825 美元

GENERAL CABLE
1933 年的 1 股 = 1971 年的 5 股
1933 年的成本 1.25 美元，於 1971 年價
值 131 美元

General Cable A 股 ──GENERAL
CABLE
1935 年的 1 股 # = 1971 年的 20 股 *
1935 年的成本 4 美元，於 1971 年價值
525 美元
#A 股
* 普通股

Chemical Research──GENERNAL
DEVELOPMENT
1941 年的 1 股 # = 1971 年的 1.3 股 *
1941 年的成本 41 美分，於 1971 年價值
43 美元
#Chemical Research
*General Development

Consolidated Aircraft──GENERAL
DYNAMICS
1933 年的 1 股 # = 1971 年的 3.4 股 *
1933 年的成本 1 美元，於 1971 年價值
107 美元
#Consolidated Aircraft
*General Dynamics

Electric Boat──GENERAL
DYNAMICS
1933年的1股# = 1971年的3.15股*
1933年的成本1美元，於1971年價值
100美元
#Electric Boat
*General Dynamics

Snider Packing──GENERAL FOODS
1933年的1股# = 1971年的6.4股*
1933年的成本63美分，於1971年價值
279美元
#Snider Packing Foods
*General Foods

Yellow Truck & Coach──GENERAL
NOTORS
1932年的1股# = 1971年的2股*
1932年的成本1.38美元，於1971年價
值182美元
#Yellow Truck & Coach
*General Motors

General Alliance──GENERAL
REINSURANCE
1933年的1股# = 1971年的2股*
1933年的成本5美元，於1971年價值
656美元
#General Alliance
*General Reinsurance

Associated Telephone Utilities C
股，5½%可轉換債 ──GENERAL
TELEPHONE
1933年的1股# = 1971年的142.8股*
1948年的成本50美元，於1971年價值
5,087美元
#每股可轉換債，可交換21.158股
General Telephone
*General Telephone

GENERAL TIRE
1933年的1股 = 1971年的113.6股
1933年的成本23美元，於1971年價值
3,209美元

GEORGIA-PACIFIC
1953年的1股 = 1971年的15.8股
1953年的成本9.25美元，於1971年價
值957美元

Pacific Western Oil──GETTY OIL
1943年的1股# = 1971年的10½股*
1943年的成本9. 1971美元，於1971年
價值1,023美元
#Pacific Western Oil
*Getty Oil

GILLETTE
1943年的1股 = 1971年的12股
1943年的成本4.75美元，於1971年價
值610美元

GIMBEL BROTHERS
1935年的1股 = 1971年的8股

1935年的成本2.13美元，於1971年價值364美元

GOODRICH (B. F.) COMPANY
1933年的1股＝1971年的9股
1933年的成本3美元，於1971年價值315美元

GOODYEAR TIRE & RUBBER
1942年的1股＝1971年的29.2股
1942年的成本10.25美元，於1971年價值1,029美元

GOVERNMENT EMPLOYES
INSURANCE
1951年的1股＝1971年的44股
1951年的成本38美元，於1971年價值3,938美元

GOVERNMENT EMPLOYES LIFE
INSURANCE
1949年的1股＝1971年的14.3股
1949年的成本5美元，於1971年價值670美元

Graniteville Manufacturing——
GRANITEVILLE
1935年的1股#＝1971年的179.5股*
1935年的成本34美元，於1971年價值6,170美元
#Graniteville Manufacturing
*Graniteville

GREYHOUND CORP.
1934年的1股＝1971年的30½股

1934年的成本5.25美元，於1971年價值777美元

Armour & Co. (Illinois) A股 ——
GREYHOUND
1932年的1股#＝1971年的4.3股*
1932年的成本63美分，於1971年價值109美元
#Armour & Co. (Illinois) A股
*Greyhound

Armour & Co. (Illinois)特別股 ——
GREYHOUND
1932年的1股#＝1971年的25.9股*
1932年的成本3.5美元，於1971年價值660美元
#Armour & Co. (Illinois)特別股
*Greyhound

Godchaux Sugars B股 ——GULF
STATES LAND & INDUSTRIES
1933年的1股#＝1971年的10股*
1933年的成本25美分，於1971年價值62美元
#Godchaux Sugars B股
*Gulf States Land & Industries

Bliss (E. W.)——GULF & WESTERN
1932年的1股#＝1971年的2.6股*
1932年的成本63美分，於1971年價值80美元
#Bliss (E. W.)
*Gulf & Western

Michigan Bumper——GULF &
WESTERN

1943年的1股# = 1971年的1.5股*

1943年的成本32美分，於1971年價值
46美元

#Michigan Bumper

*Gulf & Western

Intertype——HARRIS-INTERTYPE

1933年的1股# = 1971年的6.5股*

1933年的成本1.88美元，於1971年價
值450美元

#Intertype

*Harris-Intertype

HART SCHAFFNER & MARX

1939年的1股 = 1971年的35.1股

1939年的成本10美元，於1971年價值
1,105美元

HOBART MANUFACTURING

1933年的1股 = 1971年的25.4股

1933年的成本10美元，於1971年價值
1,651美元

HOLIDAY INNS

1958年的1股 = 1971年的16.3股

1958年的成本8.13美元，於1971年價
值825美元

Minneapolis Honeywell——
HONEYWELL

1935年的1股# = 1971年的48股*

1935年的成本58美元，於1971年價值

6,660美元

#Minneapolis Honeywell

*Honeywell

HONOLULU OIL

1932年的1股# = 1971年的4股*

1932年的成本4.75美元，於1961年清
算股權時拆分為4股 = 394美元

後續清算股權拆分為4股，每股22.72
美元。

加乘10年期利率為394美元，加上5%
複合報酬率後 = 247美元

1971年總價值 = 663美元

HOOVER BALL & BEARING

1934年的1股 = 1971年的6.6股

1934年的成本1.13美元，於1971年價
值237美元

Interstate Co.——HOST
INTERNATIONAL

1955年的1股# = 1971年的14.4股*

1955年的成本4.38美元，於1971年價
值561美元

#Interstate Co.

*Host International

Houdaille-Hershey B股 ——
HOUDAILLE

1933年的1股# = 1971年的9股*

1933年的成本1美元，於1971年價值
142美元

#Houdaille-Hershey B股

*Houdaille

HOUSTON OIL
1942 年的 1 股 # ＝ 1971 年的 166.5 股
1942 年的成本 2.25 美元，於 1971 年價
值 340 美元 #
於 1956 年收到清算股權，且從 1957
年起以年複合報酬率 5％計算，共 15
年

Pacific Portland Cement──IDEAL
BASIC INDUSTRIES
1944 年的 1 股 # ＝ 1971 年的 19.6 股 *
1948 年的成本 2.75 美元，於 1971 年價
值 374 美元
#Pacific Portland Cement
*Ideal Basic Industries

INDUSTRIAL ACCEPTANCE
1942 年的 1 股 # ＝ 1971 年的 32 股 *
1942 年的成本 5.9 美元（美國），於
1971 年價值 644 美元（美國）#
#1942 年於蒙特羅證券交易所股價低點
為 6.5 美元，與加幣為 1 比 0.909

INSPIRATION CONSOLIDATED
COPPER
1932 年的 1 股 ＝ 1971 年的 2 股
1932 年的成本 75 美分，於 1971 年價值
102 美元

INTERNATIONAL BUSINESS
MACHINES
1948 年的 1 股 ＝ 1971 年的 38 股
1948 年的成本 125.5 美元，於 1971 年
價值 13,898 美元

National Department Stores 首次發行
的 7％特別股 ──INTERNATIONAL
MINING
1933 年的 1 股 # ＝ 1971 年的 17.6 股 *
1933 年的成本 1.25 美元，於 1971 年價
值 268 美元
#National Department Stores 首次發行
的 7％特別股
*International Mining

International Paper & Power A 股與普通
股 ──INTERNATIONAL PAPER
1933 年的 1 股 # ＝ 1971 年的 4.2 股 *
1933 年的成本 50 美分，於 1971 年價值
170 美元
#International Paper & Power A 股與普
通股
*International Paper

INTERNATIONAL TELEPHONE &
TELEGRAPH
1942 年的 1 股 ＝ 1971 年的 4.2 股
1942 年的成本 1.5 美元，於 1971 年價
值 282 美元

Continental Baking A 股 ──
INTERNATIONAL TELEPHONE
1935 年的 1 股 # ＝ 1971 年的 7.3 股 *
1935 年的成本 4.5 美元，於 1971 年價
值 491 美元
#Continental Baking A 股
*International Telephone

General Fire Extinguisher——
INTERNATIONAL TELEPHONE &
TELEGRAPH
1943 年的 1 股 # = 1971 年的 9.5 股 *
1971 年再加上 7.9 股 †

1943 年的成本 10.63 美元，於 1971 年
價值 1,096 美元
#General Fire Extinguisher
*International Telephone & Telegraph
†American District Telegraph

INTERNATIONAL UTILITIES
1943 年的 1 股 # = 1971 年的 16.8 股 *
1948 年的成本 3.75 美元，於 1971 年價
值 753 美元
#A 股
* 普通股

International Utilities B 股 ——
INTERNATIONAL UTILITIES
1942 年的 1 股 # = 1971 年的 0.12 股 *
1942 年的成本 4 美分，於 1971 年價值
5.38 美元
#B 股
* 普通股

JEANNETTE GLASS
1942 年的 1 股 = 1971 年的 3.4 股
1942 年的成本 82 美分，於 1971 年價值
97 美元

Celotex——JIM WALTER
1933 年的 1 股 # = 1971 年的 2.1 股 *

1933 年的成本 50 美分，於 1971 年價值
97 美元
#Celotex
*Jim Walter

South Coast——JIM WALTER
1941 年的 1 股 # = 1971 年的 2.7 股 *
1941 年的成本 1 美元，於 1971 年價值
124 美元
#South Coast
#Jim Walter

Holophane——JOHNS-MANVILLE
1936 年的 1 股 # = 1971 年的 16.3 股 *
1936 年的成本 6.5 美元，於 1971 年價
值 752 美元
#Holophane
*Johns-Manville

JOHNSON & JOHNSON
1946 年的 1 股 = 1971 年的 52 股
1946 年的成本 44 美元，於 1971 年價值
5,174 美元

Butte Copper & Zinc——JONATHAN
LOGAN
1933 年的 1 股 # = 1971 年的 1¼ 股 *
1933 年的成本 50 美分，於 1971 年價值
81 美元
#Butte Copper & Zinc
*Jonathan Logan

Sullivan Machinery——JOY
MANUFACTURING
1932 年的 1 股 # ＝ 1971 年的 5 股
1932 年的成本 3.25 美元，於 1971 年價
值 329 美元
#Sullivan Machinery

KENDALL CO.
1942 年的 1 股 ＝ 1971 年的 15 股
1942 年的成本 6. 5 美元，於 1971 年價
值 695 美元

Kerlyn Oil A 股 ——KERR-MC GEE
1943 年的 1 股 # ＝ 1971 年的 17.5 股 *
1943 年的成本 3.13 美元，於 1971 年價
值 861 美元
#Kerlyn Oil A 股
*Kerr McGee

Lindsay Chemical——KERR-MC GEE
1939 年的 1 股 # ＝ 1971 年的 5.8 股 *
1939 年的成本 1.88 美元，於 1971 年價
值 285 美元
#Lindsay Chemical
*Kerr-McGee

Warner Bros. Pictures, Inc.——KINNEY
NATIONAL SERVICE
1941 年的 1 股 # ＝ 1971 年的 4¼ 股 *
1971 年再加上 7.7 股 †
加上現金與 5％複合報酬率
1941 年的成本 2.75 美元，於 1971 年價
值 278 美元
#Warner Bros. Pictures, Inc.

*Kinney National Service
†Glen Alden

Kirsch Co. 特別股 ——KIRSCH
COMPANY
1946 年的 1 股 # ＝ 1971 年的 38.6 股 *
1946 年的成本 14 美元，於 1971 年價值
1,686 美元
#Kirsch Co. 特別股
*Kirsch Company 普通股

Kirsch Co. 普通股 B 股 ——KIRSCH
CO.
1946 年的 1 股 # ＝ 1971 年的 15.4 股 *
1946 年的成本 5 美元，於 1971 年價值
671 美元
#Kirsch Co. 普通股 B 股
*Kirsch Co. 普通股

LANE BRYANT
1942 年的 1 股 ＝ 1971 年的 26.4 股
1942 年的成本 8.38 美元，於 1971 年價
值 970 美元

Universal Winding——LEESONA
1934 年的 1 股 # ＝ 1971 年的 60 股 *
1934 年的成本 11 美元，於 1971 年價值
1,275 美元
#Universal Winding
*Leesona

Lehigh Valley Coal Corp. 6%面值50
美元可轉換特別股 ──LEHIGH
VALLEY INDUSTRIES
1940年的1股# = 1971年的26股*
1940年的成本2美元，於1971年價值
205美元†
#Lehigh Valley Coal 6%可轉換特別股
*Lehigh Valley Industries
†包含1946年資本結構調整後收到的
每股7.5美元，以及5%的年複合報酬
率

LERNER STORES
1933年的1股 = 1971年的24股
1933年的成本4美元，於1971年價值
1,233美元

Austin, Nichols & Co.──LIGGETT &
MYERS
1942年的1股# = 1971年的2.3股*
1942年的成本1.25美元，於1971年價
值138美元
#Austin, Nichols & Co.
*Liggett & Myers

Lincoln National Life Insurance──
LINCOLN NATIONAL CORP.
1943年的1股# = 1971年的39.9股*
1943年的成本28.5美元，於1971年價
值3,630美元
#Lincoln National Life Insurance
*Lincoln National Corp.

LOCKHEED
1934年的1股 = 1971年的6.7股
1934年的成本90美分，於1971年價值
102美元

LOUISIANA LAND
1943年的1股 = 1971年的12股
1943年的成本5美元，於1971年價值
841美元

Container Corp.A股 ──MARCOR
1934年的1股# = 1971年的20股*
1934年的成本6.13美元，於1971年價
值777美元
#Container Corp.A股
*Marcor普通股

Mengel──MARCOR
1932年的1股# = 1971年的4股*
1932年的成本1美元，於1971年價值
155美元
#Mengel
*Marcor

Masco Screw Products──MASCO
CORP
1961年的1股# = 1971年的18股*
1961年的成本6.25美元，於1971年價
值729美元
#Masco Screw Products
*Masco Corp.

MASONITE
1933年的1股 = 1971年的18.4股

1933年的成本8.25美元，於1971年價值1,214美元

MAYTAG
1943年的1股 = 1971年的8股
1943年的成本2.5美元，於1971年價值336美元

McCord Radiator & Manufacturing——MC CORD CORP.
1943年的1股 # = 1971年的4.6股 *
1943年的成本1.25美元，於1971年價值160美元
#McCord Radiator & Manufacturing
*McCord Corp.

Butler Brothers——MC CRORY CORP.
1932年的1股 # = 1971年的3股 *
加上1股Canal-Randolph
1932年的成本75美分，於1971年價值114美元
#Butler Brothers
*McCrory Corp.

McCrory Stores——MC CRORY CROP.
1933年的1股 = 1971年的2股
1933年的成本38美分，於1971年價值63美元

McLellan Stores——MC CRORY CORP.
1933年的1股 # = 1971年的1.2股 *
1933年的成本25美分，於1971年價值37美元
#McLellan Stores

*McCrory Corp.

McLellan Stores特別股 ——MC CRORY CORP.
1933年的1股 # = 1971年的10.8股 *
1933年的成本2.13美元，於1971年價值341美元
#McLellan Stores特別股
*McCrory Corp.普通股

National Shirt Shops——MC CRORY CORP.
1934年的1股 # = 1971年的7.1股 *
1934年的成本1美元，於1971年價值224美元
#National Shirt Shops
*McCrory Corp.普通股

Douglas Aircraft——MC CONNELL DOUGLAS
1932年的1股 # = 1971年的13.2股 *
1932年的成本5美元，於1971年價值513美元
#Douglas Aircraft
*McDonnell Douglas

McDonnell Aircraft——MC DONNELL DOUGLAS
1950年的1股 # = 1971年的48.1股 *
1950年的成本17美元，於1971年價值1,924美元
#McDonnell Aircraft
*McDonnell Douglas

Line Material──MC GRAW-EDISON
1935年的1股 # = 1971年的12.4股 *
1935年的成本3.63美元，於1971年價
值536美元
#Line Material
*McGraw-Edison

McGraw Electric──MC GRAW-
EDISON
1934年的1股 # = 1971年的16股 *
1934年的成本3.75美元，於1971年價
值692美元
#McGraw Electric
*McGraw-Edison

MC GRAW-HILL
1943年的1股 = 1971年的36股
1943年的成本8.5美元，於1971年價
值868美元

MELVILLE SHOE
1933年的1股 = 1971年的18.8股
1933年的成本8.75美元，於1971年價
值1,222美元

MERCANTILE STORES
1943年的1股 = 1971年的20股
1943年的成本21美元，於1971年價值
2,702美元

MERCK & CO.
1940年的1股 = 1971年的54股
1940年的成本43美元，於1971年價值
7,087美元

Sharp & Dohme──MERCK
1943年的1股 # = 1971年的6¾股 *
1943年的成本8.63美元，於1971年價
值885美元
#Sharp & Dohme
*Merck

Sharp & Dohme 3.50美元可轉換特別股
A股 ──MERCK
1932年的1股 # = 1971年的13.5股 *
1932年的成本11.5美元，於1971年價
值1,771美元
#Sharp & Dohme 3.50美元可轉換特別
股A股
*Merck普通股

Marion Steam Shovel 7%特別股 ──
MERRITT-CHAPMAN &SCOTT
1932年的1股 # = 1971年的19.8股 *
1932年的成本5.25美元，於1971年價
值581美元
#Marion Steam Shovel 7%特別股
*Merritt-Chapman & Scott
1965年10月25日，以外加5%利率的
方式收購

MERRITT-CHAPMAN & SCOTT
1932年的1股 # = 1971年的2股 *
1932年的成本38美分，於1971年價值
45美元 *
One share 1932 = 2 shares 1971
1932 cost 38 cents. 1971 value $45*
*加上清算股利分配後總和

Mesabi Iron——MESABI TRUST
1943 年的 1 股 # = 1971 年的 11 股 *
1943 年的成本 1 美元，於 1971 年價值
121 美元
#Mesabi Iron stock
*Mesabi Trust Units 的受益權利

Electric Power & Light 普通股 ——
MIDDLE SOUTH UTILITIES,
PENNZOIL
1943 年的 1 股 # = 1971 年的
1.4 股 *
2.8 股 †
1943 年的成本 1.25 美元，於 1971 年價
值 151 美元
#Electric Power & Light 普通股
*Middle South Utilities
†Pennzoil

Electric Power & Light 6 美元特別
股 ——MIDDLE SOUTH UTILITIES,
PENNZOIL
1935 年的 1 股 # = 1971 年的
16.4 股 *
12.7 股 †
1935 年的成本 2.5 美元，於 1971 年價
值 966 美元
#Electric Power & Light 6 美元特別股
*Middle South Utilities
†Pennzoil

Electric Power & Light $7 特別
股 ——MIDDLE SOUTH UTILITIES,
PENNZOIL
1935 年的 1 股 # = 1971 年的
18 股 *
14 股 †
1935 年的成本 3 美元，於 1971 年價值
1,062 美元
#Electric Power & Light $7 特別股
*Middle South Utilities
†Pennzoil

Electric Power & Light $7 二次發行特別
股 ——MIDDLE SOUTH UTILITIES,
PENNZOIL
1943 年的 1 股 # = 1971 年的
17.2 股 *
13.5 股 †
1943 年的成本 7 美元，於 1971 年價值
1,034 美元 ##
#Electric Power & Light $7 二次發行特
別股
*Middle South Utilities
†Pennzoil
包含 1949 年收到的每股 5.25 美元，
以及 5% 的年複合報酬率

Midland Steel Products——MIDLAND-
ROSS
1932 年的 1 股 # = 1971 年的 8 股 *
1932 年的成本 2 美元，於 1971 年價值
282 美元
#Midland Steel Products

*Midland-Ross

MILTON BRADLEY
1957 年的 1 股 = 1971 年的 22.9 股
1957 年的成本 9 美元，於 1971 年價值
1,030 美元

MINNESOTA MINING &
MANUFACTURING
1945 年的 1 股 = 1971 年的 48 股
1945 年的成本 60 美元，於 1971 年價值
6,480 美元

Virginia Carolina Chemical──MOBIL
OIL
1942 年的 1 股 # = 1971 年的 2.4 股 *
1942 年的成本 1 美元，於 1971 年價值
144 美元
#Virginia Carolina Chemical 普通股
*Mobil Oil

MONROE AUTO EQUIPMENT
1959 年的 1 股 = 1971 年的 30 股
1959 年的成本 10.5 美元，於 1971 年價
值 1,346 美元

Lion Oil──MONSANTO
1935 年的 1 股 # = 1971 年的 7.6 股 *
1935 年的成本 3.5 美元，於 1971 年價
值 400 美元
#Lion Oil
*Monsanto

MOORE CORP., LTD.
1935 年的 1 股 = 1971 年的 48 股

1935 年的成本 17 美元，於 1971 年價值
1,842 美元

MOTOROLA
1948 年的 1 股 = 1971 年的 13.2 股
1948 年的成本 11.25 美元，於 1971 年
價值 1,184 美元

National Bellas Hess Co., Inc. 7% 特別
股 ──NATIONAL BELLAS HESS,
INC. 普通股
1932 年的 1 股 # = 1971 年的 5.3 股 *
1932 年的成本 13 美分，於 1971 年價值
28 美元 †
#National Bellas Hess Co. Inc. 7% 特別
股
*National Bellas Hess, Inc. 普通股
†加上 1937 年末收到的每股 15.53 美元
清算股權

NATIONAL HOMES
1945 年的 1 股 = 1971 年的 23.9 股
1945 年的成本 6.75 美元，於 1971 年價
值 917 美元

Linen Service Corp. of Texas──
NATIONAL SERVICE INDUSTRIES
1939 年的 1 股 # = 1971 年的 3.9 股 *
1939 年的成本 1 美元，於 1971 年價值
115 美元
#Linen Service Corp. of Texas 普通股
*National Service Industries

NATIONAL STANDARD
1932 年的 1 股 = 1971 年的 22.5 股
1932 年的成本 7.25 美元,於 1971 年價
值 978 美元

NATOMAS CO.
1932 年的 1 股 = 1971 年的 10 股
1932 年的成本 9 美元,於 1971 年價值
1,013 美元

NESTLE-LE MUR
1938 年的 1 股 # = 1971 年的 6 股 *
1938 年的成本 25 美分,於 1971 年價值
29 美元
#A 股
*普通股

NEW PROCESS
1955 年的 1 股 = 1971 年的 120 股
1955 年的成本 58 美元,於 1971 年價值
7,380 美元

NEWMONT MINING
1933 年的 1 股 = 1971 年的 36 股
1933 年的成本 11.5 美元,於 1971 年價
值 1,413 美元

Magma Copper——NEWMONT
MINING
1932 年的 1 股 # = 1971 年的 11.9 股 *
1932 年的成本 4.25 美元,於 1971 年價
值 467 美元
#Magma Copper
*Newmont Mining

North American Aviation——NORTH
AMERICAN ROCKWELL, SPERRY
RAND, TWA
1932 年的 1 股 = 1971 年的:
2.8 股 North American Rockwell
7.3 股 Sperry Rand
88/1000 股 TWA
1932 年的成本 1.25 美元,於 1971 年價
值 371 美元

Hunt Bros. Packing——NORTON
SIMON
1944 年的 1 股 # = 1971 年的 16.6 股 *
1944 年的成本 5.75 美元,於 1971 年價
值 1,045 美元
#Hunt Bros. Packing
*Norton Simon

Noxzema Chemical——NOXELL
1944 年的 1 股 = 1971 年的 12 股
1944 年的成本 4.5 美元,於 1971 年價
值 501 美元

OCCIDENTAL PETROLEUM
1956 年的 1 股 = 1971 年的 3.7 股
1956 年的成本 45 美分,於 1971 年價值
84 美元

Johnson Motor——OUTBOARD
MARINE
1932 年的 1 股 # = 1971 年的 2.7 股 *
1932 年的成本 50 美分,於 1971 年價值
120 美元
#Johnson Motor 無面額普通股

*Outboard Marine

Outboard MotorsA股 ──OUTBOARD MARINE
1936年的1股# = 1971年的27股*
1936年的成本11美元，於1971年價值1,269美元
#Outboard MotorsA股
*Outboard Marine

Outboard Motors B股 ──OUTBOARD MARINE
1935年的1股# = 1971年的2.7股*
1935年的成本63美分，於1971年價值126美元
#Outboard Motors B股
*Outboard Marine普通股

National Container 2美元可轉換特別股 ──OWENS-ILLINOIS-GLASS
1932年的1股# = 1971年的12.7股*
1932年的成本8.13美元，於1971年價值841美元
#National Container $2 convertible特別股
*Owens-Illinois-Glass普通股

PARKER PEN
1932年的1股 = 1971年的10.4股
1932年的成本2.5美元，於1971年價值273美元

J. C. PENNEY CO.
1932年的1股 = 1971年的18股

1932年的成本13美元，於1971年價值1,395美元

Duval Texas Sulphur──PENNZOIL UNITED
1933年的1股# = 1971年的7.7股*
1933年的成本50美分，於1971年價值300美元
#Duval Texas Sulphur
*Pennzoil United

Loft, Inc.──PEPSICO
1938年的1股# = 1971年的6.06股*
1938年的成本75美分，於1971年價值427美元
#Loft, Inc.
*Pepsico

Hussman-Logonier──PET MILK
1934年的1股# = 1971年的3.5股*
1934年的成本1美元，於1971年價值167美元
#Hussman-Ligonier
*Pet Milk

Pfizer (Chas.) & Co.──PFIZER, INC.
1943年的1股# = 1971年的81股*
1943年的成本29美元，於1971年價值3,493美元
#Pfizer (Chas.) & Co.
*Pfizer, Inc.

New England Lime──PFIZER INC.
1948年的1股# = 1971年的13.5股*

1948年的成本4.5美元，於1971年價值582美元
#New England Lime
*Pfizer Inc.

PHILADELPHIA LIFE INSURANCE
1945年的1股＝1971年的37.1股
1945年的成本4美元，於1971年價值714美元

PHILIP MORRIS
1934年的1股＝1971年的18.9股
1934年的成本11.5美元，於1971年價值1,323美元

Phillips-Jones——PHILLIPS-VAN HEUSEN
1942年的1股#＝1971年的27.6股*
1942年的成本6.13美元，於1971年價值690美元
#Phillips-Jones
*Phillips-Van Heusen

PITNEY-BOWES
1933年的1股＝1971年的6.4股
1933年的成本2美元，於1971年價值215美元

PITTSTON CO.
1943年的1股＝1971年的10.9股
1943年的成本1.75美元，於1971年價值572美元

Pittsburgh Railways (Citizens Traction 普通股)——PITTWAY CORP.
1940年的1股#＝1971年的4.2股*
1940年的成本1美元，於1971年價值161美元
#Citizens Traction 普通股
*Pittway

PLACER DEVELOPMENT
1937年的1股＝1971年的6股
1937年的成本2美元，於1971年價值231美元

POLARIOD
1955年的1股＝1971年的48股
1955年的成本48.88美元，於1971年價值5,622美元

Porter (H.K.) 1st 6s of 1946——PORTER (H.K.)
1932年的1張債券#＝1971年的19,101股*
1932年的成本50美元，於1971年價值448,873美元
#Porter (H.K.) 1st 6s of 1946
*Porter (H.K.) 普通股

PRENTICE-HALL
1945年的1股＝1971年的108.5股
1945年的成本51美元，於1971年價值5,452美元

Burry Biscuit——QUAKER OATS
1942年的1股#＝1971年的1股*

1942 年的成本 25 美分，於 1971 年價值
50 美元
#Burry Biscuit
*Quaker Oats

Dunhill Int'l.──QUESTOR
1932 年的 1 股 # = 1971 年的 3.8 股 *
1932 年的成本 63 美分，於 1971 年價值
72 美元
#Dunhill International
*Questor

New York Dock──QUESTOR
1939 年的 1 股 # = 1971 年的 10 股 *
1939 年的成本 1.75 美元，於 1971 年價
值 220 美元
#New York Dock
*Questor

Rapid Electrotype──RAPID-
AMERICAN
1943 年的 1 股 # = 1971 年的 20.4 股 *
1943 年的成本 2.38 美元，於 1971 年價
值 413 美元
#Rapid Electrotype
*Rapid-American

RAYTHEON
1943 年的 1 股 = 1971 年的 9.2 股
1943 年的成本 2.75 美元，於 1971 年價
值 420 美元

Starret Corp.　──RECRION
1943 年的 1 股 # = 1971 年的 1.3 股 *

1943 年的成本 32 美分，於 1971 年價值
66 美元
#Starret Corp.
*Recrion

Reece Button Hole Machine──REECE
CORP.
1934 年的 1 股 # = 1971 年的 30 股 *
1934 年的成本 10 美分，於 1971 年價值
1,140 美元
#Reece Button Hole Machine
*Reece Corp.

RELIABLE STORES
1933 年的 1 股 # = 1971 年的 8.2 股 *
1933 年的成本 88 美分，於 1971 年價值
123 美元

Dodge Manufacturing──RELIANCE
ELECTRIC
1942 年的 1 股 # = 1971 年的 33.6 股 *
1942 年的成本 9.13 美元，於 1971 年價
值 953 美元
#Dodge Manufacturing
*Reliance Electric

Republic Gas──REPUBLIC
NATURAL GAS
1932 年的 1 股 # = 1971 年的 1/2 股 *
1932 年的成本 13 美分，於 1971 年價值
26 美元†，加上清算分配 5 至 9 年的利
息
#Republic Gas
*Republic Natural Gas

†根據1962至66年每股49.12美元清算
分配

U.S. Foil B——REYNOLDS METALS
1943年的1股# = 1971年的10.3股*
1943年的成本2.63美元，於1971年價
值342美元
#U.S. Foil B
*Reynolds Metals

Lawyers Title Insurance——
RICHMOND CORP.
1936年的1股# = 1971年的106股*
1936年的成本50美元，於1971年價值
5,830美元
#Lawyers Title Insurance
*Richmond Corp.

Art Metal Works——RONSON CORP.
1933年的1股# = 1971年的15½股*
1933年的成本63美分，於1971年價值
149美元
#Art Metal Works
*Ronson Corp.

Nehi——ROYAL CROWN COLA
1936年的1股# = 1971年的24.8股*
1936年的成本4.25美元，於1971年價
值861美元
#Nehi
*Royal Crown Cola

General America Corp.——SAFECO
1938年的1股# = 1971年的105.6股*

1938年的成本46美元，於1971年價值
4,686美元
#General American Corp.
*Safeco

Eastern States Corp.——ST. REGIS
PAPER
1944年的1股# = 1971年的1.6股*
1944年的成本63美分，於1971年價值
67美元
#Eastern States Corp.
*St. Regis Paper

Plough——SCHERING-PLOUGH
1945年的1股# = 1971年的15.6股*
1945年的成本13.25美元，於1971年
價值1,402美元
#Plough
*Schering-Plough

Wahl——SCHICK
1932年的1股# = 1971年的2.9股*
1932年的成本13美分，於1971年價值
15美元
#Wahl
*Schick

Weston Electrical Instrument——
SCHLUMBERGER
1933年的1股# = 1971年的2¼股*
1932年的成本3.5美元，於1971年價
值350美元
#Weston Electrical Instrument
*Schlumberger

Marchant Calculating Machine——SCM
1933 年的 1 股 # = 1971 年的 4.3 股 *
1933 年的成本 50 美分，於 1971 年價值
100 美元
#Marchant Calculating Machine
*SCM

SEARS, ROEBUCK & CO.
1933 年的 1 股 = 1971 年的 24 股
1933 年的成本 12.5 美元，於 1971 年價
值 2,499 美元

Seton Leather——SETON CO.
1933 年的 1 股 # = 1971 年的 10 股 *
1933 年的成本 1.5 美元，於 1971 年價
值 155 美元
#Seton Leather
*Seton Co.

Shell Union Oil——SHELL OIL
1932 年的 1 股 # = 1971 年的 4.48 股 *
1932 年的成本 2.5 美元，於 1971 年價
值 251 美元†
#Shell Union Oil
*Shell Oil
†包含 Shell Oil of Canada A 股，以免稅
股利形式收取

Hancock Oil——SIGNAL COS.
1933 年的 1 股 # = 1971 年的 19.6 股 *
1933 年的成本 3.75 美元，於 1971 年價
值 436 美元
#Hancock Oil
*Signal Cos.

Signal Oil & Gas A 股 ——SIGNAL
COS.
1935 年的 1 股 # = 1971 年的 32.7 股 *
1935 年的成本 5.5 美元，於 1971 年價
值 728 美元
#Signal Oil & Gas A 股
*Signal Cos.

Signode Steel Strapping——SIGNODE
ORP.
1942 年的 1 股 # = 1971 年的 18.1 股 *
1942 年的成本 9.75 美元，於 1971 年價
值 995 美元
#Signode Steel Strapping
*Signode Corp.

SIMPLICITY PATTERN
1954 年的 1 股 = 1971 年的 5.2 股
1954 年的成本 4.88 美元，於 1971 年價
值 772 美元

Venezuelan Petroleum——SINCLAIR
OIL
1941 年的 1 股 # = 1971 年的 5/8 股 *
1941 年的成本 75 美分，於 1971 年價值
90 美元
#Venezuelan Petroleum
*Sinclair Oil
†假設於 1968 年 12 月接受 Atlantic
Richfield 以每股 145 美元收購 Sinclair
普通股的報價

American Meter——SINGER
1933 年的 1 股 # = 1971 年的 7.4 股 *

1933年的成本5美元，於1971年價值573美元

#American Meter

*Singer

SKELLY OIL

1935年的1股# = 1971年的14.6股*

1935年的成本6.5美元，於1971年價值770美元

Skyline Homes——SKYLINE CORP.

1963年的1股# = 1971年的19.8股*

1963年的成本11美元，於1971年價值1,183美元

#Skyline Homes

*Skyline Corp.

Soss Manufacturing——SOS CONSOLIDATED

1941年的1股# = 1971年的5.6股*

1941年的成本1.13美元，於1971年價值133美元

#Soss Manufacturing

*SOS Consolidated

Realty Operators——SOUTHDOWN, INC.

1944年的1股# = 1971年的13.8股*

1944年的成本4.25美元，於1971年價值674美元

#Realty Operators

*Southdown, Inc.

Remington-Rand——SPERRY RAND

1933年的1股# = 1971年的6.9股*

1933年的成本2.5美元，於1971年價值263美元

#Remington-Rand

*Sperry Rand

Sperry——SPERRY RAND

1933年的1股# = 1971年的7.3股*

1933年的成本2.13美元，於1971年價值278美元

#Sperry

*Sperry Rand

SQUARE D B股 ——SQUARE D

1935年的1股# = 1971年的106.3股*

1935年的成本17美元，於1971年價值3,361美元

#Square D B股

*Square D 普通股

Old Ben Coal new 普通股 ——STANDARD OIL OF OHIO

1935年的1股# = 1971年的5股*

1935年的成本5美分，於1971年價值460美元

#Old Ben Coal new 普通股

*Standard Oil of Ohio

Old Ben Coal 1934年7½%債券 ——STANDARD OIL OF OHIO

1932年的1張1000美元債券# = 1971年的94股*

1932年的成本30美元，於1971年價值

10,994 美元†

#Old Ben Coal of Ohio

†假設 1946 年就債券獲利支付 25％資本利得稅後，以當年高價 50 元贖回 Old Ben Coal 普通股

Old Ben Coal first gold 6s 1944──
STANDARD OIL OF OHIO

1935 年的 1 張 1000 美元債券 # ＝ 1971 年的 171 股 *

1935 年的成本 137.5 美元，於 1971 年價值 15,732 美元†

#Old Ben Coal first gold 6s 1944

*Standard Oil of Ohio

†就此免稅基金，假設於 1946 年將 Old Ben Coal 普通股債券以當年高點 50 元贖回後再投資，並就債券獲利支付 25％資本利得稅後，1971 年每股價值為 13,754 美元

STARRETT (L.S.)

1932 年的 1 股 ＝ 1971 年的 16 股

1932 年的成本 3 美元，於 1971 年價值 304 美元

Stone & Webster──STONE & WEBSTER
GULF STATES UTILITIES
EL PASO ELECTRIC
VIRGINIA ELECTRIC & POWER
SIERRA PACIFIC
ENGINEERS PUBLIC SERVICE $5.00 PFD.

1935 年的 1 股 # ＝ 1971 年的

2 股 Stone & Webster

4 股 Gulf States Utilities

2.04 股 El Paso Electric

6.72 股 Virginia Electric & Power

0.8 股 Sierra Pacific

0.09 股 5 美金 Engineers Public Service 特別股

1935 年的成本 3.76 美元，於 1971 年價值 421 美元

#Stone & Webster

Tung-Sol Electric──STUDEBAKER-WORTHINGTON

1932 年的 1 股 # ＝ 1971 年的 1.4 股 *

1932 年的成本 1 美元，於 1971 年價值 100 美元

#Tung-Sol Electric

*Studebaker Worthington

Sunray Oil──SUN OIL

1933 年的 1 股 # ＝ 1971 年的 9/10 股 *

1933 年的成本 25 美分，於 1971 年價值 52 美元

#Sunray Oil

*Sun Oil

Chicago Flexible Shaft──SUNBEAM

1935 年的 1 股 # ＝ 1971 年的 51½ 股 *

1935 年的成本 13.5 美元，於 1971 年價值 1,622 美元

#Chicago Flexible Shaft

*Sunbeam

Sunstrand Machine Tool——
SUNSTRAND CORP.
1933年的1股# = 1971年的7.7股*
1933年的成本1.5美元，於1971年價
值233美元
#Sunstrand Machine Tool
*Sunstrand Corp.

Ogden Corp.——SYNTEX
ODGEN CORP.
BUNKER-RAMO
1951年的1股# = 1971年的1½股
shares Syntex
加上1958年的每股50美分*
1股Ogden
1股Bunkeer-Ramo
1951年的成本44美分
加上50美分
共94美分，於1971年價值174美元
#Ogden Corp.
*執行Syntex股份的權利

TAMPAX
1949年的1股# = 1971年的9股*
1949年的成本16.5美元，於1971年價
值2,961美元

American Hide & Leather 7%特別
股 ——TANDY普通股
1934年的1股# = 1971年的45股*
1934年的成本17.75美元，於1971年
價值1,912美元
#American Hide & Leather
*Tandy

American Hide & Leather 6%可轉換特
別股 ——TANDY普通股
1938年的1股# = 1971年的29股*
1938年的成本12美元，於1971年價值
1,232美元
#American Hide & Leather 6%可轉換特
別股
*Tandy普通股

Middle States Petroleum A股 ——
TENNECO
1935年的1股# = 1971年的3.3股*
1935年的成本88美分，於1971年價值
97美元
#Middle States Petroleum A股
*Tenneco

Wilcox (H.F.) Oil & Gas——TENNECO
1935年的1股# = 1971年的3.8股*
1935年的成本1美元，於1971年價值
112美元
#Wilcox (H.F.) Oil & Gas
*Tenneco

Indian Refining——TEXACO
1933年的1股# = 1971年的4.5股*
1933年的成本1.13美元，於1971年價
值178美元
#Indian Refining
*Texaco

TEXAS GULF PRODUCING
1942年的1股=清算後的3.7股
1942年的成本2美元，於1967至69年

清算後美股支付239美元#
#不包括後續利息

Intercontinental Rubber──TEXAS
INSTRUMENTS
1952年的1股# = 1971年的2½股*
1952年的成本3美元，於1971年價值
322美元
#Intercontinental Rubber
*Texas Instruments

TEXAS PACIFIC COAL & OIL
1934年的1股 = 1971年的4股*
1934年的成本2.5美元，1964年清償
股利274美元*
*接下來7年的複合利率，使得1971年
時每股總值為385美元

U.S. Stores $7首次發行特別股 ──
THOROFARE MARKETS
1941年的1股# = 1971年的44.8股*
1941年的成本3.25美元，於1971年價
值683美元
#U.S. Stores $7首次發行特別股
*Thorofare Markets

Sweets Co. of America──TOOTSIE
ROLL INDUSTRIES
1942年的1股# = 1971年的22½股*
1942年的成本3.13美元，於1971年價
值444美元
#Sweets Co. of America
*Tootsie Roll Industries

TRANE
1943年的1股 = 1971年的15股
1943年的成本8美元，於1971年價值
1,125美元

TRI-CONTINENTAL 普通股
1941年的1股 = 1971年的2股
1941年的成本63美分，於1971年價值
64美元

TRI-CONTINENTAL warrants
1944年的1股權證 = 1971年的1股權
證
1944年的成本69美分，於1971年價值
72美元

General Shareholdings──TRI-
CONTINENTAL
1942年的1股# = 1971年的1.1股*
1942年的成本19美分，於1971年價值
35美元
#General Shareholding
*Tri-Continental

Selected Industries──TRI-
CONTINENTAL
1944年的1股# = 1971年的 10股*
加上1¼股權證
1944年的成本75美分，於1971年價值
93美元
#Selected Industries 普通股
*Tri-Continental

Selected Industries 1.50美元可轉換
股 ——TRI-CONTINENTAL
1942年的1股# = 1971年的4½股 *
1942年的成本1美元，於1971年價值
145美元
#Selected Industries 1.50美元
*Tri-Continental

Thompson Products——TRW
1938年的1股# = 1971年的23.2股 *
1938年的成本8.13美元，於1971年價
值1,003美元
#Thompson Products
*TRW

United-Carr Fastener——TRW
1933年的1股# = 1971年的8.8股 *
1933年的成本1.63美元，於1971年價
值380美元
#United-Carr Fastener
*TRW

Whitman & Barnes——TRW
1934年的1股# = 1971年的4.4股 *
1948年的成本1.88美元，於1971年價
值200美元†
#Whitman & Barnes
*TRW, Inc.
†假設於1958年11月1日，以當月最
高價再投資50%特別股

Union Bag & Paper——UNION CAMP
1933年的1股# = 1971年的24股 *
1933年的成本5.5美元，於1971年價

值1,005美元
#Union Bag & Paper
*Union Camp

UNION GAS OF CANADA
1934年的1股 = 1971年的15股
1934年的成本2美元，於1971年價值
241美元

Chicago, Rock Island & Pacific 1960
年4½美元可轉換股 ——UNION
PACIFIC
1940年的1張債券# = 1971年的8.4股 *
1940年的成本5美元，於1971年價值
554美元†
#Chicago, Rock Island & Pacific 1960年
4½美元可轉換股
*Union Pacific
†不包括1945年11月17日收到的每股
12.42元現金

United States Rubber——UNIROYAL
1932年的1股# = 1971年的8.4股 *
1932年的成本1.25美元，於1971年價
值198美元
#United States Rubber
*Uniroyal

United Paperboard——UNITED
BOARD & CARTON
1933年的1股# = 1971年的5¼股 *
1933年的成本50美分，於1971年價值
57美元
#United Paperboard

*United Board & Carton

UNITED PIECE DYE WORKS 普通股
1943 年的 1 股 = 1971 年的 1 股
1943 年的成本 10 美分，於 1971 年價值
51 美元

United Piece Dye Works 6½% 特別
股 ── UNITED PIECE DYE WORKS
1943 年的 1 股 # = 1971 年的 14 股 *
1943 年的成本 1.88 美元，於 1971 年價
值 274 美元
#United Piece Dye Works 6½% 特別股
*United Piece Dye Works 普通股

U.S. FREIGHT
1932 年的 1 股 = 1971 年的 12 股
1932 年的成本 3.5 美元，於 1971 年價
值 375 美元

U.S. HOME & DEVELOPMENT
1967 年的 1 股 = 1971 年的 2 股
1967 年的成本 63 美分，於 1971 年價值
78 美元

U.S. & International Securities ── U.S.
& FOREIGN SECURITIES
1933 年的 1 股 # = 1971 年的 1½ 股 *
1933 年的成本 32 美分，於 1971 年價值
53 美元
#U.S. & International Securities
*U.S. & Foreign Securities

Scullin Steel 3 美元特別股 ──
UNIVERSAL MARION
1932 年的 1 股 # = 1971 年的 5.4 股 *
1932 年的成本 1 美元，於 1971 年價值
124 美元
#Scullin Steel 3 美元特別股
*Universal Marion

VanDorn Iron Works ── VAN DORN CO.
1950 年的 1 股 # = 1971 年的 26.6 股 *
1950 年的成本 6.25 美元，於 1971 年價
值 714 美元
#Van Dorn Iron Works
*Van Dorn Co.

Engineers Public Service ── VIRGINIA
ELECTRIC & POWER GULF STATES
UTILITIES EL PASO ELECTRIC
1934 年的 1 股 # 加上 0.1137375 股 =
1971 年的 *8.4 shares (a)
5.0 shares (b)
2.55 shares (c)
#Engineers Public Service 普通股
(a) Virginia Electric & Power
(b) Gulf States Utilities
(c) El Paso Electric
*加上 1.04 美元現金股利

WALKER (HIRAM) GOODERHAM &
WORTS
1933 年的 1 股 # = 1971 年的 24 股 *
1933 年的成本 3.5 美元，於 1971 年價
值 1,014 美元

Eversharp——WARNER-LAMBERT
1942 年的 1 股 # ＝ 1971 年的 3.2 股 *
1942 年的成本 2.25 美元，於 1971 年價
值 262 美元 †
#Eversharp
*Warner-Lambert
† 加上 Frawley 的餘值

Eddy Paper Corp.——
WEYERHAEUSER
1940 年的 1 股 # ＝ 1971 年的 20 股 *
1940 年的成本 11.5 美元，於 1971 年價
值 1,245 美元
#Eddy Paper Corp.
*Weyerhaeuser

Birtman Electric——WHIRLPOOL
1933 年的 1 股 # ＝ 1971 年的 4.2 股 *
1933 年的成本 3.75 美元，於 1971 年價
值 410 美元
#Birtman Electric
*Whirlpool

Nineteen Hundred——WHIRLPOOL
1942 年的 1 股 # ＝ 1971 年的 8 股 *
1942 年的成本 5 美元，於 1971 年價值
799 美元
#Nineteen Hundred
*Whirlpool

Apex Electrical Manufacturing——
WHITE CONSOLIDATED
INDUSTRIES
1941 年的 1 股 # ＝ 1971 年的 22 股 *

1941 年的成本 6.25 美元，於 1971 年價
值 646 美元
#Apex Electrical Manufacturing
*White Consolidated Industries

White Sewing Machine——WHITE
CONSOLIDATED INDUSTRIES
1943 年的 1 股 # ＝ 1971 年的 9.8 股 *
1943 年的成本 2.63 美元，於 1971 年價
值 287 美元
#White Sewing Machine
*White Consolidated Industries

Winn & Lovett Grocery——WINN
DIXIE STORES
1942 年的 1 股 # ＝ 1971 年的 54 股 *
1942 年的成本 18 美元，於 1971 年價值
3,105 美元
#Winn & Lovett Grocery
*Winn-Dixie Stores

Haloid Xerox——XEROX
1958 年的 1 股 # ＝ 1971 年的 60 股 *
1958 年的成本 47.5 美元，於 1971 年價
值 7,605 美元
#Haloid Xerox
*Xerox

ZENITH RADIO
1948 年的 1 股 ＝ 1971 年的 36 股
1948 年的成本 19.75 美元，於 1971 年
價值 1,975 美元

亞當斯密 022

百倍獲利，複利投資選股指南

百倍股選股法創始人，教你買對股票，讓資產淨值暴翻百倍的獨門訣竅。

100 to 1 in the Stock Market: A Distinguished Security Analyst Tells How to Make More of Your Investment Opportunities

作者　湯馬士‧菲爾普斯（Thomas William Phelps）
譯者　李伊婷

堡壘文化有限公司
總編輯　　簡欣彥　　　行銷企劃　黃怡婷
副總編輯　簡伯儒　　　封面設計　萬勝安
責任編輯　簡欣彥　　　內頁構成　李秀菊

讀書共和國出版集團
社長　　　　　　　郭重興
發行人　　　　　　曾大福
業務平臺總經理　　李雪麗
業務平臺副總經理　李復民
實體暨網路通路組　林詩富、賴佩瑜、郭文弘、王文賓、周宥騰、范光杰
海外通路組　　　　張鑫峰、林裴瑤
特販通路組　　　　陳綺瑩、郭文龍
版權部　　　　　　黃知涵
印務部　　　　　　江域平、黃禮賢、李孟儒

出版　　　　堡壘文化有限公司
發行　　　　遠足文化事業股份有限公司
地址　　　　231 新北市新店區民權路108-2號9樓
電話　　　　02-22181417
傳真　　　　02-22188057
Email　　　　service@bookrep.com.tw
郵撥帳號　　19504465 遠足文化事業股份有限公司
客服專線　　0800-221-029
網址　　　　http://www.bookrep.com.tw
法律顧問　　華洋法律事務所　蘇文生律師
印製　　　　呈靖彩藝有限公司
初版1刷　　　2023年3月
定價　　　　NTD 490元
ISBN　　　　978-626-7240-19-9　9786267240175（Pdf）　9786267240182（Epub）

100 TO 1 IN THE STOCK MARKET: A DISTINGUISHED SECURITY ANALYST TELLS HOW TO MAKE MORE OF YOUR INVESTMENT OPPORTUNITIES by THOMAS W. PHELPS
Copyright: © 1972, 2014 by THOMAS W. PHELPS
This edition arranged with SUSAN SCHULMAN LITERARY AGENCY, LLC through BIG APPLE AGENCY, INC., LABUAN, MALAYSIA.
Traditional Chinese edition copyright:
2023 Infortress Publisher a Division of WALKERS CULTURAL ENTERPRISE LTD. All rights reserved.

國家圖書館出版品預行編目（CIP）資料

百倍獲利，複利投資選股指南：百倍股選股法創始人，教你買對股票，讓資產淨值暴翻百倍的獨門訣竅。／
湯馬士‧菲爾普斯（Thomas William Phelps）著；李伊婷譯. -- 初版. -- 新北市：堡壘文化有限公司出版：遠
足文化事業股份有限公司發行, 2023.03
　　面；　　公分. --（亞當斯密；22）
譯自：100 to 1 in the stock market : a distinguished security analyst tells how to make more of your investment opportunities
ISBN 978-626-7240-19-9（平裝）

1.CST: 股票投資　2.CST: 投資技術　3.CST: 投資分析

563.53　　　　　　　　　　　　　　　　　　　　　　　　　　　112000085